A ESSÊNCIA DO ESTADO
DE DIREITO

David M. Beatty

A ESSÊNCIA DO ESTADO DE DIREITO

tradução de ANA AGUIAR COTRIM
Revisão de tradução de LENITA ANANIAS DO NASCIMENTO

SÃO PAULO 2014

Esta obra foi publicada originalmente em inglês com o título
THE ULTIMATE RULE OF LAW
por Oxford Publishing Limited, em 2004.
Copyright © D. Beatty 2004
The Ultimate Rule of Law *was originally published in English in 2004.
This translation is published by arrangement with Oxford University Press.
This edition is not for sale in Portugal.*

A essência do Estado de direito *foi publicado originalmente em inglês em 2004.
Esta tradução foi publicada por acordo com a Oxford Publishing Limited.*
Venda proibida em Portugal.

Copyright © 2014, Editora WMF Martins Fontes Ltda.,
São Paulo, para a presente edição.

1ª edição 2014

Tradução *Ana Aguiar Cotrim*

Revisão de tradução *Lenita Ananias do Nascimento*
Acompanhamento editorial *Márcia Leme*
Revisões gráficas *Ana Maria de O. M. Barbosa e Ornella Miguellone Martins*
Projeto gráfico *A+ Comunicação*
Edição de arte *Katia Harumi Terasaka*
Produção gráfica *Geraldo Alves*
Paginação *Studio 3 Desenvolvimento Editorial*

Dados Internacionais de Catalogação na Publicação (CIP)
(Câmara Brasileira do Livro, SP, Brasil)

Beatty, David M.
  A essência do Estado de direito / David M. Beatty ; tradução de Ana Aguiar Cotrim ; revisão de tradução de Lenita Ananias do Nascimento. – São Paulo : Editora WMF Martins Fontes, 2014. – (Biblioteca jurídica)

  Título original: The ultimate rule of law
  Bibliografia.
  ISBN 978-85-7827-819-9

  1. Estado de direito 2. Revisão judicial I. Título. II. Série.

14-01552   CDU-342.22

Índices para catálogo sistemático:
1. Estado de direito : Direito constitucional   342.22

Todos os direitos desta edição reservados à
Editora WMF Martins Fontes Ltda.
Rua Prof. Laerte Ramos de Carvalho, 133 01325.030 São Paulo SP Brasil
Tel. (11) 3293.8150 Fax (11) 3101.1042
e-mail: info@wmfmartinsfontes.com.br http://www.wmfmartinsfontes.com.br

Para Ninette, Erin e Sam

PREFÁCIO

Este livro trata de uma maneira de solucionar disputas e equilibrar diferenças. Tanto os especialistas em direito quanto os leigos a conhecem como "Estado de direito", embora essas duas palavras tenham se transformado numa expressão técnica que parece incapaz de resumir-se numa definição única e abrangente. Não obstante as ambiguidades, o Estado de direito passou a representar um ideal em torno do qual os sistemas de governo devem se organizar. O propósito primordial deste livro é explicar por que isso ocorre e o que realmente significam o direito e seu primado.

Embora tenha como tema a resolução de conflitos, o livro foi concebido e produzido numa região do mundo onde predominam a harmonia e a cooperação. Moro e trabalho numa faculdade em que o coleguismo é muito valorizado na realização de toda e qualquer atividade, e o gabinete do reitor é um oásis de amizade e colaboração. Tenho ainda a sorte de estar cercado de amigos e parentes altruístas e generosos, o que já é uma garantia de que conflitos e desavenças se resolvam em paz e com justiça.

Ao contrário das melhores realizações da arte culinária, este livro inegavelmente beneficiou-se muito por ter passado por diversas mãos. Ainda que não se possa responsabilizar nenhuma pelo que segue, muitas pessoas ajudaram em sua produção. Kamil

Ahmed, Becky Allen, Gwen Booth, Alan Brudner, Rebecca Smith, Ananda Ganley, Susan Barker, Sugit Choudry, Guy Davidov, Ron Daniels, Rajeev Dhavan, Sara Ferris-Childers, Charles Fried, Cheryl Fung, Miranda Gass-Donnely, Angus Gibbon, Sylvia Jaffrey, Ninette Kelley, David Klacko, Trevor Knight, Don Kommers, John Louth, Patrick Macklem, Marylin Raisch, David Schneiderman, May Seto, Shikha Sharma, Kathy Tam, Ted Tjaden e Beth Woods merecem especial agradecimento. O financiamento para a pesquisa foi generosamente concedido pelo Conselho de Pesquisas em Ciências Sociais e Humanas do Canadá e pela Cátedra Robert Prichard e Ann Wilson de Direito e Políticas Públicas. Como sempre, o Institut Suisse de Droit Comparé proporcionou-me um ambiente acolhedor longe de meu país.

Os heróis desta história são os juízes da nossa geração que, dia após dia, mostraram ao mundo como o direito pode conferir ao governo mais integridade do que este jamais teve. A jurisprudência que escreveram demonstrou que é possível garantir as ideias atemporais de justiça e equidade na vida cotidiana das pessoas comuns. Como um breve retrato do trabalho desses profissionais do direito, este livro a um só tempo testemunha as verdades morais perenes e desafia as gerações futuras a não repetirem os mesmos erros que cometemos. O fato de eu, no próprio quintal de Rousseau, poder dizer que os juízes de nossa época chegaram a compreender seu papel no governo é um testemunho de como pode ser boa uma vida dedicada ao direito.

D. M. B.
Pays de Gex
21 de junho de 2003

SUMÁRIO

Índice de casos XI

1. AS FORMAS E OS LIMITES DA INTERPRETAÇÃO CONSTITUCIONAL 1
   1. Controle judicial de constitucionalidade e democracia 1
   2. Teoria do contrato 9
   3. Teoria do processo 27
   4. Teoria moral 46
   5. Prática judicial 61

2. LIBERDADE 65
   1. Interpretacionismo 68
   2. Pragmatismo 80
   3. Liberdade religiosa e soberania popular 89
   4. Liberdade religiosa e descanso religioso semanal 104
   5. Liberdade religiosa e moralidade do Estado 117
   6. Revelações 131

3. IGUALDADE 137
   1. Discriminação sexual 137
   2. Oportunidades iguais para as mulheres 145
   3. Oportunidades iguais para lésbicas e *gays* 179
   4. Liberdade, igualdade e proporcionalidade 206

4. FRATERNIDADE 215
   1. Objeções filosóficas aos direitos sociais e econômicos 215
   2. Reconsiderando antigas ideias no novo milênio 228
   3. A imposição judicial dos direitos sociais e econômicos 234
      3.1 O direito ao trabalho 234
      3.2 O direito à satisfação das necessidades da vida 247
   4. A justiça da distribuição equitativa 261
   5. O direito da distribuição equitativa 269

5. PROPORCIONALIDADE 289
   1. Proporcionalidade e paradoxo 289
   2. A neutralidade da proporcionalidade 292
      2.1 Proporcionalidade e direito privado 298
      2.2 Proporcionalidade e ponto de vista 302
   3. A lógica da proporcionalidade 306
   4. A justiça da proporcionalidade 312
   5. A proporcionalidade e as escolas particulares 321
   6. Proporcionalidade e pragmatismo 332

Índice remissivo 343

ÍNDICE DE CASOS

TRIBUNAL CONSTITUCIONAL DA ALEMANHA

Caso da assistência jurídica (1967) 265-6 n. 125
Caso da educação sexual (1977) 119 n. 65
Caso da escola interdenominacional (1975) 118 n. 63
Caso da farmácia (1958) 237 n. 58; 242 n. 64
Caso da homossexualidade (1957) 141 n. 12; 185 n. 88; 194 n. 114
Caso da oração na escola (1979) 84 n. 29; 87
Caso da transfusão de sangue (1971) 82 n. 27; 85-7
Caso do aborto I (1975) 264 n. 120
Caso do controle de ruído de avião (1981) 282 n. 154
Caso do crucifixo na sala de aula II (1995) 83 n. 28; 84 n. 30; 87 n. 34, 87; 264 n. 117
Caso do emprego noturno (1992) 148 n. 24; 150 n. 28
Caso do estado do sudoeste (1951) 198 n. 117
Caso do Numerus Clausus (1972) 256 n. 105; 264 n. 118
Casos da televisão (1961, 1981) 264 n. 119

TRIBUNAL CONSTITUCIONAL DA HUNGRIA

Da idade mínima para participar como membro de associações de orientação homossexual (1996) 182 n. 82
Da igualdade jurídica de parceiros do mesmo sexo (1995) 142 n. 14; 183 n. 83; 188 n. 95; 189 n. 101; 191 n. 105

Da liberdade de constituir empresas e licenciar táxis (1994) 235 n. 49;
    238 n. 60
Da liberdade de expressão (1992) 295 n. 15
Da proteção ambiental (1994) 251 n. 92; 283 n. 155
Da regulamentação do aborto (1991) 304 n. 33; 319 n. 59; 340 n. 112
Da restituição da propriedade da Igreja (1994) 117 n. 63; 323 n. 67; 329
    n. 79
Dos benefícios da Seguridade Social (1995) 218 n. 11; 259 n. 110

TRIBUNAL CONSTITUCIONAL DA ÁFRICA DO SUL

Booysen vs. Min. do Interior (2001) 235 n. 50
Christian Educational South Africa vs. Ministro da Educação (2000)
    116 n. 60; 130 n. 76; 135 n. 85; 307 n. 36
Coligação Nacional para a Igualdade de Gays e Lésbicas vs. Ministério
    da Justiça (1999) 179 n. 66; 182 n. 81; 184 n. 87; 189 n. 102; 206
    n. 126; 210 n. 134
Du Plessis vs. De Klerk (1996) 298 n. 23
Du Toit vs. Ministro do Bem-Estar e Desenvolvimento da População
    (2003) 179 n. 68; 183 n. 85
Gauteng School Education Bill (1996) 117 n. 63
Grootboom vs. República da África do Sul (2001) 7 n. 15; 217 n. 9;
    231-3; 252
Khumalo vs. Holomisa (2002) 298 n. 23
Lawrence, Negal e Solberg vs. O Estado (1997) 113-5; 303; 307 n. 36
Premiê, Mpumalanga vs. Comitê Executivo (1999) 261 n. 114
Presidente da República da África do Sul vs. Hugo (1997) 148 n. 24;
    156 n. 40; 175-7
Prince vs. Presidente da Cape Law Society (2002) 116 n. 60
Re Certificação da Constituição da República da África do Sul (1996)
    234 n. 44
Satchwell vs. Presidente da República da África do Sul (2002) 180 n. 72
Soobramoney vs. Ministério da Saúde (Kwazulu-Natal) (1998) 7 n. 14;
    248 n. 80; 249 n. 86; 252-4
S vs. Makwanyane (1995) 295 n. 12

ÍNDICE DE CASOS · **XIII**

Treatment Action Campaign vs. *África do Sul (Min. da Saúde)* (2002)
217 n. 9; 233 n. 43; 248 n. 79; 308 n. 42

TRIBUNAL RECURSAL DE BOTSUANA

Dow vs. *Procurador-Geral* (Botsuana) (1992) 140 n. 6; 149 n. 27

TRIBUNAL RECURSAL DA NOVA ZELÂNDIA

Quilter vs. *Procurador-Geral* (Nova Zelândia) (1998) 142 n. 15; 187
   n. 94; 189 n. 103; 191 n. 106; 192 n. 108, 199 n. 118
Re J. (uma criança): B e B vs. *Diretor de Bem-Estar Social* (1996) 103
   nn. 51, 52; 117 n. 62
Shortland vs. *Northland Health* (1998) 248 n. 80

TRIBUNAL RECURSAL DE CINGAPURA

Chan Hiang Leng Colin et al. vs. *Ministro da Informação* (1997) 117
   n. 61; 130 n. 78

TRIBUNAL EUROPEU DE DIREITOS HUMANOS

A vs. *Reino Unido* (1998) 256 n. 121; 281 n. 150
Abdulaziz vs. *Reino Unido* (1984) 140 n. 6; 154 n. 38; 155
ADT vs. *Reino Unido* (2000) 182 n. 80
Airey vs. *Irlanda* (1970) 234 n. 45; 266 n. 124
Associação Litúrgica Judaica vs. *França* (2000) 118 n. 64; 121 n. 67
B vs. *França* (1993) 181 n. 79
Cossey vs. *Reino Unido* (1991) 181 n. 79
Dudgeon vs. *Reino Unido* (1981) 179 n. 66; 182 n. 80; 189 n. 101; 204-12
E vs. *Reino Unido* (2003) 265 n. 121; 281 n. 150
Fretté vs. *França* (2002) 142 n. 16; 180 n. 69; 189 n. 101; 200 n. 119; 274
   n. 137
Goodwin vs. *Reino Unido* (2003) 181 n. 79
Guerra vs. *Itália* (1998) 265 n. 123
Handyside vs. *Reino Unido* (1976) 158 n. 43
Hoffman vs. *Áustria* (1993) 117 n. 62

Informationsverein Lentia vs. Áustria (1993) 236 n. 55

Kjeldsen, Busk e Madsen vs. Dinamarca (1976) 119-22

Kokkinakis vs. Grécia (1993) 117 n. 61; 118 n. 64

L. vs. Áustria (2002) 182 n. 80

Línguas belgas na educação (1968) 154 n. 37; 158 n. 43; 271; 276; 295 n. 13

Lopez-Ostra vs. Espanha (1995) 234 n. 45; 146 n. 123

Marckx vs. Bélgica (1979) 154 n. 37; 295 n. 13

Modinos vs. Chipre (1983) 206 n. 127

Norris vs. Irlanda (1989) 179 n. 66; 189 n. 101; 206 n. 127

Petrovic vs. Áustria (1998) 156 n. 40; 158 n. 41

Plataforma "Ärtze für das Leben" vs. Áustria (1988) 265 n. 122

Rasmussen vs. Dinamarca (1985) 154 n. 37; 156 n. 40; 158 n. 42; 295 n. 13

Rees vs. Reino Unido (1987) 181 n. 79

Sheffield e Horsham vs. Reino Unido (1998) 181 n. 79

Sigurjonsson vs. Islândia (1993) 236 n. 56

Smith & Grady vs. Reino Unido (1999) 204-212

Stubbings vs. Reino Unido (1996) 265 n. 121

Sunday Times vs. Reino Unido (1979) 158 n. 43

Thlimmenos vs. Grécia (2000) 118 n. 64; 322 n. 63

Valsamis vs. Grécia (1996) 120-2; 127

Van Marle vs. Holanda (1986) 236 n. 54

X e Y vs. Holanda (1986) 265 n. 121

Z vs. Reino Unido (2002) 256 n. 121; 281 n. 150

TRIBUNAL EUROPEU DE JUSTIÇA

Grant vs. South-West Trains (1998) 180 n. 70; 186 n. 92; 191 n. 104

Kriel vs. Alemanha (2000) 148 n. 25; 150 n. 30; 156 n. 39

Sirdar vs. Conselho do Exército (1999) 151 n. 32; 156 n. 39

Vlassopoulu vs. Ministerium für Justiz (1993) 236 n. 53; 240 n. 63

ALTA CORTE DA AUSTRÁLIA

A.G. (Victoria), Ex rel Black (1981) 65 n. 63

Australian Capital Television Ltd. vs. *Comunidade Britânica* (1992) 295 n. 16

Nationwide News P/L vs. *Wills* (1992) 295 n. 16

SUPREMA CORTE DO CANADÁ

Adler vs. *Ontário* (1996) 118 n. 63; 271-2; 324 n. 70

B. (R.) vs. *Children's Aid Society of Metropolitan Toronto* (1995) 103 n. 51, 52; 117 n. 62; 129 n. 72

Benner vs. *Canada* (1997) 140 n. 6; 149 n. 27

Black vs. *Law Society of Alberta* (1989) 236 n. 53; 239 n. 62

Comissão de Emprego e Imigração do Canadá vs. *Tétreault-Gadoury* (1991) 251 n. 94; 142

Edward Brooks & Art vs. *A Coroa* (1986) 109-11

Egan vs. *Canadá* (1995) 142 n. 13; 180 n. 74; 186 n. 91; 206 n. 126; 235 n. 47

Eldridge vs. *Procurador-Geral da Colúmbia Britânica* (1997) 217 n. 10; 248 n. 81; 251 n. 95; 252; 267; 307 n. 40

Gosselin vs. *Quebec* (2002) 251 n. 93

Granovsky vs. *Canadá (Min. do Emprego e da Imigração)* (2000) 148 n. 23

Hill vs. *Igreja da Cientologia* (1995) 299 n. 25

Irwin Toy Ltd vs. *Procurador-Geral de Quebec* (1989) 276 n. 141

J. G. vs. *Nova Brunswick* (1999) 266 nn. 128, 130

M vs. *H* (1999) 180 n. 73; 181 n. 78; 183 n. 83; 195 n. 115

Mahe vs. *Alberta* (1990) 256 n. 104

R. vs. *Askov* (1990) 279 n. 147

R. vs. *Big M. Drug Mart* (1985) 111

R. vs. *Hess* (1990) 156 n. 40; 174 n. 63

R. vs. *Morgentaler* (1988) 340 n. 111

Regina vs. *Oakes* (1986) 295 n. 10

Retail, Wholesale and Department Store Union, Local 580 et al. vs. *Dolphin Delivery* (1986) 298 n. 23

Singh vs. *Ministro do Emprego e da Imigração* (1985) 280 n. 148

Vriend vs. *Alberta* (1998) 209 n. 131; 322 n. 66

Young vs. *Young* (1993) 117 n. 61 [xiii]

SUPREMA CORTE DA ÍNDIA

Air lndia vs. *Nergesh Meerza* (1981) 149 n. 26; 150 n. 29; 153; 156 n. 39; 172-3; 177-8

Aruna Roy vs. *Índia* (2002) 98 n. 47

Bachan Singh vs. *Estado de Punjab* (1980) 250 n. 87

Balaji vs. *Estado de Mysore* (1963) 257 n. 106

Barse vs. *Estado de Maharashtra* (1983) 266 n. 127

Centro de Pesquisa e Educação do Consumidor vs. *Índia* (1995) 250 n. 90

Chitra Gosh vs. *Índia* (1970) 257 n. 106; 319 n. 58

Deepak Sibal vs. *Universidade de Punjab* (1989) 319 n. 58

D. N. Chanchala vs. *Estado de Mysore* (1971) 257 n. 106

Dwivedi vs. *Índia* (1983) 266 n. 127

Estado de Kerala vs. *Thomas* (1976) 319 n. 58

Estado de Madras vs. *A. H. Row* (1952) 297 n. 20

Fórum sobre o Bem-estar Social dos Cidadãos de Vellore vs. *Índia* (1996) 250 n. 90

Frances C. Mullen vs. *Administrador, Território da União de Déli* (1981) 250 n. 88

Hoskot vs. *Estado de Maharashtra* (1978) 266 n. 127

Índia vs. *Ganayutham* (1997) 297 n. 20

Indra Sawhney vs. *Índia* (1993) 319 n. 58

Khatoon vs. *Bihar* (1979) 266 n. 127

Mithu vs. *Estado de Punjab* (1983) 250 n. 87

Moh' d Hanif Quareshi vs. *Estado de Bihar* (1958) 239 n. 61

Narmada Bachao Andolan vs. *Índia* (2000) 250 n. 90

Olga Tellis vs. *Prefeitura Municipal de Bombaim* (1986) 248 n. 78; 250 n. 89; 261 n. 113; 155 n. 151

Prefeitura Municipal de Ahmedabed vs. *Gulab Khan* (1997) 250 n. 88

Rev. Staninslaus vs. *Estado (Madhya Pradesh)* (1977) 117 n. 61

St. Stephen's College vs. *Universidade de Nova Déli* (1992) 118 n. 63; 327 n. 75

Subash Kunar vs. *Estado de Bihar* (1991) 250 n. 90

Suk Das vs. *Território da União de Arunachal Pradesh* (1986) 266 n. 127

União dos estudantes do A.I.I.M.S. vs. *A.I.I.M.S* (2001) 257 n. 106
Unni Krishnan vs. *Estado de Andhra Pradesh* (1993) 218 n. 12; 250 n. 91; 257

SUPREMA CORTE DA IRLANDA

Campanha pela separação de Igreja e Estado vs. *Ministro da Educação* (1998) 117 n. 63
Lovett vs. *Grogan* (1995) 234, 236 n. 52
Mhicmhathúna vs. *lrlanda* (1995) 276 n. 142; 276 n. 144
Murtagh Properties vs. *Cleary* (1972) 140 n. 7
Norris vs. *Procurador-Geral* (Irlanda) (1984) 141 n. 9; 187 n. 93; 189 nn. 101-3; 194
Quinn's Supermarket vs. *Procurador-Geral* (1972) 109-110
Re Emprego, Projeto de lei de igualdade no emprego (1997) 276 n. 142
Roy Murphy vs. *Independent Radio and Television Commission* (1998) 117 n. 61

SUPREMA CORTE DE ISRAEL

El-Al Israel vs. *Danilowitz* (1994) 180 n. 71
Lior Horev vs. *Ministério das Comunicações/Transportes* (1997) 105-9, 295 n. 11; 307 n. 41
Miller vs. *Ministro da Defesa* (1998) 148 nn. 24-5; 153 n. 35; 160 n. 45; 235 n. 47, 306 n. 35

SUPREMA CORTE DO JAPÃO

Caso do templo Yasukuni (1992) 126, n. 70, 70
Indústrias Marushin vs. *Japão (Caso de restrição das pequenas empresas de Osaka)* (1972) 242 n. 67; 276 n. 143
Japão vs. *Nakaya (Caso da entronização da alma do soldado)* (1988) 127-8; 264 n. 116
Kakunaga vs. *Sekigushi (Caso da cerimônia xintoísta de lançamento da pedra fundamental)* (1977) 123 n. 69; 295 n. 14
Kato vs. *Japão* (1964) 249 n. 85; 254

Koizumi vs. *Japão (Caso do táxi itinerante)* (1963) 242 n. 67

Nishida vs. *Japão* (1963) 117 n. 62

Nissan Motors Inc. vs. *Nakamoto* (1981) 150 n. 29

Sumiyoshi Inc. vs. *Governador, Prefeitura de Hiroshima (Caso de localização de farmácia em Hiroshima)* (1975) 237 n. 59; 276 n. 143

SUPREMA CORTE DOS ESTADOS UNIDOS DA AMÉRICA

Adarand Contractors vs. *Pena* (1995) 318 n. 56

Agostini vs. *Felton* (1997) 75 n. 12; 65 n. 63; 323 n. 69

Aguilar vs. *Felton* (1985) 75 n. 12; 78 n. 19

Arizona Governing Committee vs. *Norris* (1983) 150 n. 29

Baker vs. *Carr* (1962) 25 n. 50

Bendix Autolite Corp. vs. *Midwesco Enterprises Inc* (1988) 307 n. 37

Bowers vs. *Hardwick* (1986) 55-7; 141 n. 10; 188; 189 n. 101; 206 n. 125

Bradwell vs. *O Estado* (1872) 140 n. 7; 56 n. 39; 243 n. 68

Braunfeld vs. *Brown* (1961) 79 n. 22, 24; 111 n. 57

Brown vs. *Conselho de Educação* (1954) 25-6; 162; 218 n. 13; 254-5; 293; 296; 335-8

Califano vs. *Wescott* (1979) 218 n. 14

Cantwell vs. *Connecticut* (1940) 117 n. 61

Casos dos matadouros (1872) 10 n. 20; 243 n. 69

Casos dos passageiros (1849) 162 n. 48

Church of the Lukumi Babalu Aye Inc. vs. *Cidade de Hialeah* (1993) 78 n. 18; 86 n. 32; 92 n. 41

Cidade de Boerne vs. *Flores* (1997) 331 n. 83

Cidade de Los Angeles vs. *Manhart* (1978) 150 n. 29

Cleburne vs. *Cleburne Living Center* (1985) 148 n. 23

Condado de Allegheny vs. *American Civil Liberties Union, Greater Pittsburg Chapter* (1989) 88 n. 39; 93 n. 43

Conselho de Educação vs. *Allen* (1968) 79 n. 22

Conselho de Educação vs. *Barnette* (1942) 75 n. 11; 79 n. 21

Corporation of Presiding Bishop of Church of Jesus Christ of Latter Day Saints vs. *Amos* (1987) 322 n. 65

Dandridge vs. *Williams* (1969) 275 n. 140
Dept. de Agricultura dos Estados Unidos vs. *Moreno* (1973) 218 n. 14
DeShaney vs. *Departamento de Serviços Sociais do Condado de Winnebago* (1988) 272-5
Doe vs. *Bolton* (1972) 339 n. 110
Engel vs. *Vitale* (1962) 79 nn. 22, 25
Escoteiros dos Estados Unidos vs. *Dale* (2000) 194 n. 113
Estados Unidos vs. *Virgínia* (1996) 148 n. 25; 149; 156 n. 39; 159; 168-9; 173-5; 306 n. 39
Estelle vs. *Gamble* (1976) 283 n. 158
Everson vs. *Conselho de Educação* (1946) 79 nn. 21, 22; 323 n. 69
Ewing vs. *Califórnia* (2003) 331 n. 84
Gideon vs. *Wainwright* (1963) 25 n. 49; 266 n. 129; 283 n. 156
Goesaert vs. *Cleary* (1948) 140 n. 7
Goldberg vs. *Kelly* (1969) 218 n. 14; 260 n. 112
Good News Club vs. *Milford Central School* (2001) 130 n. 77
Graves vs. *N. Y.* (1939) 162 n. 47
Griswold vs. *Connecticut* (1965) 25 n. 51; 235 n. 47
Grutter vs. *Bollinger* (2003) 132 n. 82; 175 n. 56; 332 n. 85
Harris vs. *McRae* (1980) 274 n. 138
Heffron vs. *Iskon* (1981) 117 n. 61
Hudson Central School District vs. *Rowley* (1982) 218 n. 13
Jacobellis vs. *Ohio* (1964) 132 n. 82
Johnson vs. *Zerbst* (1938) 283 n. 156
Lassiter vs. *Dept. Serviços Sociais* (1981) 266 n. 130
Lawrence vs. *Texas* (2003) 19 n. 36; 56 n. 140; 141 n. 10; 181 n. 78; 189 n. 103; 206 n. 126; 210 n. 134
Lee vs. *E.U.A.* (1981) 79 n. 23
Lee vs. *Weisman* (1992) 68-80; 84; 87-8; 91-101; 330 n. 81
Lemon vs. *Kurtzman* (1971) 75 n. 13; 88
Lochner vs. *Nova York* (1905) 236 n. 51; 242-7; 335-7
Lockyer vs. *Andrade* (2003) 331 n. 84
Loving vs. *Virgínia* (1967) 192 n. 107

Lynch vs. *Donnelly* (1984) 78 n. 17; 88 n. 39; 93 n. 43
Marbury vs. *Madison* (1803) 4; 10 n. 21; 165 n. 58
McCollum vs. *Conselho de Educação* (1947) 93 n. 42
McCulloch vs. *Maryland* (1819) 10 n. 21
McDaniel vs. *Platy* (1978) 92 n. 41
McGowan vs. *Maryland* (1960) 76 n. 15; 79 n. 21; 111 n. 57
Metro Broadcasting vs. *FCC* (1990) 318 n. 56
Michael M. vs. *Corte Superior* (1981) 174 n. 63
Minersville School District vs. *Gobitis* (1940) 75 n. 11; 79 n. 21
Miranda vs. *Arizona* (1966) 25 n. 49; 266 n. 129; 283 n. 156
Missouri vs. *Holland* (1920) 23 n. 43
Muller vs. *Oregon* (1908) 150 n. 28
Murdock vs. *Pensilvânia* (1943) 117 n. 61
NAACP vs. *Alabama* (1964) 235 n. 47
Nixon vs. *Shrink Missouri Government PAC* (2000) 332 n. 86
Nova Orleans vs. *Dukes* (1976) 244 n. 71
Oregon vs. *Smith* (1990) 68-80; 87-9; 91-101; 160
Organização para os Direitos de Assistência Social de New Jersey vs. *Cahill* (1973) 218 n. 14
Parham vs. *Hughes* (1979) 156 n. 40
Plessy vs. *Ferguson* (1896) 162, 338
Plyler vs. *Doe* (1981) 218 n. 13; 255; 267
Prince vs. *Massachusetts* (1943) 11 n. 61
Prinz vs. *Estados Unidos* (1997) 331 n. 82
Reynolds vs. *E.U.A.* (1878) 73; 88; 201 n. 120
Reynolds vs. *Sims* (1964) 25 n. 50
Richmond vs. *J. A. Crosson Co.* (1989) 318 n. 56
Roe vs. *Wade* (1972) 20; 36; 56-7; 338-40
Romer vs. *Evans* (1996) 55; 183; 184 n. 86
Rostker vs. *Goldberg* (1981) 156 n. 40; 160 n. 45; 173 n. 62
Saenz vs. *Roe* (1999) 218 n. 14; 258 n. 109
San Antonio Independent School District vs. *Rodriguez* (1972) 218 n. 13; 275 n. 139

Santa Fe School Dist. vs. *Doe* (2000) 68 n. 6; 79 n. 23
School District of Abington vs. *Schempp* (1963) 79 n. 25
Schware vs. *Banca de Examinadores da Ordem dos Advogados* (1956) 243 n. 70
Shapiro vs. *Thompson* (1969) 218 n. 14; 235 n. 47; 251 n. 97; 258 n. 109
Shelley vs. *Kraemer* (1947) 283 n. 157; 299 n. 334
Sherbert vs. *Verner* (1962) 79 n. 24
Sociedade Torre de Vigia de Bíblias e Tratados vs. *Vila de Stratton* (2002) 117 n. 61; 130 n. 77
St. Joseph Stock Yards vs. *E.U.A.* (1936) 162 n. 47
Suprema Corte de New Hampshire vs. *Piper* (1985) 243 n. 70
Testemunhas de jeová vs. *King County Hospital* (1967). 103 n. 52; 117 n. 62
Thompson vs. *Oklahoma* (1988) 331 n. 82
Vitek vs. *Jones* (1980) 266 n. 129
Wallace vs. *Jaffree* (1985) 99 n. 49
West Coast Hotel vs. *Parrish* (1937) 242
Williamson vs. *Lee Optical* (1955) 244 n. 71
Youngberg vs. *Romeo* (1982) 283 n. 158
Zelman vs. *Simmons-Harris* (2002) 323 n. 69

SUPREMA CORTE DO ZIMBÁBUE

Banana vs. *O Estado* (2000) 141 n. 11; 188 n. 97; 189 n. 101; 193 n. 110; 206 n. 126
Re *Chichwe* (1995) 322 n. 62

TRIBUNAL FEDERAL DA SUÍÇA

Assistência jurídica (1952) 266
X vs. *Cantão de Genebra* (1997) 322 n. 64

COMITÊ DE DIREITOS HUMANOS DA ONU

Länsman vs. *U.N.H.R. da Finlândia* (1992) 236 n. 57
Toonen vs. *Austrália* (1992) 179 n. 66; 183 n. 84
Waldman vs. *Canadá* 05/19/99 (1999) 272 n. 135; 324 n. 70

1

AS FORMAS E OS LIMITES DA INTERPRETAÇÃO CONSTITUCIONAL

1. Controle judicial de constitucionalidade e democracia

Em todos os lugares do mundo, o conflito faz parte da vida quotidiana e, se Darwin estiver certo, as coisas sempre foram assim e sempre serão. Mesmo nas sociedades mais desenvolvidas e esclarecidas, as ideias e as ideologias chocam-se e competem por reconhecimento e recompensas. As minorias religiosas e étnicas resistem à assimilação e às forças da globalização que lhes ameaçam a identidade. As mulheres lutam por emancipar-se dos grilhões impostos pelas congregações dominadas pelos homens que, em algumas comunidades, ainda insistem em se manter. Os pobres e oprimidos murmuram contra a injustiça de um mundo que os faz sofrer a carência de alimentos e abrigo.

Se o conflito faz parte da condição humana, sua solução (ou, ao menos, seu controle) é essencial para a sobrevivência da espécie. Em diferentes épocas e lugares, experimentaram-se inúmeros métodos. A força física normalmente tem sido o recurso empregado para resolver as desavenças mais difíceis e sentidas com mais profundidade. A inspiração espiritual, a revelação divina e os sistemas religiosos também sempre foram fontes de autoridade para apaziguar toda espécie de conflitos e controvérsias. A negociação e as estratégias de acordos e concessões mútuas são soluções universais de discórdias e disputas e passaram a desempenhar um papel cada vez mais destacado na era moderna, tanto em conflitos locais como no plano internacional. No decorrer dos últimos duzentos anos, o processo democrático de decisão substituiu quase por completo a autoridade divina do clero e dos reis.

O reconhecimento da soberania do povo e a criação de formas democráticas de governo representaram, sem dúvida, melhorias imensas com relação às monarquias e teocracias de tempos remotos, mas estavam longe de ser uma solução perfeita, como atestam tragicamente as democracias fascistas e "populares" do século passado. As maiorias podem abusar de sua autoridade como o salteador de Hart, cujo poder, semelhantemente ao delas, provém do cano de uma arma[1]. Quando não submetidas a nenhum controle, as democracias são capazes de destituir as pessoas de seus bens e de sua dignidade e, onde a pena de morte é legal, até mesmo de matá-las sem titubear. Os acontecimentos que definiram o século XX confirmaram a veracidade da observação de Blackstone, há mais de dois séculos, de que não há nenhum poder capaz de controlar os políticos inclinados a agir "em oposição à razão" nas democracias em que a soberania da lei da maioria é absoluta e incondicional[2].

Cuidar para que as atrocidades cometidas em nome do povo não se cometam novamente é um problema internacional e um desafio que cada vez mais os países de todo o mundo têm tido de enfrentar. É digno de nota que muitas comunidades, no momento em que se libertavam de regimes despóticos e arbitrários, pediram o auxílio dos tribunais. No decorrer dos últimos cinquenta anos, cada vez mais os juízes receberam o poder de controlar o

---

[1] H. L. A. Hart, *The Concept of Law* (Oxford: Oxford University Press, 1961), 6.
[2] W. Blackstone, *Commentaries on the Laws of England* (Chicago: University of Chicago Press, 1979), vol. 1, 91.

modo pelo qual os dois poderes de governo eleitos exercem a autoridade coercitiva do Estado. Passou a ser da alçada do Judiciário determinar se os políticos e demais autoridades ultrapassaram o limite. Espera-se que os juízes deem respostas aos dilemas morais e políticos mais polêmicos e controversos e digam ao povo quem está certo e o que se pode e não se pode fazer.

A fé que tanta gente depositou no Judiciário é uma das características que definem a nossa época. Num período de intensa globalização, a responsabilização dos juízes pela verificação da legitimidade das leis aprovadas em nome do povo, à luz dos preceitos e princípios engastados – de maneira mais ou menos explícita – num texto constitucional, vicejou como nunca. A ideia de um "direito superior" que pode dizer a um povo se seus próprios preceitos e regulamentos são ou não legítimos existe há muito tempo. O conceito de direito no período greco-romano consistia numa estrutura hierárquica e em teorias de direito natural que fizeram parte da tradição política e jurídica da Europa durante séculos[3]. Até hoje, porém, a ideia de que se deve reservar aos tribunais a palavra final sobre como os conflitos sociais mais polêmicos de uma sociedade devem ser resolvidos não é aceita por todos. Mesmo na Europa, restam grandes bolsões de resistência. Na França, a arbitrariedade dos tribunais (conhecidos como *parlements*) durante o Antigo Regime desabonou permanentemente a ideia do controle judicial de constitucionalidade na "Republique", e na Inglaterra a famosa defesa que Edward Coke fez da supremacia do Judiciário e do *common law*[4] jamais se tornou a or-

---

[3] Edward S. Corwin, *The "Higher Law" Background of American Constitutional Law* (Ítaca: Cornell University Press, 1965); Mauro Cappelletti, *The Judicial Process in Comparative Perspective* (Oxford: Clarendon, 1989), cap. 3; Dennis Lloyd, *The Idea of Law* (Londres: Penguin, 1991), cap. 3; Carl J. Friedrich, *Constitutional Government and Democracy* (Boston: Ginn & Co., 1964), cap. 1.

[4] *Caso do Dr. Bonham's*, (1610) 77 Eng. Rep. 646, 652.

todoxia reinante e foi repudiada na época de Blackstone, senão muito antes[5].

Antes de sua proliferação sem precedentes nos últimos cinquenta anos, a ideia de erigir os tribunais em árbitros últimos dos conflitos sociais fora, durante muito tempo, uma noção exclusivamente norte-americana. Nos Estados Unidos, onde pela primeira vez se proclamou o reinado do direito[6], o controle judicial de constitucionalidade era uma questão de lógica simples. Uma vez que se decidiu adotar uma Constituição escrita com estrutura federal e uma Declaração de Direitos forte, realmente não havia outra escolha. Depois de se estabelecerem limites ao que as maiorias podiam e não podiam fazer com legitimidade, nem o Poder Legislativo nem o Executivo poderiam receber essa função sem violar o princípio da imparcialidade, que proíbe a qualquer um ser juiz e litigante na mesma causa. Para alcançar uma solução justa e neutra para as disputas entre as maiorias e aqueles a quem governam, era necessário que quem tomasse as decisões fosse independente, sem nenhum interesse direto no caso.

John Marshall, o primeiro grande juiz-presidente da Suprema Corte dos Estados Unidos, percebeu com muita clareza a responsabilidade da Corte. "É da alçada e dever do departamento judiciário", escreveu Marshall no caso fundamental *Marbury* vs. *Madison*, "dizer qual é a lei [...]. Assim, se a lei estiver em oposição à Constituição [...] a Corte deve determinar qual d[os] preceitos conflitantes rege o caso. Eis a própria essência do dever judicial."[7] Marshall tampouco tinha alguma dúvida de que, uma vez que as

---

[5] Gordon Wood, "Reply", in Antonin Scalia, A *Matter of Interpretation* (Princeton: Princeton University Press, 1997), 129-30. Ver também Corwin, *Higher Law Background*, 84-7; Friedrich, *Constitutional Government*, caps. 6, 12.
[6] Thomas Paine, *Common Sense*, in B. Kuklick (org.), *Political Writings*, Rev. Student Edn. (Cambridge: Cambridge University Press, 2000), 27-8.
[7] *Marbury* vs. *Madison* (1803) 5 US 1 Cranch 137, 177-8.

Constituições são a autoridade suprema em todos os sistemas jurídicos – as mães de todas as leis, alguns poderiam dizer –, quando um ato de governo "repugna" à Constituição, ele não pode, assim como não pode um salteador, ter força nem efeito jurídico.

No resto do mundo, foram os legados dos Estados fascistas e socialistas na segunda metade do século que causaram a proliferação de Constituições em que os tribunais obtiveram o poder de controlar a atividade dos políticos e de outras autoridades públicas. Essa prática foi instituída primeiramente pelos austríacos e pelos alemães no período subsequente à Primeira Guerra Mundial, e em seguida pelas potências derrotadas, bem como pela Índia e pelos membros do Conselho da Europa, no período posterior à Segunda Guerra[8]. Após a queda do Muro de Berlim, o controle judicial de constitucionalidade se disseminou pela Europa central e oriental, África, Ásia e Oriente Médio[9].

Fazer os políticos justificar seu comportamento perante os tribunais proporcionou um meio de refrear os excessos e abusos dos modelos de democracia majoritária, em que o Poder Legislativo é absoluto. Reiteradamente, à medida que novos Estados iam sendo construídos sobre as ruínas de regimes autoritários e ditatoriais, os povos se voltavam para o direito e os tribunais a fim de garantir que os horrores de sua história jamais os assombrassem

---

[8] Mauro Cappelletti, *Judicial Review in the Contemporary World* (Indianápolis: Bobbs-Merril, 1971), 25-42; Hans Kelsen, "Judicial Review of Legislation", 4º *Journal of Politics* (1942), 83.

[9] Para um exame da globalização dos direitos constitucionais, ver Ran Herschl, "The Political Origins of Judicial Empowerment Through Constitutionalization..." (2000) 25 Law and Social Inquiry 91. Para uma reunião atualizada de textos constitucionais, ver A. P. Blaustein e G. H. Flanz, *Constitutions of the Countries of the World* (com folhas removíveis) (Dobbs Ferry, NY: Oceana). Para uma avaliação comparativa da globalização do constitucionalismo, ver C. Neal Tate e T. Vallinder (orgs.), *The Global Expansion of Judicial Power* (Nova York: New York University Press, 1995); Donald Jackson e C. Neal Tate (orgs.), *Comparative Judicial Review and Public Policy* (Westport, Conn.: Greenwood Press, 1992).

novamente. No final do século XX, as democracias constitucionais já haviam criado raízes em todos os continentes, o que conferiu crédito à afirmação de um de seus principais teóricos de que a ideia de controle judicial de constitucionalidade e de aplicação dos direitos humanos elementares é de longe a contribuição mais importante que os Estados Unidos deram à teoria política[10].

Essa vaca sagrada norte-americana não foi, contudo, bem-vinda em todos os lugares. Embora haja lógica e justiça em atribuir aos juízes a função de delinear as fronteiras entre o alcance da autoridade legislativa legítima da maioria e o domínio dos direitos individuais e das minorias, mesmo nos Estados Unidos perdura uma preocupação muito séria quanto à sua compatibilidade com os princípios basilares da democracia e com a soberania de cada indivíduo de governar-se a si mesmo[11]. Para muitos, um processo em que juízes não eleitos supervisionam as atividades dos poderes eleitos do governo não se coaduna muito bem em comunidades comprometidas com uma forma democrática de governo em que a vontade geral do povo – não a sentença de um juiz – é soberana. Principalmente quando há uma Constituição redigida no estilo nobre e inspirador da Declaração de Direitos norte-americana, o poder do controle judicial de Constitucionalidade corre o risco de atropelar o princípio da separação dos poderes e de substituir a ameaça de uma tirania da maioria por uma oligarquia das cortes. Enquanto a África do Sul branca, de modo quase unânime, era a favor de conferir a uma Corte constitucional o poder de supervisionar os políticos e as demais autoridades

---

[10] Ronald Dworkin, *Freedom's Law* (Cambridge, Mass.: Harvard, 1996), 6, 71.

[11] A literatura crítica e cética sobre o controle judicial de constitucionalidade é enorme. Ver, por exemplo, J. Waldron, *Law and Disagreement* (Oxford: Clarendon, 1999), parte III; M. Walzer, "Philosophy and Democracy" (1981) 9 *Political Theory* 391; M. Tushnet, *Red, White and Blue: A Critical Analysis of Constitutional Law* (Cambridge, Mass.: Harvard University Press, 1988); M. Mandel, *The Charter of Rights and the Legalization of Politics* (Toronto: Wall & Thompson, 1989).

quando o país se tornou verdadeiramente democrático, muitos sul-africanos negros questionaram por que, no momento de sua libertação, deveriam algemar sua liberdade desse jeito.

O problema é que as exortações constitucionais que proclamam a inviolabilidade da vida, a liberdade e a igualdade, as quais são as peças nodais de quase todas as declarações de direitos, na realidade dizem muito pouco aos juízes acerca de como solucionar as intricadas disputas da vida real que eles são chamados a decidir. As excelentes e grandiosas expressões características de todos os textos constitucionais fornecem pouca orientação prática sobre as questões polêmicas, tais como o direito das mulheres ao aborto ou o direito de *gays* e lésbicas a se casarem com pessoa do mesmo sexo. Se as comunidades religiosas têm ou não o direito de fundar escolas separadas e buscar apoio estatal para elas e se essas escolas podem recusar-se a admitir e/ou empregar pessoas cujos costumes e/ou religião sejam diferentes dos seus, são perguntas que não podem ser respondidas pela simples leitura de palavras como "O Congresso não fará lei referente à instituição de religião ou proibindo seu livre exercício"[12]. Da mesma forma, quando as Constituições encerram garantias positivas como, por exemplo, "tratamento médico emergencial" ou "acesso a moradia adequada"[13], o texto não diz à Corte se uma pessoa que está morrendo de insuficiência renal tem direito a receber tratamento de diálise[14] ou se um sem-teto tem direito a um abrigo contra o frio[15]; pelo menos, não explicitamente.

---

[12] Constituição dos Estados Unidos da América, Primeira Emenda (1791), *in* Blaustein e Flanz, *Constitutions of the Countries of the World.*

[13] Constituição da República da África do Sul, Artigos 26 e 27, *in* Blaustein e Flanz, *ibid.*

[14] *Soobramoney* vs. *Ministério da Saúde* (Kwazulu-Natal) [1998] 1 AS 765; (1997) 4 BHRC 308.

[15] *Grootboom* vs. *República da África do Sul* [2001] 1 SA 46.

É o fato de os textos constitucionais quase nunca fornecerem respostas diretas às causas levadas aos tribunais que torna tão problemática a ideia de que os juízes são aptos para dizer às pessoas que elas não podem decidir por si mesmas se devem reconhecer ou não o direito ao aborto ou ao casamento entre pessoas do mesmo sexo. Se os juízes são livres para definir palavras como "vida", "liberdade" e "igualdade" como bem lhes apraz, a sua supervisão dos poderes eleitos do governo não faz o menor sentido. Se a tarefa do juiz é delimitar as fronteiras da elaboração legítima das leis com base naquilo que ele próprio considera justo e certo, não pode haver nenhuma razão pela qual uma decisão judicial deva "suplantar" o juízo das pessoas e de seus representantes eleitos. Se os limites da elaboração legítima das leis são apenas uma questão de opinião pessoal, as maiorias podem alegar uma autoridade moral decorrente da soberania popular, autoridade essa de que carecem os juízes e as minorias.

Para conciliar a prática do controle judicial de constitucionalidade com a soberania do povo para governar a si mesmo, é preciso demonstrar que não é com base em suas opiniões pessoais sobre o certo e o errado que os juízes resolvem conflitos e julgam o modo que os governantes exercem os poderes do Estado. É preciso haver uma teoria sobre o modo com que os juízes devem exercer seu poder de controle de constitucionalidade. Essa teoria deve oferecer-lhes uma maneira de distinguir as leis que são expressão legítima dos poderes coercitivos do Estado das que não são, sem se deixarem influenciar por seus próprios pontos de vista e predisposições pessoais. Como Oliver Wendell Holmes afirmou certa vez, a teoria é tão fundamental para a integridade do direito quanto o arquiteto para a construção de uma casa[16].

---

[16] Oliver Wendell Holmes, "The Path of the Law" (1997) 110 Harv. L Rev. 991.

2. Teoria do contrato

Nos primeiros anos em que se praticou o controle judicial de constitucionalidade nos Estados Unidos, não havia, ao que parece, muita discussão sobre como os juízes deviam ler a nova Constituição e refletir sobre ela. Pelo visto não se cogitava (e alguns ainda não cogitam)[17] que havia (há) necessidade de uma teoria completa da decisão judicial Constitucional. Parece que simplesmente se pressupunha natural que a Constituição fosse interpretada do modo como a entendiam os responsáveis por seu estabelecimento e aqueles cuja vida ela devia controlar. Tanto para os juízes quanto para os comentadores, "o preceito primeiro e fundamental na interpretação de todos os instrumentos é analisá-los de acordo com o sentido dos termos e a intenção das partes"[18].

A preservação do significado original da Constituição era natural para a primeira geração de juízes. A adoção de uma abordagem "originalista" de interpretação constitucional podia ser justificada de modo simples e direto, de fácil entendimento para as pessoas comuns. Coincidia com a convicção de que as Constituições se dirigiam ao "bom-senso do povo", e não eram códigos que exigiam "aptidão lógica e especulação visionária" para serem plenamente compreendidos[19].

Essa abordagem se encaixava naturalmente no instinto norte-americano de raciocínio prático e fundado no bom-senso. Como Rousseau, os primeiros juristas norte-americanos pensavam em sua Constituição como um contrato social e a interpretavam como

---

[17] Richar Posner, "Agaisnt Constitutional Theory" (1998) 73 NYUL Rev. 1; *The Problematics of Moral and Legal Theory* (Cambridge, Mass.: Harvard University Press, 1999), 144.
[18] Story J, *Commentaries on the Constitution of the United States* (Nova York: Da Capo, 1970), § 400.
[19] Story J, *Commentaries on the Constitution of the United States* (Nova York: Da Capo, 1970), Prefácio, p. viii.

tal. Assim como ocorre com a aplicação de qualquer contrato, esperava-se que os juízes conferissem às palavras do texto o sentido que aqueles que as escreveram e consentiram em ser governados por elas entendiam que elas tinham[20]. Assim, por exemplo, se o entendimento comum da Quinta Emenda (que nenhuma pessoa pode ser privada da vida nem da liberdade sem o devido processo legal) fosse, à época de sua adoção, de que ela não restringe o direito do povo de aprovar leis que tornem ilegais a sodomia e o aborto, esse seria sempre o sentido que ela devia ter, a menos e até que fosse mudada. Da mesma maneira, se não se houvesse pretendido que a cláusula de igual proteção da décima quarta emenda se aplicasse ao tratamento que o Estado confere às mulheres e aos *gays*, ela ainda não poderia ter-lhes utilidade hoje.

Garantir que as palavras da Constituição mantenham seu sentido original é algo que também se coaduna com o entendimento comum de que as Constituições são leis supremas ou basilares que articulam acordos políticos fundamentais e de longo prazo. Espera-se que as Constituições, como enuncia a célebre observação de John Marshall, "durem pelas eras vindouras"[21]. São pactos solenes em que as sociedades se comprometem com seus valores mais profundos e suas aspirações mais elevadas. Presume-se que estejam acima da paixão e dos preconceitos da política e a eles sejam imunes. Diferentemente da legislação ordinária e dos acordos comerciais, as Constituições pretendem ser resistentes à mudança e, em geral, são muito mais difíceis de emendar. A interpretação das palavras de uma Constituição do modo com que eram originalmente compreendidas permite que a Constituição funcione como

---

[20] Ver, por exemplo, os casos dos *Matadouros* (1872) 83 US 36; *Reynolds* vs. *Estados Unidos* (1878) 98 US 145.
[21] *McCullock* vs. *Maryland* (1819) 17 US 316, 415. Ver também *Marbury* vs. *Madison* (1803) SC 137, 176.

um "centro de gravidade" moral e proporcione uma medida de certeza e estabilidade essencial para a eficácia e a integridade de todo sistema jurídico.

A lógica de interpretar a Constituição dos Estados Unidos como ela era originalmente compreendida teve muito sentido nos anos imediatamente posteriores à sua adoção e, para muitos, entre eles William Rehnquist, Antonin Scalia e Clarence Thomas, que atualmente são magistrados da Suprema Corte dos Estados Unidos, ainda tem bastante sentido hoje. Para eles, o originalismo resolve qualquer contradição e tensão entre o controle judicial de constitucionalidade e a democracia, respeitando a autoridade própria de um e da outra. Os juízes asseguram que os políticos e as demais autoridades operem dentro dos preceitos e restrições expostos na Constituição. Se a Constituição não diz nada sobre uma questão, o juiz não tem nenhum papel a desempenhar, e as maiorias têm o direito de fazer o que bem quiserem. Os tribunais devem acatar as escolhas do Legislativo, a menos que estas contradigam de modo evidente alguma prescrição constitucional. No limite, onde a Constituição não é escrita, como no Reino Unido, os juízes não têm autoridade para impor absolutamente nenhuma vedação substantiva aos poderes Executivo e Legislativo.

Além de maximizar a soberania de cada nova geração para modelar o caráter das comunidades em que vivem, os originalistas também alegam que o método histórico de interpretação é, mais do que todas as outras abordagens, capaz de restringir o arbítrio judicial e impugnar qualquer tentação que um juiz possa ter de decidir as causas com base em seus próprios valores. Afirmam que nenhuma outra teoria é capaz de se equiparar em neutralidade às teorias originalistas. Para eles, o critério para determinar se uma lei é constitucional são os fatos históricos. Com isso, têm a pretensão de evitar qualquer questão de política e moral.

A narrativa dos originalistas modernos retrata os juízes a aplicar princípios e preceitos estabelecidos no momento em que uma Constituição passa a existir, sem considerar seus próprios pontos de vista pessoais e políticos. Como sumos sacerdotes que preservam a integridade de um texto sagrado, mantendo-se fiéis à sua ambição original, assim eles preservam a sua neutralidade. A origem, a definição e a aplicação dos princípios que distinguem as leis legítimas das não legítimas estão além de seu controle. A aplicação imparcial de princípios históricos determina o resultado de cada caso.

Os originalistas afirmam que sua teoria permite que todo caso seja apresentado e analisado como um silogismo[22]. A premissa maior é um preceito ou princípio – tal como "o Congresso não fará lei referente à instituição de religião" ou "nenhum Estado [...] negará [...] a pessoa alguma a igual proteção das leis"[23] – que fazia parte do entendimento original. A premissa menor exige que os juízes decidam se esse princípio ou preceito é ameaçado pela lei submetida ao seu controle judicial. (As leis que criminalizam a sodomia negam (ou não) aos *gays* a igual proteção das leis.) Se um juiz considera que a lei está em conflito com a Constituição, deve declará-la inválida mesmo que simpatize com o que ela pretende. Ao contrário, as leis que um juiz considera pessoalmente ofensivas e/ou irrefletidas devem permanecer nos códigos, a menos que se demonstre que elas violam de alguma maneira uma prescrição constitucional. A conclusão decorre inevitavelmente do modo como se expressa a premissa menor.

A distinção que os originalistas delineiam entre os juízes que fazem política e os que aplicam a lei é sempre acentuada e quase

---

[22] Robert Bork, *The Tempting of America* (Nova York: Free Press, 1990), 162-3.
[23] Constituição dos Estados Unidos da América, n. 9 acima, Primeira e Décima Quarta Emendas.

sempre de aplicação dolorosa. Assim, por exemplo, os originalistas dizem que é simplesmente impossível encontrar direitos de bem-estar social na Constituição dos Estados Unidos se ela for interpretada de modo que faça valer seu entendimento original, não obstante o fato de os menos favorecidos terem forte pretensão moral à assistência e ao apoio de sua comunidade[24]. Pela mesma razão, pensam que seria um equívoco e uma distorção do significado original da Oitava Emenda (que declara ilegais as penas cruéis e não habituais) se os juízes declarassem a pena de morte inconstitucional por estarem convencidos de que os Estados Unidos constituiriam uma sociedade muito mais justa se jamais fosse permitido tirar a vida de outra pessoa[25]. Segundo a teoria originalista do controle judicial de constitucionalidade, os *gays* jamais poderão reclamar a proteção da Décima Quarta Emenda (que garante a todo indivíduo a igual proteção das leis) porque, na época de sua instituição, no final da Guerra Civil Norte-Americana, ela era entendida somente como o reconhecimento jurídico da emancipação dos negros que antes haviam sido escravizados[26].

Para os originalistas, os juízes perdem a neutralidade e agem ilegalmente quando acrescentam ou subtraem direitos daquilo que pertencia ao acordo original e pretendem ter autoridade para administrar a justiça conforme suas convicções pessoais acerca do que é certo ou errado. Se as leis do aborto, da pena de morte e da sodomia não estão entre os temas que a Constituição situa

---

[24] Robert Bork, "The Impossibility of Finding Welfare Rights in the Constitution" (1979) Wash. ULQ 695; "The Constitution, Original Intent and Economic Rights" (1986) 23 San Diego LR 823.
[25] Scalia, *Matter of Interpretation*, 132, 145-6; Bork, *Tempting of America*, 213-4.
[26] Bork, *ibid.* 149-50, 249-50. Bork, "The Constitution, Original Intent and Economic Rights" 827-8; ver também o julgamento de Scalia em *Romer* vs. *Evans* (1996) 517 US 620; ("Uma vez que a Constituição... não diz nada sobre isso [a homossexualidade], resta que se resolva pelos meios democráticos normais").

além do alcance dos representantes do povo democraticamente eleitos, então os juízes devem aceitar a legitimidade destes. Devem acatar as escolhas de valores do povo e dos representantes que este elege para agir em seu nome. Os legisladores podem dizer-se dotados de uma autoridade moral fundada na soberania do povo, à qual não se equipara a de nenhum juiz. A regra de ouro da interpretação originalista é que se um juiz não pode encontrar na Constituição nada que limite o que a maioria democraticamente eleita pode fazer, deve manter-se à parte e deixar que a vontade do povo prevaleça[27].

Os originalistas insistem que se os norte-americanos querem tornar inconstitucionais a pena de morte e as leis que excluem e prejudicam *gays* e lésbicas, devem seguir os procedimentos que a Constituição provê para sua própria emenda. Os abolicionistas e ativistas *gays* não podem exigir que a Corte emita decisões judiciais que ela não tem autoridade constitucional para emitir. Permitir que um juiz, baseado naquilo que considera justo e certo, sobrepuje a intenção dos que criaram uma Constituição equivale, na perspectiva de um originalista, a autorizar aqueles que receberam o encargo de proteger a Constituição a realizarem uma série de pequenos golpes de Estado[28].

Tal como tem sido desenvolvida e defendida nos Estados Unidos ao longo dos últimos duzentos anos, a teoria originalista de como os juízes devem tratar os conflitos morais e políticos que suas comunidades julgam mais difíceis de resolver é uma tese muito persuasiva. A teoria foi abraçada por alguns dos mais inteligentes e mais intelectualmente rigorosos juízes do país e, ao

---

[27] Bork, *Tempting of America*, 166-7. Michael McConnell, "The Importance of Humility in Judicial Review: A Comment on Ronald Dworkin's 'Moral Reading' of the Constitution" (1997) 65 Fordham L Rev. 1269.

[28] Bork, *Tempting of America*, 265.

mesmo tempo, é de fácil compreensão para as pessoas comuns. Há uma lógica inescapável em fundamentar a autoridade da Corte na aspiração daqueles que foram responsáveis e diretamente afetados pelo estabelecimento da Constituição, e o papel que ela prevê para os juízes impõe os limites mais estreitos possíveis ao poder de cada geração de governar-se democraticamente. Uma vez que outros países inserem declarações de direitos em suas Constituições, seria natural esperar que juízes e comentadores de outras partes do mundo considerassem o originalismo igualmente persuasivo. Mas isso não se verificou. Embora possam ser encontradas referências históricas aos momentos de formação de uma nova ordem constitucional na jurisprudência de todo tribunal, o originalismo não teve, em geral, um bom desempenho em outras partes do mundo[29]. Mesmo nos Estados Unidos, ele é hoje sem dúvida uma corrente minoritária. Com efeito, nos periódicos profissionais e nas fundamentações de decisões judiciais, tem sido alvo de críticas veementes e recorrentes, tanto de comentadores quanto de juízes[30].

O problema do originalismo é que, por melhor que pareça na teoria, na prática ele não pode satisfazer os critérios que estabelece para si mesmo. Orientar os juízes a que resolvam os pontos críticos dos conflitos sociais de suas comunidades tendo por pano de

---

[29] Ver, por exemplo, W. Brugger, "Legal Interpretation, Schools of Jurisprudence and Anthropology: Some Remarks From a German Point of View" (1994) 42 Am. J. Comp. Law 395, 401; D. Beatty, *Constitutional Law in Theory and Practice* (Toronto: University of Toronto Press, 1995), 64-5.

[30] Ver, por exemplo, Ronald Dworkin, *A Matter of Principle* (Cambridge, Mass.: Harvard University Press, 1985), cap. 2; Cass Sunstein, *The Partial Constitution* (Cambridge, Mass.: Harvard University Press, 1995), cap. 4; "What Judge Bork Should Have Said" (1991) 23 Connecticut L Rev. 205; Richard Posner, "Bork and Beethoven" (1990) 42 Stanford L Rev. 1365; John Hart Ely, *Democracy and Distrust* (Cambridge, Mass.: Harvard University Press, 1980), cap. 2; Paul Brest, "The Misconceived Quest for the Original Understanding" (1980) 60 Boston UL Rev. 204.

fundo o entendimento das pessoas que viveram há duzentos anos acaba por deixá-los livres para optar por qualquer dos lados de um caso, conforme a consciência lhes indicar o que é certo. Na verdade, não há no originalismo nenhuma neutralidade na derivação, na definição ou mesmo na aplicação da lei.

As teorias originalistas do controle judicial de constitucionalidade não alcançam seus próprios critérios de legitimidade porque se baseiam em suposições empíricas factualmente falsas e asserções normativas logicamente falhas. Sua interpretação dos entendimentos que cercaram o estabelecimento da Declaração de Direitos norte-americana combina mal, na melhor das hipóteses, com os acontecimentos históricos reais, e sua pretensão de neutralidade é circular e falaciosa. O fato é que a ortodoxia originalista é inteiramente criação da imaginação jurídica, questão de mito. Jamais há nem houve entendimento comum e único sobre o que as importantes garantias da vida, liberdade e igualdade pretendiam significar, muito menos de como eram compreendidas. É na Constituição que os grandes compromissos políticos de uma sociedade são firmados, de modo que a intenção que a anima é invariavelmente múltipla, muitas vezes conflitante e sempre complexa.

Dizer aos juízes que eles devem fazer valer o entendimento original da Constituição não lhes dá orientação nem direção; ademais, não lhes impõe restrição alguma, porque há incontáveis entendimentos entre os quais podem escolher. No aspecto quantitativo, pode haver um número imenso. A dura realidade empírica é que, dado o número de pessoas necessário para fazer surgir uma Constituição, sem mencionar o número de pessoas que a reconhecem como a lei suprema de sua vida, nunca é possível falar de uma única intenção coletiva. Como declarou certa vez Larry Alexander, um dos principais teóricos constitucionalistas norte-americanos, "se não há mentalidade única num grupo, como pode haver uma intenção única?"[31] Para Alexander e muitos outros, a pergunta é retórica, já que as intenções constitucionais são produto de centenas, às vezes milhares, de vontades individuais e, por conseguinte, o máximo que se pode dizer das atividades coletivas, tais como a decisão de adotar uma declaração de direitos constitucional, é que houve uma vaga e mal definida convergência de muitos espíritos.

Mesmo nas partes de uma Constituição em que é possível falar de um entendimento geral sobre o que determinadas palavras pretendiam garantir, é comum encontrar mais de uma intenção operante. Por exemplo, ao interpretar as palavras da Décima Quarta Emenda à Constituição dos Estados Unidos, que garante a todos a "igual proteção das leis", é possível distinguir duas intenções: a intenção de empregar esse conjunto particular de palavras e outra de produzir determinados resultados específicos. Assim, embora o propósito principal da Emenda, adotada em 1868, fosse garantir aos negros que haviam sido libertados da escravidão após a Guerra Civil o mesmo *status* jurídico e os mesmos direitos civis garantidos aos brancos, as palavras escolhidas para alcançar esse resultado não se limitavam à emancipação dos afro-americanos, nem mesmo à eliminação da discriminação racial de modo mais geral. Na verdade, pode-se dizer que a Décima Quarta Emenda contém o que Ronald Dworkin denominou uma intenção "semântica" e uma intenção de "expectativa"[32], que, nos casos em que se alega a discriminação de muçulmanos, mulheres, lésbicas e *gays* ou pobres, levariam a resultados opostos. Numa interpretação literal, as palavras da Décima Quarta Emenda repugnam

---

[31] Larry Alexander, "Originalism or Who is Fred" (1996) 19 Harv JL and Pub. Pol, 321. Ver também Dworkin, *A Matter of Principle*.
[32] R. Dworkin, *Law's Empire* (Cambridge, Mass.: Harvard University Press, 1986), caps. 9, 10. "Comment", *in* Scalia, *A Matter of Interpretation*, 116-27.

igualmente a discriminação contra pessoas em virtude de raça, religião, sexo ou posição social. Porém, da perspectiva daqueles que viviam nos Estados Unidos em 1868, a ideia de que os legisladores não poderiam mais aprovar leis que pudessem por acaso prejudicar mulheres, *gays* e certos grupos religiosos jamais lhes teria passado pela cabeça.

Os originalistas nunca podem oferecer respostas definitivas em casos como esses porque o texto da Décima Quarta Emenda e a motivação política que a ela subjaz apontam para significados muito diferentes que se podem atribuir ao texto com razoabilidade, e o originalismo não indica qual deles o juiz deve escolher. Podemos dizer de ambos que fazem parte da intenção coletiva do documento. Afinal, se a cláusula de igual proteção da Décima Quarta Emenda queria referir-se sempre e somente à discriminação contra os negros, o Congresso e os estados poderiam ter dito apenas isso.

O originalismo sofre do problema de haver muitas interpretações diferentes entre as quais todo juiz tem liberdade para escolher. Mesmo as interpretações comuns sobre os princípios abstratos de justiça que todos aceitam podem expressar-se em diferentes níveis de generalidade[33]. Dependendo do nível de generalidade que o juiz prefere, o originalismo pode ser "rígido ou flexível"[34], "estrito ou moderado"[35] em suas recomendações ou afirmações; e, além disso, o originalismo quase nada nos diz acerca de qual é o nível correto de generalidade a ser adotado. Na prática, os juízes da Suprema Corte dos Estados Unidos não têm ponto de apoio para decidir se devem entender a Décima Quarta Emenda como

---

[33] Dworkin, *A Matter of Principle*, cap. 2.
[34] C. Sunstein, *Legal Reasoning and Political Conflict* (Nova York: Oxford University Press, 1996), 173.
[35] Brest, "The Misconceived Quest", 222.

uma proibição da discriminação dos negros, ou de todas as raças, os brancos inclusive, ou ainda das mulheres e *gays*, ou de todos os tipos de discriminação preconceituosa[36]. Instruir os juízes a escolher o "nível de generalidade que a interpretação do texto, da estrutura e da história da Constituição sustenta com razoabilidade"[37] não é resposta, uma vez que as palavras, a estrutura e a história do texto apontam em diferentes direções. Embora o texto da Décima Quarta Emenda, tomado por si, evidencie facilmente a abrangência suficiente para impedir que os governos discriminem as pessoas em virtude de sexo, o mesmo não se verifica com a história que a ele subjaz.

O fato de podermos apreender intenções e entendimentos invariavelmente múltiplos no estabelecimento de uma Declaração de Direitos constitucional significa que o originalismo jamais pode ser tão neutro quanto ele exige que a teoria constitucional seja. Uma vez que não é possível identificar uma norma ou um critério único e predominante para cada caso, os juízes podem justificar todo e qualquer resultado que quiserem. Ao enfrentarem o problema da proteção da Décima Quarta Emenda às mulheres e aos *gays* contra a discriminação sexual, os originalistas têm a liberdade de privilegiar a parte do entendimento original que conduza ao resultado moralmente correto de acordo com a sua crença.

---

[36] A medida da liberdade dos juízes para definir por si mesmos a amplitude ou estreiteza com que as palavras da Constituição devem ser compreendidas se evidencia especialmente, entre os julgamentos recentes da Corte, em *Lawrence* vs. *Texas* (2003) 123 S. Ct. 2472, no qual Scalia, Rehnquist e Thomas divergiram da decisão de seus colegas de que as leis de sodomia são inconstitucionais porque, em lugar de interpretar de forma abrangente a garantia de liberdade (que também faz parte da Décima Quarta Emenda), de modo a incluir a privacidade pessoal, como fez a maioria, leram-na com muita rigidez, de modo a não demarcar um domínio privado de "desvio sexual".

[37] Bork, *Tempting of America*, 150; ver também McConnel, "Importance of Humility".

Os originalistas reconhecem que a determinação do significado original de diferentes partes de uma Constituição pode ser uma tarefa árdua e incerta, mas resistem a concluir daí que o originalismo não se caracteriza como uma teoria neutra do direito. Alguns afirmam que a incerteza e as dificuldades de definir os entendimentos originais não são tão grandes como as teorias rivais maldizem. Antonin Scalia procurou argumentar nesse sentido em favor do originalismo, mas sem muito entusiasmo nem convicção[38]. Alegar que essa teoria é menos parcial que as rivais é tentar salvá-la com uma desculpa, não com um argumento. Ainda que fosse verdadeira, essa alegação não demonstraria a neutralidade do originalismo. O máximo que ela pode provar é que as outras interpretações da Constituição são igualmente ilegítimas.

Outros sustentam que a neutralidade do originalismo reside, em última instância, no fato de que é o método que os responsáveis pelo estabelecimento da Constituição pretendiam que os juízes seguissem. Foi dessa maneira que Robert Bork, um dos representantes mais eminentes do originalismo, defendeu sua neutralidade[39]. Bork sustenta que essa é a única teoria interpretativa possível de se derivar do entendimento original, e não da filosofia jurídica de cada juiz. Entretanto, a tentativa de Bork de defender a abordagem originalista do controle de constitucionalidade com base na tese de que ela constituía o elemento hermenêutico do entendimento original teve como principal reação o desprezo e o escárnio[40]. A defesa de Bork foi rejeitada por ser gravemente equivocada

---

[38] Antonin Scalia, "Originalism: The Lesser Evil" (1989) 57 U Cincinnati L Re. 861; *A Matter of Interpretation*, 45.

[39] Bork, *Tempting of America*, 177.

[40] Ronald Dworkin a rejeitou por ser "inteiramente circular" (*A Matter of Principle*, 54), Cass Sunstein a definiu como um "chamado às armas" que não configurava argumento algum. Para Sunstein, qualquer um que negue que o próprio originalismo se fundamenta em valores substantivos e princípios políticos e morais é "desprovido de consciência própria": "What Bork Should Have Said", 211, 215.

tanto em sua lógica quanto no que se refere aos fatos. As críticas salientaram que, no aspecto empírico, Bork nunca apresentou provas conclusivas de que o originalismo fosse realmente entendido como a estratégia interpretativa preferida na época do estabelecimento da Declaração de Direitos. Não oferece provas de que era, como fato histórico concreto, parte do entendimento original. Na verdade, o que hoje sabemos sobre o que as pessoas pensavam acerca da interpretação dos textos jurídicos, bem como o estilo aberto e abrangente do texto, dão a entender justamente o contrário[41].

Ainda mais importante, os adversários de Bork insistiram que, mesmo que o argumento dele se prestasse ao rigor histórico, isso não faria diferença. Ainda que em 1791 e 1868 a expectativa tivesse sido de que a Declaração de Direitos norte-americana devesse sempre ser interpretada de modo que faça valer seu significado original, isso, por si só, não seria razão suficiente para que ela fosse interpretada dessa maneira ainda hoje. Todos reconhecem, inclusive os originalistas, que se a Declaração de Direitos tivesse sido estritamente interpretada de acordo com os entendimentos predominantes à época em que foi estabelecida, os Estados Unidos seriam um país muito diferente do que é hoje. É amplamente reconhecido que, se a Suprema Corte dos Estados Unidos tivesse permanecido fiel a essa interpretação e a considerasse a única leitura legítima da Constituição norte-americana, muitos dos direitos e liberdades hoje estimados pela maioria dos norte-americanos haveriam se perdido. A liberdade religiosa e a de expressão, por exemplo, teriam muito menos proteção, uma vez que, no momento de sua adoção, todos pensavam que a Primeira Emenda só se aplicava ao governo federal ("O Congresso

---

[41] H. Jefferson Powell, "The Original Understanding of Original Intent" (1985) 98 Harv. L Rev. 888; ver também Brest, "The Misconceived Quest", 215.

não fará lei...") e não tinha absolutamente nenhuma aplicação para os estados. Da mesma forma, as possibilidades de discriminação e desigualdade seriam significativamente aumentadas, porque ninguém entendia que a Décima Quarta Emenda vinculasse também o Congresso (nenhum estado negará...). Se a Declaração de Direitos dos Estados Unidos significasse hoje o que significou para aqueles que assistiram ao seu nascimento, não reconheceríamos mais a privacidade como um direito fundamental, o preconceito sexual seria disseminado, a esterilização obrigatória de criminosos condenados seria legalizada e o casamento inter-racial ainda poderia ser proibido[42].

Ninguém diria que, ao estender o alcance da Declaração de Direitos norte-americana, a Suprema Corte dos Estados Unidos excedeu sua autoridade ou agiu contrariamente à lei. Todos, inclusive os originalistas, reconhecem que os juízes que decidiram os casos em que essas questões foram suscitadas fizeram uma escolha. Poderiam ter se orientado pelos entendimentos geralmente aceitos da Primeira, Quinta e Décima Quarta Emendas predominantes quando elas foram incorporadas à Constituição. Ou poderiam, como de fato fizeram, ler o texto delas como a expressão de um princípio moral mais profundo e mais amplo, que reflete melhor o modo pelo qual hoje compreendemos termos como "vida", "liberdade" e "igual proteção das leis". A fim de fazer justiça às pessoas que rogaram sua ajuda, decidiram seguir a lógica

---

[42] Richard Posner, "Bork and Beethoven" (1990) 42 Stanford L Rev. 1364; Cass Sunstein, "What Judge Bork Should Have Said" (1991) 23 Connecticut L Rev. 205; ver também W. Eskridge, *The Case for Same-Sex Marriage* (Nova York: Free Press, 1996), 125, 153, 174. Ver Ruth Bader Ginsburg, "Sexual Equality under the Fourteenth and Equal Rights Amendments" (1979) Wash. ULQ 161 ("É necessária uma interpretação ousadamente dinâmica que se afaste radicalmente do entendimento original para associar à cláusula de igual proteção da Décima Quarta Emenda uma ordem para que o governo trate os homens e as mulheres como indivíduos iguais no que se refere aos direitos, responsabilidades e oportunidades").

do texto e estender sua proteção a âmbitos nunca contemplados na discussão e nos debates originais.

Além disso, mesmo que (contra toda evidência) os juízes considerassem que a abordagem originalista da interpretação constitucional era parte integrante do entendimento original quando a Declaração de Direitos foi adotada, o resultado seria quase certamente o mesmo. Os juízes teriam ainda de determinar qual método de interpretação empregar. A expectativa de que os juízes aplicassem sempre e somente os significados originais da Constituição não é fato que persuadiria um juiz como Holmes, que acreditava que os casos deveriam "ser considerados à luz da totalidade da [sua] experiência, e não meramente... [com base em] o que se dizia há cem anos"[43]. Para Holmes, e os juízes com ideias semelhantes, a questão seria: por que as interpretações atuais não devem suplantar os significados originais se sabemos hoje que estes são arbitrários e injustos? E, para essa questão, responder que não faziam parte do entendimento original não resolveria nada. Nos casos notáveis e decisivos que assinalam o crescimento e o desenvolvimento do direito constitucional norte-americano, o fato de os responsáveis pelo estabelecimento da Declaração de Direitos acreditarem que as gerações futuras devessem ler seu texto conforme o entendimento original jamais poderia ter sido conclusivo por si só. Esse fato não explica por que devemos sempre nos voltar para trás para interpretar a Constituição, mantendo um olho no passado, em lugar de interpretá-la com base no pleno conhecimento do presente. Precisaria haver uma razão independente, um princípio ou valor separado que justificasse as sérias perdas que essa interpretação acarretaria. Em todos esses casos, há uma controvérsia entre alguns significados possíveis que só poderia

---

[43] *Missouri* vs. *Holland* (1920) US 416, 433.

ser resolvida com razões e argumentos independentes dos métodos de interpretação que jazem por trás de cada um.

Tanto Bork quanto Scalia reconhecem que há ocasiões em que é legítimo os juízes adotarem significados que se afastam dos entendimentos originais e até os contradizem. Ambos reconhecem que os significados originais podem ter de dar lugar, por exemplo, a decisões prévias da Corte – ainda que haja boas razões para pensar que estejam erradas – nos pontos em que elas se tornaram tão enraizadas na prática atual que anulá-las ameaçaria a estabilidade e as expectativas sedimentadas do país[44]. Ambos também abandonariam os significados originais quando as palavras do texto ou mesmo seus escrúpulos morais lhes indicassem que essa seria a atitude certa a tomar. Bork, por exemplo, parece disposto a interpretar literalmente o texto da Décima Quarta Emenda, que garante a todos a "igual proteção da lei", de modo que abranja a discriminação sexual, não obstante a intenção da Emenda fosse livrar o país de certas formas particularmente abomináveis de discriminação dirigidas contra os negros[45]. Scalia reconheceu que para ele chegaríamos aos limites do originalismo se algum dia um governo aprovasse uma lei que autorizasse açoitamentos públicos e a marcação com ferrete para certos crimes. Ainda que se pudesse demonstrar que essas práticas não eram consideradas "cruéis" nem "não habituais" em 1791 (e embora ele particularmente acredite que qualquer objeção à pena de morte não "passaria no teste da risada"[46]), Scalia tem certeza de que nenhum juiz ponderado permitiria que governo algum cometesse tamanha brutalidade e de que "o originalismo como teoria

---

[44] Scalia, *A Matter of Interpretation*, 139-40; Bork, *Tempting of America*, 158.
[45] Bork, *ibid.*, 150, 330, cf. "Neutral Principles and Some First Amendments Problems" (1971) 47 Indiana LJ 1.
[46] Scalia, *A Matter of Interpretation*, 46, 132, 145-6.

prática de exegese deve de alguma forma se conciliar com essa realidade"[47].

O fato de uma teoria originalista de interpretação não poder fornecer, em casos tão elementares, respostas consideradas satisfatórias por seus melhores partidários demonstra que ela não é neutra como alegam seus defensores. Não é possível deduzi-la com neutralidade do texto da Constituição, nem tampouco extrair-lhe definições neutras que possibilitem aos juízes decidir as causas com imparcialidade e sem ceder a suas preferências e prioridades pessoais. Que o originalismo é incapaz de satisfazer seus próprios critérios de legitimidade é fato sabido há muito tempo. Entretanto, sua inadequação como teoria que justifica o controle judicial de constitucionalidade tornou-se nítida durante as décadas de 1950 e 1960, quando Earl Warren era o presidente da Suprema Corte dos Estados Unidos. A Corte de Warren é famosa nos anais do direito constitucional norte-americano porque corresponde a um dos períodos mais ativos e intervencionistas de sua história. Em sua mais célebre decisão judicial, no caso *Brown vs. Conselho de Educação*[48], a Corte afirmou que as escolas separadas negavam aos negros norte-americanos a igual proteção da lei. Em outras importantes decisões, defendeu os direitos dos acusados e/ou condenados por crime[49], insistiu no princípio de um voto por pessoa[50] e começou a assinalar as fronteiras do direito fundamental de privacidade[51]. Várias de suas decisões foram muito polêmicas, e diversos acadêmicos criticaram severamente

---

[47] Scalia, "Originalism: the Lesser Evil", 861.
[48] *Brown vs. Conselho de Educação* (1954) 347 US 438.
[49] Ver, por exemplo, *Gideon vs. Wainright* (1963) 372 US 335. *Miranda vs. Arizona* (1966) 384 US 436.
[50] Ver, por exemplo, *Baker vs. Carr* (1962) 369 US 186; *Reynolds vs. Sims* (1964) 377 US 533.
[51] *Griswold vs. Connecticut* (1965) 381 US 479.

a jurisprudência da Corte, inclusive a decisão do caso *Brown*[52], porque, embora simpatizassem com os resultados dos casos, achavam que os juízes haviam excedido seus poderes de controle de constitucionalidade. Os originalistas foram particularmente críticos da jurisprudência da Corte de Warren. Acusaram-na de ler a Constituição de modo que depreendesse dela seus próprios valores em todas as suas decisões inéditas sobre igualdade, privacidade, direito ao devido processo legal e liberdade de expressão. Nem mesmo *Brown* vs. *Conselho de Educação*, a memorável decisão da Corte que ordenou o fim da segregação nas escolas norte-americanas, foi fácil justificar com fundamentos históricos[53]. Justamente no momento em que o pensamento norte-americano sobre o controle judicial de constitucionalidade mais precisava, não havia nenhuma teoria capaz de esclarecê-lo nem de apoiá-lo.

Em tempo, e com poucos anos entre uma e outra, foram apresentadas duas novas teorias para explicar e defender, de maneira mais geral, senão todos os resultados, pelo menos o raciocínio da Corte de Warren e a prática do controle judicial de constitucionalidade considerada em geral. Uma delas sustentava que a função primordial do Judiciário era controlar os procedimentos e processos da política; a outra exigia que os juízes tomassem a filosofia política como fonte fundamental de todos os preceitos realmente importantes do direito constitucional. Os processualistas

---

[52] Herbert Wechsler, "Toward Neutral Principles of Constitutional Law" (1959) 734 Harv. l Rev. 1; A. Bickel, *The Supreme Court and the Idea of Progress* (New Haven: Yale University Press, 1978).

[53] Ver, por exemplo, Ronald Dworkin, *Life's Dominion* (Nova York: Vintage Books, 1994), 138-43; Alexander Bickel, "The Original Understanding and the Segregation Decision" (1953) 69 Harv. L Rev. 1; Michael Klarman, "Brown, Originalism and Constitutional Theory..." (1995) 81 Virginia L Rev. 1881; Posner, "Bork and Beethoven"; Sunstein, "What Judge Bork Should Have Said" 214 n. 40, cf. Michael McConnel, "Originalism and the Desegregation Decisions" (1995) 81 Virginia L Rev. 947.

argumentavam que a melhor maneira de conciliar o controle judicial de constitucionalidade com o caráter democrático do governo moderno era os tribunais concentrarem suas energias em assegurar que as instituições e os processos da política funcionassem de modo justo e eficaz, em lugar de se preocuparem com resultados e consequências. A teoria que impõe aos juízes uma leitura moral da aplicação da Constituição, ao contrário, exige que eles formulem a melhor descrição dos princípios morais que se enquadre nos amplos contornos da experiência constitucional de um país e que apresente a história constitucional da nação sob a luz mais favorável. Ambas as abordagens foram endossadas por alguns dos mais notáveis acadêmicos e constitucionalistas do mundo. As duas apresentam concepções atraentes de como os tribunais podem conciliar direito e política de maneira eficiente, fazendo justiça a ambos. Nenhuma delas, contudo, conseguiu impugnar as críticas da outra e, assim, permanecem o impasse e a ausência de uma teoria digna de crédito.

3. Teoria do processo

John Hart Ely, um dos mais respeitados juristas dos Estados Unidos, apresentou em 1980 a primeira teoria completa do modelo processual de controle judicial de constitucionalidade, em seu livro *Democracy and Distrust*[54]. Incitou-o especialmente a jurisprudência da Suprema Corte dos Estados Unidos no período em que Warren deteve o cargo de juiz-presidente. O projeto de Ely era tratar da controvérsia que cercou a Corte de Warren e conferir-lhe uma interpretação amigável. Ely considerou que os principais julgamentos da Corte foram motivados pela ideia de que, na prática do controle judicial dos atos realizados pelos po-

---

[54] Ely, *Democracy and Distrust*.

deres eleitos, a preocupação predominante da Corte deveria ser ajudar aqueles que não conseguem se proteger politicamente. Em vez de verificar as leis aprovadas pelo Legislativo ou decretadas pelo Executivo com base em valores morais importantes, ele considerou que o motivo condutor da Corte de Warren era garantir que todos pudessem participar e beneficiar-se dos processos políticos em condições mais ou menos iguais. De acordo com Ely, os juízes deveriam tomar como exemplo o objetivo da Corte de Warren, isto é, garantir que as instituições políticas comuns funcionassem de maneira justa, permanecessem abertas à mudança e não excluíssem sistematicamente determinados grupos nem operassem em detrimento deles. Em sua opinião, as garantias amplas e abertas da Constituição norte-americana deveriam ser interpretadas com essa orientação principal em mente[55].

Ely argumentou que sua teoria de como os juízes devem pensar no exercício de seus poderes de controle de constitucionalidade compreende corretamente as partes mais importantes da Constituição norte-americana, inclusive a Declaração de Direitos, e é coerente com elas. Para ele, uma teoria processual do controle judicial de constitucionalidade "apoia inteiramente o sistema norte-americano de democracia representativa" e "dá aos juízes um papel que eles são plenamente capazes de desempenhar"[56]. Determinar valores e sancionar o caráter moral de suas comunidades cabe ao povo, não aos tribunais. A tarefa do juiz é supervisionar os processos da política e do governo e agir como guardião deles para garantir que não pendam injustamente em favor de lado algum e não sejam, por conseguinte, "indignos de confiança". Na concepção de Ely, a extraordinária contribuição que os tribunais

---

[55] Ely, *Democracy and Distrust*, cap. 4.
[56] *Ibid.*, 102.

podem dar ao governo, com base no princípio da democracia representativa, é impedir que "os incluídos obstruam os canais de mudança política a fim de lhes garantir a permanência [no poder]" e que "sistematicamente ponham em desvantagem alguma minoria por mera hostilidade ou [...] preconceito..."[57]. Os juízes afiançam a integridade dos processos da democracia garantindo que os direitos políticos e civis de expressão, associação e voto de todas as pessoas sejam respeitados e, em particular, certificando-se de que os grupos normalmente desiguais e mal representados da sociedade, como as minorias raciais e os indivíduos submetidos à justiça criminal, não sejam prejudicados pela impossibilidade de transpor os labirintos da política. Ao contrário, espera-se que grupos como o das mulheres, que constituem efetivamente a maioria do eleitorado e têm a capacidade de cuidar de seus próprios interesses, de fato o façam; e que as questões importantes de moralidade e política pública, como o aborto, por exemplo, sejam confiadas ao povo por meio de seus representantes eleitos.

O livro de Ely suscitou críticas entusiasmadas. Foi aclamado "obra de mérito extraordinário"[58], "façanha intelectual brilhante"[59] e, para pelo menos um comentador, "a contribuição mais importante para a teoria norte-americana do controle judicial de constitucionalidade escrita no século"[60]. Numa época pós-moderna de pluralismo radical na teoria moral e política, a ideia de buscar um consenso em relação aos procedimentos justos animou muita gente. Numa reflexão posterior, contudo, poucos acharam que Ely tenha conseguido realmente comprovar sua ideia.

---

[57] *Ibid.*, 103.
[58] Richar Posner, "*Democracy and Distrust* Revisited" (1991) 77 Virginia L Rev. 641.
[59] Gerald Gunther, capa do livro *Democracy and Distrust*.
[60] Henry P. Monaghan, capa do livro *Democracy and Distrust*.

O livro recebeu muitas críticas diferentes. De diversas maneiras, a maior parte dos críticos questionou a tentativa de Ely de separar o processual do material. Disseram que uma Constituição como a Declaração de Direitos norte-americana, que garante aos indivíduos, por exemplo, a liberdade de seguir a religião que escolherem, evidentemente contém ambos. Mesmo os que simpatizavam com um modelo processual de controle judicial de constitucionalidade reconheceram que Ely não foi capaz de apresentar, como prometera, uma teoria em que os juízes pudessem decidir se as leis são ou não constitucionais sem precisar avaliar-lhes as opções políticas e morais[61]. Se, como insistiu, a Constituição norte-americana exige que o caráter moral da comunidade seja construído pelo povo por meio de seus representantes eleitos, e não pelos tribunais, sua própria teoria não passaria no teste. Críticos e mais críticos disseram a Ely que qualquer juiz que tentasse seguir seu conselho teria de fazer precisamente o tipo de escolhas relativas aos valores fundamentais que, de acordo com sua teoria, os juízes devem evitar.

Os comentadores foram inexoráveis na crítica de que a teoria do controle judicial de constitucionalidade de Ely era por si só "radicalmente imprecisa e fundamentalmente incompleta"[62]. Demonstraram que em inúmeros aspectos o conceito de democracia representativa era demasiado vago, suscetível de apoiar muitas combinações diferentes, para informar aos juízes como eles devem exercer seus poderes de controle de constitucionalidade. A teoria não lhes dava nenhuma orientação sobre os tipos de di-

---

[61] Ver, por exemplo, Patrick Monahan, *Politics and the Constitution* (Toronto: Carswell, 1987); Jürgen Habermas, *Between Facts and Norms* (Cambridge, Mass.: MIT Press, 1996); Cass Sunstein, *Designing Democracy: What Constitutions Do* (Nova York: Oxford University Press, 2001).
[62] Laurence Tribe, "The Puzzling Persistence of Process-Based Constitutional Theories" (1980) 89 Yale LJ 1063.

reito de participação e representação que deviam defender nem sobre quem deveria ser beneficiário de sua proteção[63]. Nem tampouco definia os critérios mais elementares de representação, como, por exemplo, a forma de contagem dos votos e de demarcação dos distritos eleitorais.

Dizer aos juízes que sua responsabilidade precípua é assegurar que se faça política de maneira justa e inclusiva não lhes dá a descrição clara de como o processo deve ser configurado para corresponder a essa exigência. Como assinalou Ronald Dworkin, nem sequer dá orientação quanto aos direitos básicos, como a liberdade de expressão, que os processualistas consideram fundamentais e dignos de enérgica proteção dos tribunais[64]. O aforismo segundo o qual os juízes devem ajudar os "que não podem se proteger politicamente" não identifica as circunstâncias em que é legítimo as maiorias restringirem a liberdade das pessoas dizerem o que quiserem e as circunstâncias em que não é. Como, questionou-se, os juízes – comprometidos com a ideia de que seu papel é assegurar que o sistema político permaneça aberto à mudança por meio da persuasão pacífica – devem decidir se as escolhas de estilo de vida que procuram convencer pela demonstração e pelo exemplo, como o casamento entre pessoas do mesmo sexo, correspondem ao tipo de expressão que a Constituição garante?[65] Independentemente de como julguem, a participação e a representação de alguns indivíduos será favorecida, ao passo que as de outros serão afetadas de maneira adversa. Mesmo os direitos de expressão que se coadunam com os modos mais tradicionais de participação política impõem simultaneamente limites ao poder dos legisladores democraticamente eleitos e às pessoas

---

[63] Ronald Dworkin, *A Martter of Principle*, 57-71; Bork, *Tempting of America*, 196.
[64] Dworkin, *A Matter of Principle*, ibid.
[65] Tribe, "Puzzling Persistence", 1078.

que eles representam. Pensar estritamente nos termos do processo não nos diz como resolver conflitos desse tipo nem onde pôr os limites.

Muitos comentadores destacaram como exemplo do caráter incompleto e impreciso da teoria processual de Ely a sua incapacidade de identificar os tipos e modos de expressão que merecem proteção constitucional. Isso demonstrava que os juízes precisavam de alguma coisa a mais, diferente dos critérios processuais, para distinguir os casos em que o sistema político não funcionou de maneira justa daqueles em que, ao contrário, pode-se afirmar que os indivíduos excluídos do processo legislativo ou regulador não têm causa legítima para queixar-se[66]. Ely compreendeu o problema e reconheceu que, numa democracia representativa em que as "determinações de valores" são responsabilidade dos representantes eleitos do povo, o fato de um grupo se sentir lesado – mesmo intensamente – por uma lei que lhe nega um benefício ou de algum modo o prejudica não necessariamente significa mal funcionamento do governo nem que os tribunais devam intervir[67].

Ely argumentou que os tribunais devem vir em socorro apenas das pessoas sistematicamente prejudicadas pelas maiorias que agem por preconceito ou hostilidade. Porém, como os comentadores prontamente replicaram, essa solução só poderia ser defendida com fundamentos morais materiais, os quais sua teoria tinha de evitar. As alegações de preconceito, como assinalou Laurence Tribe numa crítica particularmente eficaz, implicam inevitavelmente juízos morais substantivos[68]. Quando alguém afirma que uma lei que lhe nega determinados benefícios e os torna acessíveis a outrem – ou busca prejudicá-lo de alguma outra for-

---

[66] Bork, *Tempting of America*, 199.
[67] Ely, *Democracy and Distrust*, 103.
[68] Tribe, "Puzzling Persistence", 1072-6.

ma – é motivada por preconceito e hostilidade, em geral esse indivíduo quer dizer que discorda das razões apresentadas para o tratamento seletivo. Por exemplo, ninguém, nem mesmo Ely[69], acha que os assaltantes (grupo que sem dúvida é alvo de disseminada hostilidade) são punidos por preconceito pelas leis que definem o roubo como crime. Ao contrário, quase todos concordam que é legítimo tratar os ladrões como marginais precisamente em virtude da importância que a maioria das pessoas atribui à propriedade e à segurança física. O mesmo se verifica com as leis que criminalizam a sodomia, as que negam aos casais do mesmo sexo o estado civil de casado e as que discriminam *gays* e lésbicas. A conclusão de qualquer juiz sobre essas leis – se elas são exemplos de preconceito ou baseiam-se numa opinião moral sólida sobre o que constitui o comportamento correto (como na lei contra o roubo) – depende de escolhas morais fundamentais que vão lhe dizer se a identidade sexual faz parte, ou não, da definição de pessoa e se, desse modo, ao contrário do roubo, pode ou não caracterizar-se como um direito humano fundamental.

Que Ely não teve êxito na construção de uma teoria do controle judicial de constitucionalidade pela qual os juízes pudessem evitar a necessidade de emitir juízos de valor sobre questões morais complexas e controversas é posição unânime das críticas. Nem todos, porém, julgaram que do malogro de Ely segue que o modelo processual de controle judicial de constitucionalidade é defeituoso em si mesmo. Alguns teóricos argumentaram que embora Ely estivesse errado em pensar que os juízes centrados no processo não precisariam tomar decisões sobre questões de moral substantiva, um modelo dedicado a aprimorar o funcionamento da democracia ainda era a melhor alternativa disponível.

---

[69] Ely, *Democracy and Distrust*, 154.

Esses teóricos reconheceram, e até comemoraram, a moral substantiva do modelo processual de controle de constitucionalidade. Para eles, não há valor mais elevado que uma comunidade que se governe de maneira racional e justa. Se a política se livrar de todas as suas iniquidades e imperfeições, o indivíduo e a comunidade de que ele faz parte poderão aprimorar-se conjuntamente. Com efeito, eles afirmam que o modelo processual de controle de constitucionalidade não apenas é compatível com as mais nobres aspirações dos indivíduos e das comunidades, mas também é o único capaz de "criar os pré-requisitos para o bom funcionamento da ordem democrática, em que os cidadãos são genuinamente capazes de se governarem"[70]. Ao orientar os juízes a assumir um papel agressivo na vigilância dos procedimentos e processos da democracia, os tribunais agem em cooperação com os políticos e outros agentes públicos para estabelecer estruturas e instituições de governo justas e equitativas, em vez de terem de agir pelo confronto, traçando fronteiras intransponíveis à soberania do povo e seus representantes.

A ideia de defender uma teoria de controle judicial de constitucionalidade orientada pelo processo, fundada na visão republicana de uma comunidade de pessoas estimuladas e capazes de se governar genuína e imparcialmente, atraiu muitos teóricos de destaque. Nos Estados Unidos, Cass Sunstein levou bem adiante a lógica do modelo processual. Sunstein acredita que uma boa Constituição deve criar no governo um ambiente que combine "responsabilidade política com alto grau de reflexão e compromisso geral com a apresentação de razões"[71], e um tribunal responsável deve interpretá-la com essas ideias em mente. Sunstein não tem a

---

[70] Sunstein, *Designing Democracy*, 6.
[71] *Ibid.*, 7.

menor dúvida quanto à importância da Corte na busca da comunidade por aquilo que ele denomina "o ideal da democracia deliberativa", mas enfatiza igualmente que o papel dela é em grande medida secundário e de apoio.

Assim como Ely, Sunstein acredita que o argumento em favor de um Judiciário vigilante e agressivo é mais forte quando se alega que as instituições e os processos do governo são de alguma forma defeituosos[72]. Para além disso, ele receia que os tribunais se enleiem no emaranhado de "questões administrativas" – como pobreza, assistência médica ou discriminação contra os *gays* – quando estiverem em jogo considerações de moral substantiva e políticas públicas. Em casos desse tipo, Sunstein acredita que o papel adequado do Judiciário é "catalítico" e não "preclusivo"[73]. Ele expõe as virtudes de uma democracia deliberativa e alerta os juízes para que trabalhem com "um caso de cada vez"[74] de sua pauta e evitem a construção de contextos de análise amplos e abrangentes. Exceto quando estiverem em questão direitos democráticos, como o voto ou a expressão política, ou quando grupos politicamente frágeis estiverem em risco, os juízes devem acatar as decisões dos políticos e demais autoridades. No que tange a questões morais polêmicas, como o aborto e o casamento entre pessoas do mesmo sexo, ele considera que o melhor que as cortes podem fazer é proceder passo a passo, fazendo pequenas modificações de cada vez[75]. Ele critica a forma com que a Suprema Corte dos Estados Unidos garantiu o direito amplo e categó-

---

[72] Cass Sunstein, *Legal Reasoning and Political Conflict* (Nova York: Oxford University Press, 1996), 179.

[73] Sunstein, *Designing Democracy*, 9-11, 205-6.

[74] Cass Sunstein, *One Case at a Time: Judicial Minimalism on the Supreme Court* (Cambridge, Mass.: Harvard University Press, 1999).

[75] Sunstein, *Legal Reasoning and Political Conflict*, 180; *Designing Democracy*, cap. 8.

rico de aborto no caso *Roe* vs. *Wade*, pois em sua opinião isso intensificou e exacerbou divisões que já fraturavam a sociedade norte-americana. Sunstein acha que, mesmo quando um tribunal acredita ter verificado um caso de discriminação, haverá situações em que ele deverá tolerar leis e regulamentos arbitrários e injustos. A fim de maximizar os valores da deliberação e do autogoverno, não é inconcebível, nem impróprio, que às vezes não se apliquem os direitos constitucionais[76].

Sunstein não foi o primeiro a seguir a direção apontada por Ely e fazer da "deliberação democrática" o principal valor de uma teoria de controle de constitucionalidade. Patrick Monahan, um dos principais estudiosos do direito constitucional do Canadá, aventou o mesmo argumento quase quinze anos antes. Com efeito, Monahan argumentou que a teoria de que uma Constituição deva ser interpretada como a corporificação dos ideais democráticos é ainda mais adequada à Carta de Direitos e Liberdades canadense do que foi para a Declaração de Direitos norte-americana[77]. Disse que a teoria se harmoniza mais com as tradições políticas do país e com a ênfase da Carta no apoio do governo aos direitos da comunidade e dos grupos.

Para Monahan, da mesma forma que para Sunstein, defender o controle judicial de constitucionalidade em nome da democracia significa que a atividade do Judiciário só se dá no interior de fronteiras muito específicas e estreitas. Uma vez que o controle judicial de constitucionalidade abriga um "debate de elite em que somente as vozes da elite são ouvidas"[78], ele jamais pode substituir o diálogo e a discussão democráticos. Assim, do mesmo modo que Ely e Sunstein, Monahan se opõe naturalmente à sanção ju-

---

[76] *Designing Democracy*, 193, 204, 208; *Legal Reasoning*, 178.
[77] Monahan, *Politics and the Constitution*, 99-120.
[78] *Ibid.*, 137

dicial de direitos sociais e econômicos, porque tal coisa reduziria significativamente o escopo do diálogo e da deliberação política. Na teoria de Monahan, quando um tribunal se satisfizer com a justiça da infraestrutura básica da democracia e ampliar sua abertura ao "potencial revisionário da política", sua autoridade terá alcançado plena realização. Como todos os processualistas, Monahan considera que o papel precípuo do tribunal é "proteger a infraestrutura básica da democracia liberal", que inclui direitos de associação, de debate e eleições livres, a fim de assegurar que a participação no processo político seja a mais igualitária possível. Para além disso, a autoridade do juiz encontra limite. Cabe ao povo, por meio dos representantes que elege, decidir quais serão o caráter moral e as normas de cooperação social de sua sociedade. "[P]ara que a moral coletiva da sociedade se torne cada vez mais informada", conclui Monahan, "isso se alcançará com mais democracia, e não com menos"[79].

Monahan e Sunstein são advogados que trabalham para o governo, e suas considerações como defensores de um modelo processual de controle judicial de constitucionalidade, assim como as de Ely, são parcimoniosas e, em geral, desprovidas de grandes pretensões teóricas. Eles não escondem sua predisposição em favor da democracia e da sociedade autogovernada, e é-lhes suficiente parar por aí. Não fazem o menor esforço para refutar os argumentos dos críticos de Ely de que é impossível deduzir um modelo processual de controle judicial de constitucionalidade a partir de fontes políticas ou jurídicas neutras.

A ambição de seus tratados é modesta e objetiva do ponto de vista profissional. Seu projeto é explicar como o modelo processual de controle judicial de constitucionalidade pode "emprestar

---

[79] *Ibid.*, 138.

estrutura e inteligibilidade à análise jurídica"[80]. A intenção de ambos é ajudar os juízes a identificar os tipos de argumento (doutrinário, analógico, textual etc.) que devem empregar ao interpretar uma Constituição; desse modo, pouco procuram enquadrar suas ideias sobre o raciocínio jurídico nas teorias políticas e jurídicas mais amplas. Sunstein, em particular, é enfático ao afirmar que as grandes teorias políticas e a filosofia moral são estranhas ao raciocínio jurídico. O direito é um método de raciocínio intermediário, "de nível médio", baseado em "acordos teorizados de maneira incompleta"[81]. Em sua opinião, bem como na de Monahan, a alta teoria é assunto para os poderes elegíveis do governo, não para os tribunais. Para ambos, fazer teoria é fazer política, não praticar direito.

Entretanto, nem todos os que endossam um modelo processual de controle judicial de constitucionalidade são avessos a refletir sobre ele de maneira abstrata e em termos propriamente filosóficos. Jürgen Habermas, um dos principais cientistas sociais da Europa, escreveu um livro imenso e altamente teórico, *Between Facts and Norms*, em que defende majestosamente a concepção democrática de controle de constitucionalidade pelo Judiciário. Segundo ele, essa concepção é neutra porque se encontra entre as teorias positivistas e moralistas do direito[82] e é a única capaz de justificar os poderes coercitivos do Estado[83]. Nos termos de Habermas, "nas sociedades complexas, o direito é o único meio em que é possível estabelecer com segurança relações moralmente obrigatórias de respeito mútuo mesmo entre estranhos"[84]. O direito

---

[80] *Ibid.*, 125.
[81] Sunstein, *Designing Democracy*, cap. 2.
[82] Habermas, *Between Facts and Norms*, 107, 121.
[83] *Ibid.*, 263
[84] *Ibid.*, 460.

ocupa um espaço intermediário entre a moral e a realidade e promove a conciliação das duas dentro dos parâmetros de um caso singular. Funciona como um elo entre o real e o ideal sem privilegiar nem prejudicar nenhum dos dois.

Como todos os processualistas, Habermas atribui ao Judiciário a responsabilidade de garantir a legitimidade do direito positivo, livrando os processos democráticos – na verdade, todas as estruturas sociais – de suas iniquidades e da arbitrariedade. A ideia é que, se todos os juízes fizeram corretamente o seu trabalho, a democracia será um meio ideal de resolução de conflitos e conciliação de ideologias e visões de mundo antagônicas. Quando funciona bem, as comunicações e o consentimento não são coagidos, e nada, a não ser "a força do melhor argumento", prevalece. Para Habermas, o critério para determinar a legitimidade de uma lei é verificar se "todos os possíveis afetados concordam [com ela] como participantes de discussões racionais"[85]. Ele o chama de "princípio do discurso" e alega que é um princípio neutro no que diz respeito à moral e ao direito. Não se apoia em nenhum conjunto de princípios morais dominantes mais elevados nem tampouco endossa automaticamente as preferências e os preconceitos do povo sempre que manifestados de forma politicamente aceitável. Na prática, o princípio do discurso se apresenta como um princípio que, ao mesmo tempo, confere "força legitimadora ao processo legislativo" e produz "uma gênese lógica dos direitos"[86]. Conceitualmente, "a gênese dos direitos" é considerada "um processo circular" em que o código jurídico (de direitos judicialmente protegidos) e o princípio da democracia são "cooriginariamente constituídos"[87].

---

[85] Habermas, *Between Facts and Norms*, 107.
[86] *Ibid.*, 121.
[87] *Ibid.*, 122.

Na concepção de Habermas de o que vem a dar legitimidade ao direito, o papel do Poder Judiciário é garantir que todos desfrutem os direitos e liberdades necessários para que sejam "participantes dos discursos racionais"[88]. Os juízes aferem a legitimidade da lei examinando a racionalidade dos procedimentos democráticos pelos quais ela tem de passar. Para assegurar que a participação seja plenamente racional, o Judiciário deve garantir não apenas que se respeitem os direitos políticos, civis e jurídicos tradicionais, mas também que se proporcionem igualmente direitos sociais e econômicos. Habermas é claro e inequívoco ao afirmar que não pode haver lei legítima se as pessoas não desfrutarem toda a gama de direitos, tanto positivos como negativos[89].

Habermas acredita que o Judiciário é especialmente adequado para realizar essa tarefa em virtude da "racionalidade superior de seu discurso profissional"[90]. Ele define o raciocínio jurídico como um processo que implica a aplicação e a concretização de normas e princípios gerais em fatos particulares, um método de argumentação diferente das condições usuais para entrosamento no debate político[91]. O direito é um meio de comunicação entre o moral e o empírico. Ele cria um espaço em que é possível efetivar a mediação social "entre fatos e normas". O que confere ao direito sua capacidade excepcional de racionalidade é o caráter único de sua estrutura lógica, que distingue o que Habermas chama de "discursos de aplicação".

Habermas tem familiaridade com os escritos de Ely e Sunstein e em geral é bastante favorável ao que eles têm a dizer. Sua orientação, contudo, concentra-se mais em esclarecer as premis-

---

[88] *Ibid.*, 107, 263.
[89] *Ibid.*, 123, 125, 247, 263, 415-7.
[90] *Ibid.*, 266.
[91] *Ibid.*, 172, 217-9, 229-32, 265-6.

sas neutras das quais se pode deduzir um modelo processual de controle judicial de constitucionalidade e menos no modo com que ele de fato funciona. Sua pretensão, diversa da deles, é demonstrar que o entendimento deles do papel do Judiciário surge das concepções mais elementares de democracia e do direito. Habermas quer mostrar que o modelo processual de controle judicial de constitucionalidade pode ser depreendido de conceitos que transcendem os textos constitucionais individuais. Sua ideia é que esse modelo garante ao mesmo tempo a integridade da democracia e do direito. É o fulcro sobre o qual se organiza a relação interna entre democracia e direito. O direito positivo e a democracia são pré-requisito e produto um do outro. A lei só satisfaz o princípio do discurso se for promulgada dentro de um processo democrático, que por sua vez só é legítimo na medida em que opera dentro dos parâmetros da lei. A posição dos tribunais é singularmente adequada para controlar e supervisionar a dialética entre ambos.

Ainda não se sabe se a tentativa de Habermas de fornecer uma "dedução neutra" do modelo processual de controle judicial de constitucionalidade deve ser entendida como um "avanço teórico considerável", como alguém aventou[92]. É praticamente certo, entretanto, que ela não inaugurou de modo algum um "novo paradigma do direito". A orientação de Habermas é abstrata demais e sua apresentação densa demais para auxiliar o juiz, que precisa traduzir o princípio do discurso em regras práticas de direito constitucional[93]. Com efeito, quando Habermas de fato se volta para

---

[92] William Rehg, "Translator's Introduction", in Habermas, *Between Facts and Norms*, p. xxiv.
[93] Bernard Schlink, "The Dynamics of Constitutional Adjudication" (1996) 17 Cardozo L Rev. 1231. Ver também Robert Alexy, "Basic Rights and Democracy in Jürgen Habermas' Procedural Paradigm of the Law" (1983) 7 Ratio Juris 227.

questões concretas – como, por exemplo, que direitos as pessoas podem exigir de seu governo e com que força os juízes podem exercer seus poderes de controle constitucional –, suas reflexões explicitam exatamente que o modelo processual pode ser desprovido de princípios e vulnerável a manipulação. Ainda que reivindique neutralidade em sua origem conceitual, o princípio do discurso não pode se aproximar dos padrões de neutralidade a que as teorias constitucionais devem atender.

Para Habermas, a lógica de "assegurar que o processo legislativo ocorra de acordo com as condições legitimadoras da política deliberativa"[94] significa que a supervisão do Judiciário deve ser "ativa" e "de longo alcance", e mesmo "ousada"[95]. Para garantir a participação racional em todos os processos com os quais as comunidades organizam suas atividades, os direitos devem proteger as pessoas de todo e qualquer abuso de poder, não só daqueles cometidos pelo Estado. Segundo ele, a lógica de uma teoria democrática do controle judicial de constitucionalidade exige "que o poder econômico e a pressão social [...] sejam tão domados pelo Estado de direito quanto [...] o poder administrativo"[96]. Também estão subentendidos "os direitos básicos ao provimento de condições de vida"[97].

A interpretação de Habermas sobre os direitos que devem ser reconhecidos pelos juízes e como estes devem exercer seus poderes de controle de constitucionalidade é diametralmente oposta ao que tinham a dizer os processualistas teóricos da América do Norte. Ely, Monahan e Sunstein, como vimos, acham que o modelo processual confere um papel muito mais modesto ao Judiciá-

---

[94] Habermas, *Between Facts and Norms*, 274.
[95] *Ibid.*, 244, 280.
[96] *Ibid.*, 263.
[97] *Ibid.*, 123.

rio e, em particular, que ele não faria – nem deveria fazer – muito pelos mais pobres, se é que faria alguma coisa[98]. A ideia de que os tribunais devam inferir e/ou aplicar direitos de bem-estar social a fim de promover a participação política dos prejudicados pela insegurança econômica deixa Sunstein "apreensivo"[99]. Para Monahan, os direitos sociais e econômicos são ilógicos e indesejáveis. O reconhecimento desses direitos tornaria os juízes não eleitos, e não os políticos eleitos, os responsáveis por estabelecer orçamentos para o bem-estar social e o programa de impostos necessários para financiá-los. Desse modo, "restringiria enormemente a abrangência do debate e do diálogo democráticos, ao invés de expandi--los"[100]. É exatamente isso, argumenta Monahan, que a concepção democrática de controle judicial de constitucionalidade pretende evitar.

O fato de um modelo processual de controle judicial de constitucionalidade poder sustentar duas conclusões completamente contraditórias acerca de questões tão importantes quanto essas elimina qualquer reivindicação de neutralidade que se possa fazer em seu favor. Os teóricos processualistas não conseguem sequer chegar a um entendimento comum sobre o caráter da democracia e os direitos que ela garante. Além disso, podem-se acrescentar a essa miscelânea outras opiniões conflitantes. Frank Michelman, por exemplo, outro importante processualista norte-americano, delimitou uma posição – em defesa de uma gama limitada de direitos sociais e econômicos – intermediária entre Habermas e os demais[101].

---

[98] Ely, *Democracy and Distrust*, 162.
[99] Sunstein, *Designing Democracy*, 10, 205-6.
[100] Monahan, *Politics and the Constitution*, 126.
[101] Frank Michelman, "Welfare Rights in a Constitutional Democracy" (1979) Wash. ULQ 659. Ver também "Constitutional Welfare Rights and a Theory of Justice", *in* N. Daniels, *Reading Rawls* (Stanford: University of Stanford Press, 1989).

Mesmo Ely, Monahan e Sunstein têm concepções diversas no que diz respeito a discriminação sexual[102]. Ely acredita que, pelo fato de se haverem removido todas as barreiras que impediam a participação das mulheres na política, não é mais plausível alegar que elas não são capazes de defender politicamente seus próprios interesses. Nos sistemas de governo que reconhecem o direito de decisão das maiorias, as mulheres têm o poder numérico de proteger plenamente a posição delas. Por conseguinte, diz Ely, a não ser em raros casos de preconceito patente, não há justificativa para os tribunais invalidarem leis que prejudicam mulheres com base no argumento de que tais leis são sexualmente discriminatórias.

Para Patrick Monahan, a lógica do modelo democrático de controle judicial de constitucionalidade é exatamente o oposto. A igualdade jurídica, formal, entre homens e mulheres na política não é tão significativa para ele quanto para Ely. Na sua opinião, o fato realmente crítico da política moderna é que a participação política das mulheres continua sendo muito menos ampla que a dos homens. Para Monahan, a influência desigual das mulheres significa que, sempre que elas não forem tratadas pelo Estado tão bem quanto os homens, os tribunais têm a obrigação constitucional não só de intervir, mas também de sujeitar tais decisões, como produtos de um processo corrompido, a um "critério mais rigoroso de controle de constitucionalidade"[103].

A posição de Cass Sunstein quanto ao papel que os tribunais devem desempenhar ao deparar com leis e políticas governamentais que prejudicam as mulheres é caracteristicamente ambivalente e parece enquadrar-se em algum ponto intermediário. Como Monahan, ele sabe que as mulheres ainda são vulneráveis à discrimi-

---

[102] Ely, *Democracy and Distrust*, 164-70, Monahan, *Politics and the Constitution*, cap. 6.7; Sunstein, *Designing Democracy*, caps. 7, 8, 9.

[103] Monahan, *Politics and the Constitution*, 129.

nação em virtude de seu sexo, não obstante o fato de que a influência política que elas exercem ser potencialmente muito grande[104]. Entretanto, por considerar que a aplicação do princípio de igualdade garantido na Constituição norte-americana ultrapassa a competência do Judiciário, ele argumenta, com Ely, que a causa das mulheres será mais bem protegida no Legislativo que nos tribunais[105].

As diferentes opiniões que os processualistas podem apresentar sobre o envolvimento mais ou menos ativo dos tribunais em questões tão básicas quanto os direitos sociais e econômicos e a discriminação sexual confirmam que, na prática, o modelo processual é incapaz de definir princípios neutros que assegurem que os juízes não decidirão casos com base em seus pontos de vista pessoais (políticos). Os juízes, assim como os teóricos, têm a liberdade de invocar o modelo para justificar qualquer posição que prefiram. Do mesmo modo que o originalismo, essa teoria pode ser usada para defender todo e qualquer resultado.

Para muitos não surpreende que os teóricos do processo não tenham conseguido fornecer aos juízes os princípios necessários para decidir os casos difíceis. De acordo com Ronald Dworkin, a deficiência do modelo processual se equipara à incapacidade do originalismo de satisfazer seus próprios critérios de neutralidade[106]. Ambos almejam um modelo de julgamento em que os tribunais possam evitar decisões sobre problemas morais substantivos, mas os dois carecem dos recursos históricos e procedimentais para identificar os primeiros princípios capazes de fornecer um contexto objetivo em que os atos arbitrários e ilícitos do governo se distingam dos legítimos e benignos. Para Dworkin e outros, a lição a ser aprendida com o fato de que nem o originalismo, nem

---

[104] Sunstein, *Designing Democracy*, 177.
[105] *Ibid.*, 156, 175.
[106] Dworkin, *A Matter of Principle*, cap. 2.

as teorias processuais podem satisfazer seus próprios critérios de legitimidade é a inutilidade de tentar resguardar os tribunais dos dilemas morais altamente intensos e não raro dolorosos que estão no cerne de todos os casos difíceis que eles têm de resolver.

4. Teoria moral

Na opinião de Dworkin, aqueles que não conseguem enxergar que o raciocínio moral é um componente necessário de todo controle judicial de constitucionalidade têm, tal como um avestruz, a cabeça enterrada na areia[107]. A extrema importância do papel que esse raciocínio desempenha na resolução de qualquer causa é incontestável; por isso Dworkin propõe que ele seja feito com o máximo de sensibilidade e refinamento possível. Está convencido de que não há alternativa[108]. Para Dworkin, segue-se que a neutralidade moral não é o padrão nem o *status* adequado que os juízes devem almejar atingir. Antes, afirma ele que precisamos de um conjunto de critérios menos pretensioso para julgar a integridade da teoria constitucional; um conjunto de critérios que verifique o grau de ponderação e prudência com que os juízes avaliaram e conciliaram as exigências morais concorrentes que se encontram no âmago de todo caso constitucional importante, e não a habilidade com que pretenderam evitá-las. Para ele, a medida adequada da integridade de uma teoria é seu grau de concordância com o texto da Constituição – tal como ele foi entendido por aqueles para quem foi escrito e por aqueles que os precederam na Corte – (o critério de adequação), e o bem e a justiça que ela é capaz de realizar (o critério de valor). Adequação e valor, e não um ideal inatingível de neutralidade, são, na concepção de Dworkin, tudo o que se pode exigir de uma teoria.

---

[107] Ronald Dworkin, "In Praise of Theory" (1997) 29 Arizona St. LJ 353, 376.
[108] Dworkin, *Freedom's Law*, 14.

O apelo de Dworkin por um relaxamento dos padrões da teoria constitucional não pode ser descartado como tentativa grosseira de manipular os preceitos para que se adaptem a seus propósitos pessoais. Muitos diriam que Dworkin é o mais eminente filósofo jurídico do mundo de hoje. A amplitude e a profundidade de seus escritos são excepcionais. Praticamente ninguém, se é que há alguém, se equipara a ele na capacidade de tratar ao mesmo tempo das grandes questões teóricas e da prática do juiz. Por um lado, sua ambição, como a de Habermas, não é nada menos que a de formular uma teoria geral que justifique a força coercitiva do direito. Seu projeto, levado a cabo em uma série de livros e ensaios, abrange praticamente todos os aspectos importantes da teoria jurídica[109]. O conjunto de suas obras pretende oferecer uma teoria do direito que supere o impasse que dominou os debates da filosofia jurídica durante centenas de anos, entre os que encontram a essência do direito nos procedimentos e instituições por meio dos quais ele é promulgado e declarado (os "juspositivistas") e os que encontram seu verdadeiro cerne na justiça e na moral que ele garante (os "jusnaturalistas").

O conceito de direito de Dworkin, assim como o de Habermas, nasce de uma filosofia política que rejeita a ideia de que a democracia pode ser reduzida à simples fórmula do domínio da maioria[110]. Compartilha com os teóricos processualistas a convicção de que a aplicação judicial dos direitos constitucionais é com-

---

[109] Entre os livros, estão: *Taking Rights Seriously* (Cambridge, Mass.: Harvard University Press, 1977); *A Matter of Principle* (Cambridge, Mass.: Harvard University Press, 1985); *Law's Empire* (Cambridge, Mass.: Harvard University Press, 1986); *Life's Dominion* (Nova York: Knopf, 1993); *Freedom's Law* (Cambridge, Mass.: Harvard University Press, 1996); e *Sovereign Virtue* (Cambridge, Mass.: Harvard University Press, 2000).

[110] R. Dworkin, "The Moral Reading and the Majoritarian Premise", *in Freedom's Law*, cap. 1.

patível com os princípios democráticos e com a soberania do povo para governar-se. Em sua concepção, tanto o processo de decisão democrática quanto a garantia e a imposição dos direitos humanos pelo Judiciário expressam um princípio moral mais profundo – e podem ter origem nele – extraído da teoria política liberal, que reconhece cada indivíduo como alguém dotado do direito de receber do Estado a "igual consideração e respeito". Com efeito, como vimos, Dworkin considera o processo de controle judicial de constitucionalidade e a imposição judicial de direitos individuais as mais importantes contribuições estadunidenses para a teoria democrática[111].

Diferentemente de Habermas, entretanto, para Dworkin não é suficiente investigar e explicar os fundamentos e os vínculos teóricos entre democracia e direito. Como se fosse um advogado comum, Dworkin está igualmente interessado nos casos práticos difíceis, e grande parte de seus textos visa a dar orientação aos juízes quanto à natureza da decisão judicial e, especificamente na área do direito constitucional, quanto ao modo com que devem exercer seus poderes de controle de constitucionalidade. Boa parte do que ele tem a dizer sobre os tribunais se expressa pela voz de Hércules, um jurista mítico com poderes de raciocínio sobre-humanos, destinado a representar o modelo a que todos os juízes da Corte aspiram seguir[112].

Em grande medida, o que Dworkin aconselha ao Judiciário é bastante convencional. Por exemplo, ele concorda com os originalistas em que os juízes, ao interpretarem expressões amplas e abrangentes como as que distinguem a Declaração de Direitos

---

[111] Dworkin, *Freedom's Law*, 6, 71. R. Dworkin, "The Arduous Virtue of Fidelity: Originalism, Scalia, Tribe and Nerve" (1997) 65 Ford L Rev. 1249, 1268.

[112] Ver, por exemplo, Dworkin, *Taking Rights Seriously*, 105 ss.; *Law's Empire*, caps. 7, 8, 9, 10.

norte-americana, devem partir do que os criadores do documento realmente disseram[113]. Nesse passo inicial, a história constitui um auxílio interpretativo muito importante porque, segundo Dworkin, "para saber o que uma pessoa quis dizer quando disse alguma coisa, temos de saber algo acerca das circunstâncias em que ela se encontrava quando disse aquilo"[114]. Entre outras fontes de significado a que os juízes devem recorrer estão "o desenho estrutural da Constituição como um todo" e "a linha de interpretação constitucional predominantemente seguida por outros juízes no passado"[115]. Dworkin estimula os juízes a se verem como um conjunto de autores a escrever capítulos separados que engrenam e dão sentido a um romance sem fim[116]. A ambição predominante desses juízes, para ele, deve ser elaborar a "melhor concepção dos princípios morais constitucionais [...] que se encaixe no conjunto da história [de um país]"[117].

Dworkin compreende que em muitos casos as fontes tradicionais do direito não poderão indicar um significado único e dominante. Reconhece que "concepções muito diferentes, ou mesmo contrárias, de um único princípio constitucional [...] podem se harmonizar com a linguagem, os precedentes e a história, e [...] podem atender a esse critério"[118]. Nesse ponto do processo de controle judicial de constitucionalidade, em que não há nenhuma resposta clara proeminente, Dworkin instrui os juízes a iniciar um "estágio pós-interpretativo ou reformador"[119], em que devem prestar atenção nas ideias e análises da filosofia moral e política.

---

[113] Dworkin, *Freedom's Law*, 10.
[114] Ibid., 8.
[115] Ibid., 10.
[116] Dworkin, *Law's Empire*, cap. 7.
[117] Dworkin, *Freedom's Law*, 11.
[118] Ibid.
[119] Dworkin, *Law's Empire*, 65-8.

É nisso que ele é inovador. Embora acredite que os juízes pendam naturalmente para esse método de interpretação, reconhece que eles quase nunca o endossam abertamente em suas decisões e, se o fizessem, estariam agindo de modo "revolucionário", até "suicida"[120]. Ao instituir a exigência fundamentada e apaixonada de que os juízes se dediquem abertamente à filosofia moral e política da qual não podem fugir, Dworkin, assim como Ely e a teoria processual por ele descoberta, foi um pioneiro. Ainda que outros intelectuais tenham desde então apoiado o método[121], Hércules será sempre reconhecido como o rei filósofo original do direito.

Ao defender uma leitura moral dos textos constitucionais, Dworkin não exige neutralidade. A própria ideia lhe parece absurda[122]. À semelhança dos "processualistas pós-Ely", sua posição é de que não há estratégias moralmente neutras para interpretar a Constituição; não há respostas moralmente neutras às questões constitucionais controversas que os tribunais são chamados a decidir. A leitura moral não determina que a Constituição deva ser interpretada de uma perspectiva liberal ou conservadora. Antes, espera-se que os juízes liberais e os conservadores se apoiem em suas diferentes filosofias jurídicas e políticas para desenvolver suas concepções particulares de liberdade, igualdade e fraternidade, de modo que, em cada caso, as teorias concorrentes de direito e justiça possam confrontar-se e prevaleça a que tiver os melhores argumentos[123].

O próprio Dworkin é favorável a uma concepção liberal* de controle judicial de constitucionalidade. Considera que os prin-

---

[120] Dworkin, *Freedom's Law*, 3, 6.
[121] Por exemplo, David Richards, *Toleration and the Constitution* (Nova York: Oxford University Press, 1986); Michael Perry, *The Constitution in the Courts: Law or Politics* (Nova York: Oxford University Press, 1994).
[122] Dworkin, *Freedom's Law*, 36-7, 313-20.
[123] Dworkin, *Freedom's Law*, 2-3, 36-7, 82, 313-20.
* Termo que deve ser entendido no sentido de "progressista". (N. do E.)

cípios morais que se podem deduzir de uma Constituição devem ser definidos nos termos mais amplos e gerais possíveis. No caso da Declaração de Direitos dos Estados Unidos, ele acredita que esses princípios obrigam o governo a "tratar todas as pessoas sujeitas a seu domínio como indivíduos dotados de igual condição moral e política [...] a tratá-las com igual consideração [...] e respeito"[124]. Para o juiz, isso significa que "se os direitos constitucionais reconhecidos para um grupo pressupõem princípios mais gerais que apoiariam outros direitos constitucionais para outros grupos, então estes outros devem ser igualmente reconhecidos e aplicados"[125]. Dworkin argumenta que, embora não satisfaça a um critério estrito de neutralidade, a concepção liberal é superior a todas as suas rivais porque se adapta aos casos, em particular aos casos decididos na época da Corte de Warren, e os mostra, a eles e à cultura política de que fazem parte, por seu melhor ângulo.

Dworkin argumenta que as interpretações morais dos textos constitucionais, além de satisfazer os critérios gêmeos (factual e normativo) de "adequação" e "valor" melhor que qualquer outro método de interpretação, impõem restrições reais aos juízes que decidem casos com base em suas preferências políticas e pessoais. Segundo ele, na maior parte dos casos, as interpretações fundadas em princípios textuais, históricos e de casos anteriores determinam as respostas "e [não deixam] nenhum espaço para o exercício da convicção moral pessoal"[126]. Ele acredita que a maioria dos casos não é difícil, e o critério de adequação "fixa um limite rígido à amplitude que a leitura moral confere aos juízes individuais"[127].

---

[124] *Ibid.*, 7-8, 10.
[125] Dworkin, *Sovereign's Virtue*, 455.
[126] Dworkin, *Freedom's Law*, 10-1.
[127] *Ibid.*, 10.

A eloquência e a erudição dos escritos de Dworkin foram reconhecidas e aplaudidas desde o início e, sem dúvida, continuarão sendo nos anos futuros. Regularmente se organizam colóquios para discutir os diferentes aspectos de sua obra, e as análises de sua teoria são parte importante das publicações acadêmicas. Grande parte dessa reação é merecidamente elogiosa e positiva pelo fato de ele ter suscitado formas novas e questionadoras de refletir sobre o poder de controle judicial de constitucionalidade e, com isso, ter melhorado consideravelmente a qualidade do debate. No fim, todavia, relativamente poucos acadêmicos, e até hoje nenhum juiz, defenderam (pelo menos não abertamente) que os limites do processo legislativo legítimo têm de ser demarcados do modo que ele propõe. Na verdade, quase nenhum aspecto de sua teoria passou ileso pela crítica. A crítica literária questionou suas ideias sobre a interpretação, pondo em dúvida quer a suposta objetividade desta, quer sua capacidade de produzir respostas singularmente corretas em matéria de direito[128]. Os filósofos do direito contestaram a coerência de seu método de dedução de direitos individuais[129]. O mais importante para nossos propósitos é que críticas devastadoras, vindas de todos os lados, foram dirigidas não só contra sua teoria da decisão judicial, mas também, e especialmente, contra sua instrução aos juízes de que, nos casos constitucionais mais difíceis, quando nada mais funcionar, eles devem raciocinar como filósofos políticos e morais[130].

---

[128] Stanley Fish, *Doing What Comes Naturally* (Durham, NC: Duke University Press, 1990), caps. 1, 2, 16.

[129] Ver, por exemplo, H. L. A. Hart, "Between Utility and Rights" (1979) 79 Colum. L Rev. 828.

[130] Ver, por exemplo, McConnell, "The Importance of Humility in Judicial Review"; John Hart Ely, "Professor Dworkin's External/Personal Preference Distinction" (1983) Duke LJ 959; Larry Alexander, "Striking Back at the Empire..." (1987) 6 Law & Philosophy 419; Bork, *Tempting of America*, 213; R. Posner, *The Problematics of Moral and Legal Theory* (Cambridge, Mass.: Harvard University Press, 1999); Monahan, *Politics and the Constitution*, cap. 5.

Originalistas e processualistas atacam o modelo de controle judicial de constitucionalidade de Dworkin exatamente da mesma maneira e com os mesmos fundamentos com que ele descartou os modelos deles. Em primeiro lugar, rejeitam sua alegação de que a "leitura moral" oferece um critério de verificação eficaz contra os juízes que praticam política em vez de aplicar a lei. Em segundo lugar, para eles, o retrato que ele pinta do modo que os juízes devem exercer seus poderes de controle de constitucionalidade não corresponde à forma concreta com que os tribunais decidem os casos nem mostra a prática pelo seu melhor ângulo ou sob a luz mais favorável. Os teóricos rivais alegam que Dworkin deixa a desejar mesmo no que diz respeito a seus próprios critérios menos exigentes de adequação e valor.

Da perspectiva dos juízes, o maior problema com o modelo de Dworkin é que ele permite a cada um chegar a conclusões diametralmente opostas sobre a constitucionalidade de qualquer que seja a lei submetida a seu controle judicial. Sua teoria oferece-lhes pouca orientação prática acerca do método de raciocínio que devem seguir em cada caso específico. Não lhes apresenta, por exemplo, princípios que lhes permitam decidir quando a história e os precedentes devem determinar um caso ou quando devem prevalecer os princípios fundamentais da filosofia moral e política. Em muitos dos casos mais polêmicos e debatidos sobre aborto, pena de morte, direitos dos *gays* ou direitos sociais e econômicos, a adequação e o valor levam a direções opostas[131]. Com relação aos direitos dos *gays*, por exemplo, a justiça exige que recebam o mesmo grau de proteção contra a discriminação que os demais, mas a jurisprudência, pelo menos nos Estados Unidos, oferece-lhes muito menos. O direito constitucional norte-americano sempre assumiu a posição de que *gays* e lésbicas não são tão

---

[131] McConnell, "The Importance of Humility in Judicial Review", 1270-8.

iguais quanto as mulheres ou os negros. Eles só podem insistir que os governos ajam racionalmente, mas não que sejam também justos. O futuro que os precedentes reservam às lésbicas e aos *gays* é muito diferente do futuro que lhes é reservado caso se levem em conta os princípios; e, na teoria de Dworkin, os juízes são completamente livres para decidir qual dos dois futuros efetivamente se concretizará.

Às vezes Dworkin acredita que a adequação deve predominar. Recomenda aos juízes norte-americanos, por exemplo, que seria errado e violaria a integridade da Constituição eles entenderem que as amplas garantias de liberdade e igualdade da Quinta e da Décima Quarta Emendas incluem direitos sociais e econômicos (como moradia e assistência médica) aos sem-teto e aos enfermos. Embora reconheça que as pessoas que vivem em extrema pobreza não recebem igualmente o respeito e a consideração que lhes são devidos, acredita que os juízes norte-americanos devem aceitar o fato de que os direitos positivos contra o Estado não fazem parte dos "entendimentos estabelecidos [...] no conjunto da história norte-americana"[132].

Em outros casos, no entanto, a adequação não tem quase nenhuma influência. As respostas certas às questões acerca da legitimidade das leis que sancionam a pena de morte ou proíbem o aborto e a eutanásia encontram-se, segundo Dworkin, nas observações mais profundas da filosofia moral e política[133]. Conquanto não haja quase nada no texto, na história, na prática nem nas interpretações consagradas que deem a entender a inconstitucionalidade de leis dessa espécie, Dworkin insiste que, de acordo com a melhor leitura moral, elas são inconstitucionais.

---

[132] Dworkin, *Freedom's Law*, 11, 36; *Law's Empire*, 404; "The Arduous Virtue of Fidelity", 1254.
[133] Dworkin, *Life's Dominion*; McConnell, "The Importance of Humility...", 1277.

O que falta à teoria de Dworkin é uma explicação, fundada em princípios, dos motivos por que os juízes devem acatar a prática estabelecida e os precedentes no caso dos direitos sociais e econômicos, mas não quando lidam com questões de vida e morte, como a pena de morte, o aborto e a eutanásia. Adequação e valor podem ser condições necessárias para uma teoria de controle judicial de constitucionalidade digna do nome, mas, sem um princípio abrangente que defina como conciliar esses dois critérios, são obviamente insuficientes. Dar prioridade à adequação ou ao valor, aos precedentes ou à filosofia é uma questão que em qualquer caso ainda permanece integralmente no âmbito do poder discricionário de cada juiz.

A facilidade com que os precedentes e a história podem ser manipulados na teoria de Dworkin foi amplamente reconhecida como uma de suas maiores falhas. No que concerne às questões da Primeira Emenda e ao direito ao aborto, por exemplo, Cass Sunstein classificou sua análise histórica e doutrinária de "pouco metódica", na melhor das hipóteses[134]. Michael McConnell foi ainda mais severo. Censurou Dworkin por apoiar a declaração da Suprema Corte em *Romer* vs. *Evans*, de que os *gays* têm o direito de não estar sujeitos a leis que expressem a desaprovação de sua moral sexual pela sociedade, não obstante essa decisão seja completamente incompatível com a decisão anterior, no caso *Bowers* vs. *Hardwick*, de que o estado da Geórgia estava absolutamente certo em criminalizar a sodomia, além de nem sequer mencionar *Bowers* pelo nome. A tolerância de Dworkin a um tratamento tão desdenhoso do julgamento de um caso que todos consideraram crucial demonstra, segundo McConnell, que a interpretação moral de uma Constituição "desmorona-se em autocontradição"[135].

---

[134] Cass Sunstein, "Earl Warren is Dead", *The New Republic*, 13 de maio de 1996, 35-9.
[135] McConnell, "The Importance of Humility", 1289.

Ainda que grande parte de seus escritos de fato seja uma tentativa de responder aos argumentos de seus críticos, Dworkin dedica espaço relativamente pequeno a esse aspecto de sua teoria da decisão judicial[136]. A bem da verdade, embora ele diga que é "exagerada" a acusação de seus críticos de que seu modelo dá muito espaço para os juízes imporem seus próprios valores à sociedade, seu método apoia práticas e modos de raciocínio que permitem aos juízes fazer precisamente isso[137]. Espera-se que os juízes examinem cada caso do ponto de vista de suas diferentes concepções de justiça e moralidade política. Dworkin não apenas reconhece, mas também acha importante ressaltar que toda "decisão constitucional é sensível à convicção política [de cada juiz]"[138]. Por conseguinte, os juízes "liberais" e os "conservadores", que se inspiram em diferentes pensadores da política e da filosofia jurídicas, interpretarão os mesmos casos, até os decisivos, de maneira bastante diversa[139]. Assim, por exemplo, a resposta de liberais como Dworkin e conservadores como Scalia a casos de extrema importância, como, por exemplo, *Roe* vs. *Wade* (que reconhece o direito parcial ao aborto) e *Bowers* vs. *Hardwick* (que confirma as leis que criminalizam a sodomia), é exatamente oposta. Enquanto Dworkin aconselha a acatar o primeiro e revogar o segundo, Scalia estimula seus colegas juízes a fazer o contrário[140]. De fato, uma vez que

---

[136] Embora tenha afirmado que teria sido melhor a Corte invalidar *Bowers* explicitamente em *Romer*, Dworkin jamais explicou por que o parecer da Corte em *Bowers* não vinculou os juízes que decidiram *Romer*. Ver Dworkin, "Reflections on Fidelity..." (1997) 65 Ford L Rev. 1799, 1911, n. 67.

[137] Dworkin, *Freedom's Law*, 11; *Law's Empire*, 255 ("Juízes diferentes estabelecerão esse limiar [de adequação] de maneiras diferentes").

[138] Dworkin, *Freedom's Law*, 2-3, 36-7, 319; "Natural Law Revisited" (1982) 34 U Fla. L. Rev. 165, 170.

[139] Dworkin, *Law's Empire*, 65-8, 240-50, 255-60.

[140] Comparar Dworkin, *Freedom's Law*, cap. 3; *Sovereign's Virtue*, cap. 14; e Scalia, *A Matter of Interpretation*, 83, 144-9; *Lawrence* vs. *Texas*.

há muitas tradições políticas que inspiram o procedimento dos juízes, os resultados poderiam estar mais ou menos determinados antes mesmo de se iniciar o caso, e os julgamentos poderiam resumir-se, conforme a jocosa sugestão de John Hart Ely, a: "Nós gostamos de Rawls, vocês gostam de Nozick. Nós ganhamos por seis a três. Anule-se a lei."[141]

Na verdade, até entre juízes que compartilham dos mesmos valores morais e concordam sobre a medida em que o direito e a filosofia devem figurar em sua deliberação, a teoria de Dworkin lhes dá liberdade para formular todo e qualquer princípio que encontrarem no texto, na história, na prática e nas premissas filosóficas da Constituição em qualquer nível de generalidade que "se encaixe no conjunto da história constitucional dos Estados Unidos [...] e a apresente sob a luz mais favorável"[142]. É possível extrair princípios radicalmente diversos de precedentes como *Roe* vs. *Wade* e *Bowers* vs. *Hardwick*, mesmo entre pessoas que concordem em ratificar ou em invalidar um deles, ou ambos. Embora Dworkin particularmente prefira a expressão mais ampla possível dos princípios constitucionais, considera provável e legítimo que outros, com orientações jurídicas e filosóficas diversas, formulem-nos de maneira menos expansiva.

Dworkin não só dá aos juízes um enorme poder discricionário para decidir a amplitude com que os princípios constitucionais devem ser formulados, bem como qual deve ser a "força gravitacional" desses princípios, mas também considera que faz parte da prerrogativa deles restringir e contemporizar o compromisso com seus princípios sempre que, ponderados todos os fatores, eles o julgarem apropriado. Dworkin reconhece que na vida real

---

[141] Ely, *Democracy and Distrust*, 58.
[142] Dworkin, *Freedom's Law*, 7-8, 11.

os juízes que procurarem seguir o seu método de interpretação constitucional enfrentarão o sério problema prático de ter de decidir quando e em que medida devem sacrificar aquilo que seus princípios indicam a fim de obter o apoio de outros juízes cuja interpretação moral os leve a um entendimento diferente do caso[143]. Nos tribunais em que os juízes são incentivados a almejar interpretações que "deem o máximo de crédito à nação" e em que as decisões são tomadas pela maioria, os julgamentos baseados em princípios inevitavelmente darão lugar às decisões determinadas basicamente pela capacidade de manipulação de cada juiz. O único juiz que jamais precisa fazer comércio com seus princípios é "Hércules", o jurista mítico de Dworkin, cujas faculdades de raciocínio ultrapassam a de qualquer juiz vivo e que, por ser onipotente, decide sozinho.

As queixas de que a teoria de controle judicial de constitucionalidade de Dworkin não oferece aos tribunais um modo fundado em princípios de distinguir as leis legítimas das que não o são é um refrão constante nas críticas a sua obra. Michael McConnell confessa que "repisa" o assunto[144]. Para McConnell, a indeterminação e a subjetividade que contaminam qualquer tentativa de conciliar os critérios gêmeos de adequação e valor pioram com o fato de a teoria (moral) que Dworkin afirma melhor corresponder às suas exigências não ter absolutamente nada a ver com o modo pelo qual os juízes na realidade exercem sua atividade. Tampouco satisfazem seu próprio critério de adequação. No entender de McConnell, a discrepância entre a recomendação de Dworkin aos juízes para que façam uso dos recursos da filosofia política e moral e o modo com que os juízes na prática justificam

---

[143] Dworkin, *Law's Empire*, 380. Ver também "In Praise of Theory", 369-72.
[144] McConnell, "The Importance of Humility", 1278.

suas decisões é tão extrema que equivale a tentar "virar a prática constitucional estabelecida [...] de cabeça para baixo"[145]; e é difícil imaginar alguém, mesmo Dworkin, que discordasse. A imagem do juiz como filósofo moral certamente não seria abraçada por originalista nem processualista algum. Estes insistem em que os juízes permaneçam fiéis às fontes tradicionais do texto, da história e dos precedentes e afirmam que o raciocínio moral não se ajusta ao modo como o controle judicial de constitucionalidade realmente funciona. O fato é que – para desespero de Dworkin – os juízes quase nunca empregam o tipo de raciocínio moral e filosófico que ele recomenda. Na realidade, nos casos muito difíceis, em que "concepções muito diferentes, ou mesmo contrárias, de um único princípio constitucional [...] se harmonizam com a linguagem, os precedentes e a história"[146], é comum os juízes fazerem exatamente o oposto. Nesses casos, em que a Constituição é ambígua e aberta a mais de uma interpretação, a prática-padrão dos juízes é não interferir e deixar que o povo faça o que considerar melhor no interesse de seu Estado. A "prática predominante", McConnell lembra Dworkin, "trata *como constitucional* qualquer decisão dos poderes eleitos que sobreviva aos filtros do texto, da história, da prática e dos precedentes"[147].

Uma vez que a teoria de Dworkin exige que os juízes raciocinem de modo não condizente com o entendimento próprio que têm de seu ofício e os deixa livres para fundamentar suas decisões em suas próprias filosofias políticas e jurídicas, ela pode ser atacada por ser repleta de incoerências e autocontradições também no plano de teoria ideal. É impossível conciliar a atribuição da

---

[145] *Ibid.*, 1273; ver também Sunstein, "Earl Warren is Dead", 38.
[146] Dworkin, *Freedom's Law*, 11.
[147] McConnell, "The Importance of Humility", 1272. Ver também Sunstein, "Earl Warren is Dead", 37-8.

responsabilidade final pelo caráter moral de uma comunidade aos juízes, que não são eleitos e não respondem pelo povo, com a exigência mais básica da democracia de demonstrar a cada indivíduo, inclusive aos que compõem a maioria, igual consideração e respeito. Insistir, por exemplo, que os juízes, e não os representantes eleitos do povo, devam determinar a condição moral de um feto, como faz Dworkin[148], constitui a negação peremptória da autoridade de cada indivíduo e da soberania do povo em geral quanto à decisão que lhes cabe sobre as grandes questões de vida e morte. Principalmente nos casos intricados, em que, com os métodos tradicionais de exegese textual, podem-se deduzir diferentes concepções de um mesmo princípio constitucional, a lógica de demonstrar a todos igual consideração e respeito acarreta que cabe ao povo, por meio de seus representantes eleitos – não aos tribunais – decidir qual curso de ação apresenta sua nação sob a luz mais favorável[149]. No modelo de controle judicial de constitucionalidade que Dworkin defende, o povo perde o domínio sobre o desenvolvimento moral de suas comunidades para uma elite profissional[150]. Um modelo que entrega aos juristas, paramentados com pretensões filosóficas, a tarefa de elaborar o caráter moral de suas comunidades é fundamentalmente estranho à igual autonomia e soberania de cada um de seus membros. Não é fácil encontrar lapsos na conclusão de Michael McConnell de que, segundo a teoria de Dworkin, "a democracia [é]... mera pantomima"[151].

---

[148] Dworkin, *Life's Dominion*, 164-5; *Freedom's Law*, 102-10; *Sovereign Virtue*, cap. 12.
[149] McConnell, "The Importance of Humility", 1273-5, 1290-1; Sunstein, "Earl Warren is Dead", 37, 39.
[150] Embora Dworkin reconheça a plausibilidade da ideia de que o controle de constitucionalidade deva ser levado a cabo pelas instituições politicamente responsáveis, ele acredita que a lição aprendida com a experiência dos Estados Unidos é que, consideradas todas as coisas, os juízes o realizam melhor. Ver *Freedom's Law*, 33-5.
[151] McConnell, "The Importance of Humility", 1276.

Que o esforço hercúleo de Dworkin para elaborar um novo modo de entender o direito, que dissipe a tensão e se situe entre o positivismo jurídico e o direito natural, não convenceu muitos teóricos ou juristas, não é de surpreender ninguém, nem mesmo, quem sabe, o próprio Dworkin. Seus críticos aplicaram a ele os mesmos argumentos que ele levantou contra eles. Sua teoria não satisfaz seus próprios critérios de legitimidade (adequação e valor) e não garante que os juízes jamais decidirão casos com base em sua própria política em vez da lei.

5. Prática judicial

O debate entre Dworkin e seus rivais foi apaixonado e implacável. Com isso, no final do milênio, a teoria constitucional ficou inquestionavelmente mais rica e melhor. Nossa compreensão de ordem jurídica está mais refinada do que nunca. Ainda assim, e não obstante nosso esclarecimento, persiste um impasse. Cada nova contribuição teórica incluía uma crítica de tudo o que veio antes[152]. A despeito de toda a nossa inteligência, permanecemos estagnados na busca de uma teoria capaz de explicar e justificar convenientemente nossa decisão de conferir tanto poder aos tribunais.

Para escapar do beco sem saída que contaminou a teoria constitucional durante tanto tempo, é hora de pensarmos em abordar o tema por um aspecto diferente. Talvez fosse melhor – pior certamente não seria – se, em vez de nos preocuparmos tanto com a melhor maneira de interpretar os textos constitucionais, concentrássemos a atenção no modo pelo qual a prática do controle judicial de constitucionalidade de fato opera. Poderíamos seguir a

---

[152] Cf. Dworkin, *A Matter of Principle*, cap. 2; Ely, *Democracy and Distrust*, caps. 1-3; Monahan, *Politics and the Constitution*, cap. 5; Bork, *Tempting of America*, caps. 9-12.

sugestão de Michael Ignatieff e nos concentrar no que a fixação de direitos humanos constitucionais e internacionais efetivamente proporciona às pessoas[153]. Uma maneira de descobrir o que a "revolução dos direitos" significou na prática é emprestar os métodos do *common law* para estudar o modo com que os tribunais de fato exercem seus poderes de controle de constitucionalidade. A grande genialidade dessa antiga tradição jurídica está em buscar a teoria e os princípios predominantes de baixo para cima. Os juristas dos sistemas de *common law* pensam por indução, e não por dedução a partir de premissas. A leitura de uma série de casos singulares que tratam de problemas comuns conduz a princípios de direito mais amplos. Em vez de começar com uma teoria preconcebida de direito e democracia – do que é certo e bom – a que a jurisprudência deve conformar-se, a ordem é invertida, e a teoria surge dos casos.

O emprego da abordagem do *common law* e, em particular, da prática de controle judicial de constitucionalidade, para estender nosso entendimento da teoria constitucional, pode oferecer-nos uma perspectiva nova e revigorada do problema. Estudar, no início da investigação, os casos e o modo com que os tribunais efetivamente exercem seus poderes de controle de constitucionalidade nos daria pela primeira vez uma visão que parte do alicerce. Até hoje, os teóricos de todas as convicções – originalistas, processualistas e moralistas – costumavam refletir sobre a tensão que existe entre as ideias da soberania popular e do controle judicial de constitucionalidade olhando de cima para baixo. Cada um parte de uma concepção de como a democracia e o direito deveriam ser e que tipo de governo implicariam. Em seguida, cada um

---

[153] Michael Ignatieff, *Human Rights as Politics and Idolatry* (Princeton: Princeton University Press, 2001), 54.

procura construir um modelo de tribunal compatível com o modelo de democracia priorizado. O procedimento dos juristas do *commom law* inverte o processo. Eles partem das decisões reais dos tribunais e delas deduzem, no final, suas implicações para a democracia.

Neste momento da história, faz muito sentido procurar elaborar uma teoria do controle judicial de constitucionalidade como os juristas do *common law* elaborariam. Em primeiro lugar, até hoje nenhum dos teóricos que dominaram o debate tentou assumir essa abordagem; logo, ela preencheria uma lacuna óbvia[154]. Em segundo lugar, hoje há inúmeros tribunais diferentes, aos quais foram confiados os poderes de controle de constitucionalidade, e uma rica jurisprudência a que podemos aplicar o método indutivo. Estudar o autoentendimento que as cortes têm de sua função também nos permitirá verificar se se justifica a insistência de Habermas, de que o direito se caracteriza por uma forma de argumentação singular e particularmente racional. Parece que há muito a ganhar e pouco a perder em encetar esse projeto e prosseguirmos até onde ele conduz. Na pior das hipóteses, evitará aos outros a frustração de percorrer o caminho que leva a um beco sem saída. Na melhor, poderá finalmente explicar por que, nos últimos cinquenta anos, as pessoas comuns de todo o mundo decidiram situar os tribunais no centro de seus sistemas de governo e se, afinal, elas estavam certas nessa escolha.

---

[154] Ver, por exemplo, Dworkin, *Freedom's Law*, 35; Habermas, *Between Facts and Norms*, 229; ver, de maneira geral, B. Markesinis, "Comparative Law – A Subject in Search of an Audience" (1990) 53 Mod. L Rev. 1, e B. Schlink, "The Dynamics of Constitutional Adjudication" (1996) 17 Cardozo L Rev. 1231.

2

LIBERDADE

Quem tiver interesse em descobrir como os juízes têm exercido seus poderes de controle de constitucionalidade vai logo deparar com um problema: por onde começar? A jurisprudência é ampla, e há inúmeros pontos de partida de onde encetar a investigação. Uma possibilidade óbvia é partir dos casos que tratam do direito individual de cada um viver a vida de acordo com sua convicção religiosa. Desde o início dos tempos, pessoas foram perseguidas, torturadas e mesmo mortas em virtude de sua fé espiritual[1]. Para alguns, a própria ideia dos direitos humanos é "intrinsecamente religiosa"[2]. Poderíamos dizer com justiça que de todos os direitos humanos internacionalmente reconhecidos, a liberdade de religião é *primus inter pares*. A reivindicação do direito de escolher o próprio caminho espiritual estava no cerne das primeiras lutas contra a opressão e o governo arbitrário. Em 1791, os autores da Declaração de Direitos norte-americana consideraram a liberda-

---

Uma versão anterior deste capítulo foi publicada como "The Forms and Limits of Constitutional Interpretation", *in* (2001) Am. J Comp. Law 79, cujos direitos autorais pertencem ao autor.

[1] M. McDougal, H. Lasswell e L. Chen, "The Right to Religious Freedom and World Public Order: The Emerging Norm of Nondiscrimination" (1976) 74 Mich. L Rev. 865.

[2] Michael Perry, *The Idea of Human Rights: Four Inquiries* (Nova York: Oxford University Press, 1998), 11-41.

de religiosa tão essencial à liberdade do indivíduo e à justiça em sua comunidade que a escolheram como a primeira garantia da Primeira Emenda de sua Constituição.

A experiência norte-americana foi uma iniciativa arrojada e radical. Ao fazer da liberdade religiosa um direito juridicamente aplicável, os norte-americanos acreditavam que podiam evitar as perseguições religiosas e as disputas sectárias que marcaram a história humana e, infelizmente, até hoje persistem em todo o mundo como uma ferida aberta – basta ver a Bósnia, a Índia, a Indonésia, a Irlanda do Norte, a Nigéria, a Palestina, o Paquistão e o Sudão. Ao entregar para os tribunais a responsabilidade de resolver as queixas mais graves das relações entre Igreja e Estado, os norte-americanos esperavam que as carnificinas e as matanças perpetradas em nome da religião tivessem fim. Acreditavam que a razão e os princípios promoveriam um equilíbrio entre a vontade espiritual da comunidade e a consciência pessoal do indivíduo.

Comparar o modo pelo qual diferentes tribunais trataram as pessoas quando estavam em jogo questões de liberdade religiosa é um bom meio de verificar se aqueles que escreveram a Constituição norte-americana tinham razão para acreditar que o direito positivo é capaz de proporcionar uma forma objetiva e imparcial de demarcar as fronteiras entre Igreja e Estado. Para muita gente, a ideia de que existem princípios neutros capazes de conciliar o aspecto espiritual e o aspecto secular da vida humana é uma ilusão. Hoje a própria opinião geral reconhece que não há nenhum ponto de vista desinteressado, não enraizado em alguma opinião pessoal ou política ou por esta contaminada. Nas palavras de Stanley Fish, a própria busca desse ponto de vista é uma "missão impossível"[3].

---

[3] Stanley Fish, "Mission Impossible: Settling the Just Bounds Between Church & State" (1997) 97 Colum. L Rev. 2255; *The Trouble with Principle*, cap. 9 (Cambridge, Mass.: Harvard University Press, 1999).

Até agora nenhum teórico preeminente conseguiu propor uma teoria satisfatória que defina os direitos e as liberdades passíveis de se reivindicarem em nome de alguma força espiritual ou moral superior. Como vimos no capítulo anterior, para os que afirmam que o controle judicial de constitucionalidade deve limitar-se a garantir o processo democrático, os direitos religiosos são uma anomalia e por isso são eliminados ou simplesmente ignorados[4]. Curiosamente, Dworkin escreveu muito pouco sobre o tema da liberdade religiosa[5]. Mesmo originalistas como Scalia, que defendeu a causa da liberdade de religião, como veremos, também não trataram do assunto de maneira coerente e fundada em princípios.

Por outro lado, no decorrer dos últimos cinquenta anos os tribunais de todo o mundo têm escrito uma ampla jurisprudência capaz de lançar luz considerável sobre esse debate. Inúmeras cortes tiveram de enfrentar questões muito elementares acerca da extensão em que um Estado pode ou deve atender os interesses dos cidadãos que julgam essencial viver a vida de acordo com os fundamentos de sua fé. O lugar da religião (orações, símbolos, vestimentas) nas escolas públicas; a validade/necessidade de isentar as comunidades religiosas da observância de leis que a população geral é obrigada a obedecer; e o direito das minorias religiosas de exigir o apoio do Estado a suas escolas são controvérsias apresentadas aos tribunais de todo o mundo em busca de solução. Com as reflexões de um grande número de profissionais do direito sobre essas e outras questões relacionadas, deve ser possível respon-

---

[4] Ver, por exemplo, John Hart Ely, *Democracy and Distrust* (Cambridge, Mass.: Harvard University Press, 1980), 94, 100.

[5] Exceto, claro, na discussão sobre temas de vida e morte, como o aborto e a eutanásia, que para ele são questões de crença religiosa. Ver *Life's Dominion* (Nova York: Vintage Books, 1994); *Freedom's Law* (Cambridge, Mass.: Harvard University Press, 1996), Parte 1; ver também *Taking Rights Seriously* (Cambridge, Mass.: Harvard University Press, 1977), 106-7.

der quem está com a razão: os antigos idealistas norte-americanos ou os céticos pós-modernos.

1. Interpretacionismo

Aos escolher que casos examinar em primeiro lugar, a lógica evidente é começar pelos norte-americanos. A Suprema Corte dos Estados Unidos foi a primeira a enfrentar questões referentes à liberdade religiosa e foi ela que, ao longo de quase um século e meio, mais decisões proferiu sobre o tema. Dentro dessa jurisprudência ampla e ainda em expansão, podem-se destacar muitos julgamentos. Há um grande número de julgamentos memoráveis escritos pela Corte. Todo estudante do direito constitucional norte-americano tem seus prediletos. *Lee* vs. *Weisman*[6] e *Oregon* vs. *Smith*[7] são dois dos mais destacados. Ambos são decisões relativamente recentes que explicitam as características mais importantes do modo pelo qual os juízes norte-americanos acham que se devem estruturar as relações entre Igreja e Estado. No jargão dos constitucionalistas, ambos se classificam como casos "críticos" (*pivotal*)[8]. As duas decisões tratam cada qual de um aspecto central da religião – orações e cerimônias – e, quando prolatadas, ambas foram consideradas sentenças paradigmáticas, ou seja, que derrubam os precedentes anteriores ao mesmo tempo em que criam um novo precedente[9]. Em *Lee* vs. *Weisman*, a Corte

---

[6] *Lee* vs. *Weisman* (1992) 505 US 577. Em *Santa Fe School Dist.* vs. *Doe* (2000) 530 US 290, a Corte reafirmou os princípios que elaborou em *Lee*.

[7] *Oregon* vs. *Smith* (1990) 494 US 872.

[8] Ronald Dworkin, *Law's Empire* (Cambridge, Mass.: Harvard University Press, 1986), cap. 2, 45.

[9] *Oregon* vs. *Smith*, em particular, atraiu muitos comentários. Ver, por exemplo, Michael McConnell, "Free Exercise Revisionism..." (1990) 57 U Chic. L Rev. 1109; D. Laycock, "The Remnants of Free Exercise" [1990] Sup. Ct. Rev. 1. Nem todas as críticas foram negativas, ver W. Marshall, "The Case Against Constitutionally Compelled Free Exercise Exemption" (1990) 40 Case Western Res. L Rev. 357, M.

teve de decidir se uma bênção e uma oração ecumênicas, não denominacionais, no início da cerimônia de formatura de uma escola de segundo grau violava o preceito da Primeira Emenda de que o Congresso "não fará lei referente a instituição de religião". Em *Oregon* vs. *Smith*, a atenção da Corte se concentrou nas palavras da Primeira Emenda que denegam ao Congresso a autoridade de aprovar leis que proíbam "o livre exercício da religião". A questão era saber se os integrantes da Native American Church (Igreja Nativa Americana) que ingeriam peiote em cerimônias espirituais especiais tinham o direito constitucional à isenção religiosa da lei estadual que criminaliza a posse desse cacto.

Em ambos os casos, a Corte se dividiu radicalmente. Em *Lee* vs. *Weisman*, cinco juízes consideraram que a oração violava a Primeira Emenda; quatro discordaram. Ao explicar as razões da conclusão a que chegaram, três dos cinco quiseram escrever votos separados. Em *Oregon* vs. *Smith*, seis juízes votaram pela confirmação das leis estaduais relativas às drogas, três votaram contra. Nesse caso, um dos juízes que compunham a maioria – Sandra Day O'Connor – redigiu um voto concorrente separado com o qual os três juízes divergentes estavam consideravelmente de acordo, exceto pela conclusão a que chegava!

O foco da divergência de opiniões entre os juízes em ambos os casos era como interpretar as expressões cruciais "instituição de religião" e "livre exercício da religião". Em *Lee* vs. *Weisman*, a maioria da Corte afirmou que o significado da cláusula da instituição devia ser inferido de seus próprios precedentes: das leituras

---

Tushnet, "The Rhetoric of Free Exercise Discourse" (1993) Brigham Young UL Rev. 117. Para críticas da decisão da Corte em *Smith*, em conjunção com sua sentença em *Lee*, ver Suzanna Sherry, "*Lee* vs. *Weisman*, Paradox Redux" (1992) Sup. Ct. Rev. 123; Tinsley E. Yarbrough, *The Rehnquist Court and the Constitution* (Nova York: Oxford University Press, 2000), cap. 6.

anteriores daqueles que os precederam no tribunal. Os magistrados disseram que as decisões anteriores da Corte eram "dominantes" e "obrigavam" à conclusão de que as orações não tinham lugar na vida das escolas públicas. Anthony Kennedy, que redigiu o voto vencedor, escreveu que "com base em qualquer leitura de nossos casos, a resignação exigida do[s] aluno[s] [divergente[s]] neste caso era elevada demais [...] para resistir ao critério da cláusula da instituição". Considerou que a oração e a bênção eram particularmente incabíveis porque na prática "o Estado [...] obrigou à participação num exercício religioso explícito no contexto de um evento a [que] o estudante contrário a ela não tinha a opção de não comparecer". Harry Blackmun e David Souter concordaram com Kennedy em que a causa poderia ser resolvida com a aplicação direta dos precedentes da própria Corte, mas cada um escreveu seu próprio voto concorrente, assinados respectivamente também por John Paul Stevens e Sandra Day O'Connor, para deixar claro que, no entendimento deles das decisões anteriores da Corte, qualquer oração na escola viola a cláusula da instituição porque constitui endossamento ilícito da religião, independentemente de alguém se sentir ou não pressionado ou coagido pelo evento.

Quatro juízes – Scalia, Rehnquist, White e Thomas – votaram em apoio à validade da oração de formatura, e a discordância deles com os colegas foi desagradável e agressiva. Manifestando-se por escrito em nome do grupo, Scalia condenou o voto da maioria, considerando-o "incoerente"; era um voto que fazia a "decoração de interiores" parecer uma "ciência sólida". Não apenas criticaram a interpretação que a maioria fizera sobre as decisões anteriores referentes à oração nas escolas, mas também questionaram a legitimidade de decidir o caso com base numa jurisprudência que, na visão deles, "tornou-se perturbada (por assim dizer) pela confiança em abstrações formalistas que não têm origem em nossas tradições constitucionais há muito reconhecidas, mas sim colidem francamente com elas". Pelo fato de os precedentes estarem profundamente viciados por esse tipo de irregularidade e incoerência, argumentaram eles, o significado da cláusula da instituição deveria ser determinado "com referência aos entendimentos e práticas históricos". Afirmaram que a interpretação da Corte deveria "corresponder ao que a história revela ter sido o entendimento de suas garantias na época". Segundo esse critério, uma vez que as orações e invocações religiosas faziam parte das cerimônias e proclamações do governo na época em que a Primeira Emenda foi adotada (1791), acharam evidente que também devessem ser permitidas na ocasião em pauta.

A Corte também ficou seriamente dividida em *Oregon* vs. *Smith*, mas a divergência de pareceres não foi tão profunda nem tão extensa quanto em *Lee* vs. *Weisman*. Em *Smith*, os juízes estavam de acordo que deveriam procurar nos precedentes, e não na história, a resposta à questão de saber se os integrantes da Native American Church tinham ou não o direito constitucional de usar peiote como parte de suas cerimônias religiosas. Discordavam quanto aos princípios e critérios que, segundo eles, a jurisprudência anterior oferecia. Embora a interpretação de Scalia da cláusula da instituição tenha perdido por um voto em *Lee* vs. *Weisman*, seu entendimento da jurisprudência relativa à cláusula do livre exercício atraiu quatro de seus colegas em *Oregon* vs. *Smith*, e seu voto foi apresentado como o parecer da Corte. Conforme sua leitura dos pronunciamentos anteriores, a Corte jamais afirmou que as convicções religiosas das pessoas podem isentá-las de obedecer às leis de aplicação geral que obrigam a todos. Não obstante tenha reconhecido que houve algumas ocasiões em que a Corte abriu exceções a fim de satisfazer às crenças religiosas das pessoas, afirmou que os casos eram diferentes, porque não tratavam de leis (como a do Oregon) que criminalizam certas atividades, como o uso de drogas, em todo o estado.

Sandra Day O'Connor e outros três juízes (William Brennan, Thurgood Marshall e Harry Blackmun), em geral considerados os mais liberais da Corte na ocasião, julgaram imprecisa a interpretação de Scalia dos casos anteriores que permitiram a isenção. O'Connor acusou Scalia de "afastar-se drasticamente da jurisprudência bem definida relativa à Primeira Emenda". Blackmun identificou no voto vencedor uma "visão distorcida" que "descaracterizava" os precedentes da Corte. Na leitura que eles fizeram das interpretações anteriores da Corte sobre a cláusula do livre exercício, as isenções religiosas deveriam prevalecer sobre todas as leis do Estado, a menos que se pudesse demonstrar que a aplicação estrita, rígida e uniforme destas fosse essencial para a promoção de algum interesse imperioso do Estado. No final de seu voto, O'Connor assumiu um ponto de vista diverso do de seus três colegas liberais quanto ao Estado poder satisfazer a esse critério com base nos fatos do caso, e acabou votando com a maioria por rejeitar o pedido de Smith de permissão para ingerir peiote nas cerimônias religiosas de sua igreja.

Lee vs. *Weisman* e *Oregon* vs. *Smith* são exemplos típicos de como os casos referentes à liberdade religiosa são julgados nos Estados Unidos. Juntos eles refletem todas as características que definem a vasta jurisprudência escrita pela Suprema Corte dos Estados Unidos sobre o tema dos direitos religiosos. No aspecto mais fundamental, ambos os casos demonstram que, não obstante a diversidade de suas opiniões, todos os juízes norte-americanos acreditam que a demarcação das fronteiras entre Igreja e Estado é essencialmente uma tarefa de interpretação. Quando a Suprema Corte dos Estados Unidos é solicitada a responder uma questão sobre liberdade religiosa, a hipótese é sempre que as respostas estão engastadas nas palavras do texto e, portanto, podem ser deduzidas delas. Assim como a maior parte das garantias constitucionais não falam diretamente de problemas específicos, as cláusulas de religião da Primeira Emenda não falam diretamente de problemas como orações nas escolas ou isenções religiosas. Por esse motivo, os juízes que tratam o controle de constitucionalidade como um exercício de semântica têm de lançar mão de "dicionários jurídicos", ou fontes de significado, que lhes indiquem o critério ou a definição que resolverá cada caso. Quando os juízes norte-americanos são chamados a explicar de que maneira as palavras da Primeira Emenda se aplicam a temas específicos como isenções religiosas e orações nas escolas, eles sempre recorrem aos entendimentos originais e aos precedentes da Corte em busca de auxílio. Em suas primeiras decisões, quando os precedentes eram poucos ou não existiam, os juízes se baseavam principalmente em fontes históricas. Foi sem dúvida o que se verificou na primeiríssima decisão judicial sobre as cláusulas de religião em *Reynolds* vs. *Estados Unidos*[10], prolatada há mais de 120 anos. Nessa ocasião a Corte confirmou uma lei federal que criminalizava a poligamia (parte importante da vida dos seguidores da Igreja de Jesus Cristo dos Santos dos Últimos Dias). Ao longo do tempo, porém, à medida que se apresentavam cada vez mais casos à Corte, suas próprias decisões anteriores passaram a desempenhar um papel cada vez mais preponderante, como ocorreu em *Oregon* vs. *Smith* e em *Lee* vs. *Weisman*.

Além de demonstrar que nos Estados Unidos a proteção judicial da liberdade religiosa é entendida sobretudo como uma questão de interpretação, *Lee* vs. *Weisman* e *Oregon* vs. *Smith* chamam a atenção para pelo menos três outras características que

---

[10] *Reynolds* vs. *Estados Unidos* (1878) 98 US 145.

distinguem a concepção norte-americana do papel judicial no processo de controle de constitucionalidade. A primeira é a natureza categórica e normativa das decisões em ambos os casos. Assim como em quase todos os pronunciamentos da Corte sobre a natureza e a extensão da liberdade religiosa garantida pela Primeira Emenda, os julgamentos em *Lee* vs. *Weisman* e *Oregon* vs. *Smith* são marcados por distinções muito nítidas e categóricas e preceitos muito rígidos e inflexíveis. As leis que dificultam a prática de alguns rituais de uma religião ou que os tornam ilegais (*Smith*) são julgadas por um conjunto de preceitos; e as leis que obrigam as pessoas a cederem a ideias e práticas religiosas às quais se opõem (*Weisman*), por outro conjunto. A cláusula do livre exercício e a da instituição são interpretadas como partes completamente distintas e separadas da Constituição, partes que se aplicam a diferentes tipos de questões por meio de preceitos muito diversos. Depois de *Lee* vs. *Weisman*, a regra anti-instituição veio a ser a mais rigorosa das duas na proteção das minorias religiosas contra usurpações tanto indiretas como diretas da liberdade religiosa, e superou as exigências de isenção feitas com base na cláusula do livre exercício. Esta última, de acordo com o voto da maioria em *Smith*, protegia as pessoas apenas contra as limitações diretas e intencionais da atividade religiosa e deve ceder a praticamente todas as finalidades públicas que um governo pode postular para si.

Os casos estudados nos evidenciam ainda uma segunda característica do tratamento dado pela Suprema Corte dos Estados Unidos à garantia de liberdade religiosa da Primeira Emenda: a forma com que os direitos religiosos nos Estados Unidos podem se transformar e desenvolver, como de fato ocorreu, com o passar do tempo. Conforme demonstram ambos os casos, os registros históricos e os precedentes da própria Corte são passíveis de interpretações tão radicalmente diversas que os significados estabelecidos jamais são plenamente seguros. Nos anais do direito constitucional norte-americano, é comum encontrar nos votos divergentes a acusação de que os colegas "traíram a confiança" no entendimento predominante quando a Primeira Emenda foi adotada (como em *Lee* vs. *Weisman*) ou "distorceram" as decisões anteriores da própria Corte (como em *Oregon* vs. *Smith*). Interpretações e doutrinas conflitantes tiveram muita influência em diferentes momentos, e a amplitude da liberdade religiosa aumenta e diminui com muita rapidez. As objeções religiosas à obrigação de saudar a bandeira são rejeitadas num caso e aceitas no caso seguinte[11]. Os programas de financiamento do governo para a educação em escolas confessionais são proibidos numa ocasião, endossados em outra[12]. Uma decisão pode se transformar em precedente paradigmático durante algum tempo e depois ser silenciosamente posta de escanteio[13]. É como se em cada época – para emprestar a metáfora provocativa mas reveladora de Ronald Dworkin – a Corte escrevesse a várias mãos um novo capítulo de um romance que nunca se conclui[14].

A profunda pessoalidade é a terceira característica – e a mais relevante para muitos – da maneira que os juízes norte-americanos concebem a liberdade religiosa e a Primeira Emenda, segundo nos informa o estudo dos casos *Lee* vs. *Weisman* e *Oregon* vs. *Smith*. Assim como os juízes Blackmun, Souter, O'Connor e Scalia se sentiram obrigados a redigir votos separados, concorrentes ou divergentes, em um ou em ambos os casos, quase todos os

---

[11] *Minnersville School District* vs. *Gobitis* (1940) 310 US 586; *Conselho de Educação* vs. *Barnett* (1942) 319 US 624.
[12] *Aguilar* vs. *Felton* (1985) 473 US 402; *Agostini* vs. *Felton* (1997) 521 US 203.
[13] *Lemon* vs. *Kurtzman* (1971) 403 US 602; *Lee* vs. *Weisman*.
[14] Dworkin, *Law's Empire*, cap. 7.

juízes que ocuparam os bancos da Suprema Corte dos Estados Unidos presumiram-se tacitamente dotados de autoridade constitucional (e, no caso de Antonin Scalia, Felix Frankfurter e William Brennan, defenderam explicitamente essa presunção)[15] para decidir por si mesmos que definições, doutrinas, preceitos etc. aplicariam e quais seriam por conseguinte os parâmetros da liberdade religiosa nos Estados Unidos. Praticamente todas as decisões judiciais importantes dos últimos cinquenta anos são marcadas pela mesma multiplicidade de pareceres suscitados em *Lee* vs. *Weisman* e *Oregon* vs. *Smith*. Juntas, essas decisões confirmam a veracidade da notória confissão do juiz-presidente Hughes de que, nos Estados Unidos, "a Constituição é o que os juízes dizem que é"![16]

Em virtude de haver mais de um "dicionário" a que recorrer e mais de uma leitura da história e dos precedentes, cada juiz tem enorme liberdade para definir quais são os direitos protegidos na Primeira Emenda e qual o significado prático da neutralidade do Estado nas questões de religião. Tendo por base *Lee* vs. *Weisman* e *Oregon* vs. *Smith* e além disso toda a corrente de jurisprudência sobre liberdade religiosa em que esses casos se inserem, é bem fácil construir os diferentes perfis de todos os juízes que já tiveram assento na Corte. Alguns assumem a opinião de que o modo correto de interpretar as cláusulas é definir os princípios da neutralidade do Estado de forma que os poderes Executivo e Legislativo tenham o maior campo de manobra possível. De acordo com

---

[15] Ver o voto de Frankfurter em *McGowan* vs. *Maryland* (1960) 366 US 420, 459 e as reflexões extrajudiciais de Brennan e Scalia em "In Defense of Dissents" (1986) 37 Hastings LJ 427, e "The Dissenting Opinion" (1994) J Sup. Ct. Hist. 133, respectivamente.

[16] As observações de Hughes foram citadas em R. I. Aldisert, *The Judicial Process* (St. Paul, Minn.: West, 1976), 501, e analisadas por H. L. A. Hart, em *The Concept of Law* (Oxford: Clarendon, 1961), 138-43.

esse ponto de vista, a menos que instituam e imponham leis e atos evidentemente perversos de coerção e discriminação, os políticos e as autoridades dispõem de largas rédeas para promulgar toda e qualquer lei que desejarem, independentemente do impacto destas sobre a vida das pessoas comprometidas em praticar sua religião e da comunidade em que vivem. Somente as finalidades ou os objetivos das leis são analisados pela Corte. Não se analisam os meios – o programa particular ou o curso específico de ação pública – que os governos escolhem para a aprovação das leis. Esse entendimento da neutralidade do Estado foi acolhido por inúmeros juízes que atuaram na Corte enquanto William Rehnquist foi juiz-presidente, entre eles Antonin Scalia, Clarence Thomas, Byron White e o próprio Rehnquist. Com efeito, essa foi a definição invocada por eles nos votos que redigiram em defesa das iniciativas do governo, tanto em *Smith* como em *Lee*.

A definição minimalista da neutralidade do Estado contrasta nitidamente com a interpretação mais robusta em geral dada à cláusula da instituição e à do livre exercício pela Suprema Corte quando esta se encontrava sob a administração de Earl Warren e Warren Burger. Essa interpretação mais antiga, que implica limitações muito mais severas à ação do governo, foi de maneira geral favorecida pelos juízes mais amigos de uma concepção liberal da política e do direito. De acordo com essa concepção, a Corte examina tanto os meios quanto os fins. William Brennan tornou-se um dos principais expoentes dessa leitura mais exigente da neutralidade do Estado, mas outros, entre os quais Thurgood Marshall, Harry Blackmun e William Douglas, assim como Warren e Burger, seguiram mais ou menos a mesma análise. Sandra Day O'Connor e David Souter, que disseram que a maioria dos endossamentos da religião pelo Estado seriam instituições inválidas[17] e que às vezes os Estados têm de abrir exceções para as pessoas em virtude de suas convicções religiosas[18], são hoje os que mais se aproximam dessa abordagem.

Para um juiz como Brennan, as cláusulas sobre religião da Primeira Emenda impõem aos governos e suas autoridades dois deveres independentes mas complementares. Assim como Jefferson, Brennan acreditava que a proibição de "instituir religião" cria um muro de separação quase intransponível entre as Igrejas e o Estado[19]. Além disso, ele achava que, a fim de respeitar o direito de cada indivíduo de exercer suas crenças religiosas, o Estado é obrigado a aceitar as escolhas e decisões dos cidadãos preocupados em praticar sua religião quando pode fazer isso sem comprometer de maneira considerável seus próprios interesses e projetos[20]. Desse modo, contra a definição da neutralidade do Estado fundada no *laissez-faire*, adotada pela maioria em *Oregon* vs. *Smith*, Brennan e seus colegas liberais insistiram que a legislação estadual deveria conceder à Native American Church isenção da lei que define como crime todo e qualquer uso de peiote.

Entre essas duas posições extremas, é possível encontrar juízes que emprestam aspectos de ambas para construir sua concepção de neutralidade do Estado em matéria de religião. Alguns juízes, acusados de insensibilidade, senão de hostilidade pura e simples, à religião, casaram a leitura estreita e fraca da cláusula do livre exercício que Scalia e a Corte privilegiaram em *Oregon* vs. *Smith* com a interpretação estrita de Brennan da cláusula da instituição. De acordo com essa abordagem, a Constituição jamais exige que se atendam às convicções religiosas das pessoas afetadas de forma

---

[17] *Lynch* vs. *Donnelly* (1984) 465 US 668 e *Lee* vs. *Weisman*.
[18] *Church of the Lukumi Babalu Aye Inc.* vs. *Cidade de Hialeah* (1993) 508 US 520.
[19] *Aguilar* vs. *Felton*.
[20] *Oregon* vs. *Smith*; ver também *Sherbert* vs. *Verner* (2962) 374 US 398.

desfavorável por alguma lei ou algum regulamento e, coincidentemente, quase nunca permite o incentivo e o apoio do Estado. Felix Frankfurter[21] e Hugo Black[22] são dois dos mais conhecidos juízes do panteão jurídico dos Estados Unidos que foram atraídos por esse entendimento da neutralidade do Estado, e John Paul Stevens[23], que votou com a maioria tanto em *Lee* vs. *Weisman* quanto em *Oregon* vs. *Smith*, continua baseando-se nela até hoje.

Em oposição a Stevens, Black e Frankfurter encontrava-se Potter Stewart, que atuou na Corte nos anos de Warren e Burger. Sua definição de neutralidade do Estado fundava-se numa leitura ampla e expansiva da cláusula do livre exercício[24] e numa interpretação correspondentemente fraca e relativamente desobrigatória da regra anti-instituição[25] – completamente oposta à deles. Como é de esperar, esse entendimento tende a ser receptivo às organizações religiosas e seus integrantes e por isso tem o apoio e o aplauso delas[26]. A interpretação de Stewart exige não só que o Estado conceda às pessoas comprometidas com a prática de sua religião imunidade a leis que lhes são particularmente onerosas, quando puder fazer isso com ônus baixo ou sem ônus, mas também que torne os espaços e as instituições públicas tão acessíveis às organizações religiosas e seus integrantes quanto aos grupos seculares.

---

[21] *Minnerville School District* vs. *Gobitis; Everson* vs. *Conselho de Educação* (1946) 330 US 1; *Conselho de Educação* vs. *Barnette* (1943) 624; *McGowan* vs. *Maryland* (1961) 366 US 420.
[22] *Everson* vs. *Conselho de Educação; Engel* vs. *Vitale* (1962) 370 US 421; *Braunfeld* vs. *Brown* (1961) 366 US 599; *Conselho de Educação* vs. *Allen* (1968) 392 US 236.
[23] *Lee* vs. *Weisman; Oregon* vs. *Smith*; ver também *Santa Fe School Dist.* vs. *Doe; Estados Unidos* vs. *Lee* (1982) 455 US 263; e, em geral, D. Laycock "Formal, Substantive and Desaggregated Neutrality towards Religion" (1990) 39 DePaul L Rev. 993.
[24] *Sherbert* vs. *Verner* (1963) 374 US 398; *Braunfeld* vs. *Brown*.
[25] *Engel* vs. *Vitale; School District of Abington* vs. *Schempp* (1963) 374 US 203.
[26] M. A. Glendon e R. F. Yanes, "Structural Free Exercise" (1991) 90 Mich. L Rev. 477.

O amplo retrato do direito constitucional norte-americano que se pode desenhar a partir da leitura cuidadosa dos dois primeiros casos aqui examinados – *Lee* vs. *Weisman* e *Oregon* vs. *Smith* – não oferece, evidentemente, nada que se aproxime de uma teoria completa dos direitos jurídicos das pessoas comprometidas com o exercício de sua religião nos Estados Unidos. Para dominar todos os preceitos da Primeira Emenda que definem o alcance e o conteúdo da liberdade religiosa nos Estados Unidos, seria necessário analisar muitos outros julgamentos da Corte. Embora sem dúvida de capital importância para as pessoas cuja vida é diretamente afetada, esse empenho não traria nenhuma contribuição significativa para o conhecimento que já obtivemos acerca da forma de trabalho da Suprema Corte dos Estados Unidos. Para atender ao nosso objetivo de aprender o máximo possível acerca de como os juízes tratam as questões de liberdade religiosa e como conciliam as autoridades conflitantes da Igreja e do Estado, será mais proveitoso investir nosso tempo no estudo dos critérios e práticas dos juristas de outras partes do mundo.

2. **Pragmatismo**

Quando decidimos ultrapassar as fronteiras do direito constitucional norte-americano, imediatamente nos perguntamos por onde começar. Mais uma vez constatamos que não há só uma resposta correta no que diz respeito à ordem em que os casos devem ser lidos. Se nosso critério for a experiência, os julgamentos da Índia, do Japão, da Alemanha, da Itália e de Estrasburgo (sede do Tribunal Europeu de Direitos Humanos) estariam no topo da lista. Nessas jurisdições, os juízes têm realizado o controle de constitucionalidade das decisões dos políticos e suas autoridades há mais ou menos meio século. Pode haver bons argumentos em favor da prioridade de qualquer um dos casos desse grupo, mas, ao final, cumpre escolher. Reconhecendo que para pessoas razoáveis pode haver diferentes pontos de partida e diferentes locais de investigação, os motivos para decidir comparar o modelo norte-americano primeiramente com a experiência do Judiciário da Alemanha são particularmente convincentes.

A Alemanha se presta a uma boa comparação sobretudo por causa da alta reputação do Bundesverfassungsgericht – o Tribunal Constitucional Federal. À exceção da Suprema Corte dos Estados Unidos, é pouco provável que algum outro grupo de juízes tenha exercido mais influência no modo com que outras partes do mundo entendem o controle judicial de constitucionalidade e a proteção judicial dos direitos humanos do que os juízes de Karlsruhe. O efeito irradiador de suas decisões é sentido principalmente nos tribunais da Europa central e oriental, cuja tradição jurídica bebe maciçamente na fonte do direito alemão, mas essas decisões são lidas e respeitadas por juristas do mundo inteiro.

A jurisprudência do Bundesverfassungsgericht também constitui um excelente ponto inicial de comparação para o modo pelo qual a Suprema Corte dos Estados Unidos passou a defender a liberdade religiosa e delinear a fronteira entre Igreja e Estado porque as duas são o perfeito contraponto uma da outra. Suas respectivas abordagens são quase diametralmente opostas. O antagonismo é impressionante até nos pronunciamentos. A ideia de que cada um dos juízes de um tribunal tem autoridade para escolher sua estratégia interpretativa preferida e definir por si mesmo os limites práticos da liberdade religiosa para suas respectivas comunidades não encontrou abrigo entre os membros do Tribunal Constitucional alemão. Em lugar de cada juiz expressar sua opinião particular, na maioria das vezes o Bundesverfassungsgericht fala de modo inequívoco e com sua voz institucional.

Os juízes alemães não só preferem um estilo mais colegiado de julgar que o dos norte-americanos, como também se expressam e raciocinam de forma completamente diferente quando decidem sobre questões de liberdade religiosa. Comparados com os norte-americanos, os juízes alemães dedicam em seus votos muito menos tempo à discussão do significado de sua Constituição, conhecida como a Lei Fundamental. As soluções dos problemas da liberdade religiosa não são expostas como questões de definição e interpretação, como fazem os norte-americanos. Além disso, no item do julgamento reservado à exegese textual, o método alemão de determinar o significado consiste em dar mais ênfase às palavras e à estrutura do documento e aos valores e intenções aí expressos que às interpretações históricas e às decisões anteriores do Tribunal. Nem a análise dos casos nem a investigação dos momentos de formação constituem parte importante do direito constitucional alemão. Em vez de procurar o sentido do texto na história e na jurisprudência, o Tribunal alemão procede de maneira mais resoluta e mais lógica. Na Alemanha, o significado da liberdade religiosa decorre do reconhecimento da "dignidade humana... [como]... o mais alto valor e [...] a livre autodeterminação do indivíduo [...] como um importante valor da comunidade"[27].

Para alemães e norte-americanos, a interpretação tem finalidades muito diferentes. Em vez de procurar nas palavras do documento definições e preceitos precisos que respondam às questões práticas difíceis sobre orações nas escolas e isenções religiosas, o Tribunal Constitucional Federal extrai do texto princípios

---

[27] *Caso da transfusão de sangue* (1971) 32 BverfGE 98, parcialmente traduzido e reproduzido em D. Kommers, *The Constitutional Jurisprudence of the Federal Republic of Germany* (2ª ed., Durham, NC: Duke University Press, 1997). Ver, de maneira geral, W. Brugger, "Legal Interpretation, Schools of Jurisprudence and Anthropology: Some Remarks From a German Perspective" (1994) 42 Am. J Comp. Law 395.

gerais, que depois utiliza para avaliar os fatos de cada caso da maneira mais imparcial e objetiva possível. O método alemão consiste em aplicar os mesmos princípios para avaliar e conciliar os interesses conflitantes em jogo, não importa se a reivindicação se faz em termos positivos ou negativos nem se o Estado defende sua ação com base no bem-estar da sociedade em geral ou nos direitos de alguns de seus membros. É pelo raciocínio prático e orientado pela especificidade dos fatos, não pelo entendimento interpretativo, que os alemães decidem se a liberdade religiosa de alguém foi violada.

Quando decide sobre o lugar das orações e dos símbolos religiosos nas escolas públicas, por exemplo, o Tribunal Constitucional parte do princípio de que estão em jogo tanto a liberdade positiva de alguém reconhecer publicamente suas crenças religiosas quanto a liberdade negativa de não ser obrigado a anuir à fé de outros. O Tribunal considera que esses casos implicam um conflito entre dois direitos antagônicos e concebe que sua tarefa é procurar estabelecer o equilíbrio entre os dois. Para orientar seu julgamento, o Tribunal se baseia num princípio que denomina "concordância prática", segundo o qual os valores conflitantes devem se harmonizar a fim de preservar o máximo possível de cada um[28]. Entende-se que esse princípio está implícito na lógica da Lei Fundamental e que fornece um parâmetro em razão do qual se podem conciliar os diferentes direitos e liberdades garantidos. Para satisfazer o princípio, o Tribunal afirma que o Estado deve demonstrar que alcançou a "otimização dos interesses conflitantes" afetados pela lei em questão e evitou medidas "excessivas".

Por esse modelo de análise, os juízes de Karlsruhe decidiram que o Estado não cometerá erro se permitir que se façam orações

---

[28] *Caso do crucifixo na sala de aula II* (1995) 93 BverfGE 1; parcialmente traduzido e reproduzido em Kommers, *Constitutional Jurisprudence*.

voluntárias em suas escolas, mas errará se afixar crucifixos nas paredes das salas de aula. Num julgamento que repete muitos dos sentimentos expressos por Antonin Scalia e os outros três juízes divergentes em *Lee* vs. *Weisman*, o Tribunal concluiu que não seria tão grande o mal que sofreria alguém que optasse por não participar das orações. De acordo com a decisão, obrigar os alunos divergentes a se abster das orações na escola dificilmente os colocaria "numa posição insuportável de exclusão". Permitir que a objeção de um único aluno sobrepujasse de forma automática os direitos dos alunos religiosos de expressar suas crenças seria completamente desproporcional à ofensa ou ao mal envolvido. No dizer do Tribunal: "Uma avaliação das condições em que a oração deve ocorrer, a função do professor com relação a esse exercício e as condições reais da escola nos levam a concluir que não precisamos temer a discriminação contra um aluno que não participe da oração..."[29].

No parecer do Tribunal, o mesmo não se pode dizer da decisão tomada pelo estado da Baviera de afixar cruzes em todas as suas escolas, por isso o caso exigiu uma conclusão diferente. Segundo o Tribunal, da perspectiva dos alunos não cristãos, a cruz é um "símbolo de zelo missionário" e sua adoção por parte do Estado "constitui um apelo comovente [e] salienta o compromisso com a fé que ela simboliza, desse modo tornando essa fé exemplar e digna de ser seguida"[30]. Para os alunos não cristãos, a natureza sectária da cruz e o fato de que jamais poderiam escapar de seu fulgor tornavam sua força muito mais poderosa do que as orações voluntárias. Além disso, no contexto da validação anterior das orações voluntárias, o princípio da concordância prática, de "que nenhuma das posições jurídicas conflitantes seja preferi-

---

[29] *Caso da oração na escola* (1979) 52 BverfGE, parcialmente traduzido e reproduzido em Kommers, *ibid*.
[30] *Caso do crucifixo na sala de aula II*.

da e imposta ao máximo, mas que se lhes confira um acordo que a todas proteja tanto quanto possível", significou que ali se alcançaram os limites da autoridade do Estado de apoiar os interesses dos cidadãos comprometidos com a prática de sua religião.

Embora o Tribunal se haja encaminhado para lados opostos na decisão acerca do lugar das orações e na dos símbolos sectários nas escolas estaduais, a análise em ambos foi a mesma. O Tribunal decidiu cada caso pela análise pragmática e imparcial dos fatos tal como eram percebidos por aqueles a quem o problema mais importava. Os fatos, e não as palavras do texto, também definiram a decisão do Tribunal sobre o problema das minorias religiosas: elas mereciam exceções das leis de aplicação geral ou deviam ser tratadas como todos os demais? Na decisão do *Caso da transfusão de sangue*, por exemplo, o problema proposto para o Tribunal era o que segue: um homem que, motivado por séria convicção religiosa, permitiu que a mulher morresse, ao deixar, por determinação dela, de transferi-la para um hospital no momento em que ela necessitava de transfusão de sangue, pode ser condenado por crime? Por unanimidade o Tribunal concluiu que não. Com base nos fatos, decidiu que rotular o marido de criminoso e tratá-lo como tal representaria uma "reação social excessiva". Segundo o Tribunal, condenar seu comportamento nos termos mais severos da sociedade não respeitaria sua dignidade humana, o mais elevado valor da Constituição, porque lhe negaria "o direito [...] de orientar sua conduta com base nos ensinamentos de sua religião e agir de acordo com suas convicções íntimas". Na concepção do Tribunal: "A punição criminal, independentemente da sentença, [era] uma sanção incabível para essa constelação de fatos de acordo com qualquer finalidade do sistema penal..."[31].

---

[31] *Caso da transfusão de sangue.*

O emprego de metodologias diferentes pelo Tribunal alemão e pela Corte norte-americana levaram-nos a conclusões muito diversas sobre o significado da neutralidade do Estado nas questões religiosas. No direito constitucional norte-americano, a neutralidade é em grande medida definida pelos propósitos e objetivos do Estado. A cláusula da instituição exclui qualquer propósito religioso, por mais benigno que seja. Ao contrário, a única proteção dada pela cláusula do livre exercício, segundo interpretação da maioria em *Smith*, dirige-se contra as leis e outras ações do Estado que tenham o objetivo deliberado de restringir a prática de algum ato de fé religiosa[32]. Depois de *Smith*, o Estado de direito nos Estados Unidos passou a significar que, no que se refere à limitação da liberdade religiosa do povo norte-americano, os fins (seculares) do governo justificam quase todos os meios.

Na Alemanha, os critérios são completamente diferentes. Como questão prática, a neutralidade do Estado pode ser definida por um único princípio de proporcionalidade ou de tolerância mútua. Não importa se o Tribunal estiver analisando a reivindicação de um indivíduo de ter liberdade para seguir os ditames de sua fé ou de ter liberdade para não ceder às pressões da ortodoxia, o critério será o mesmo. A neutralidade insiste que quaisquer que sejam as limitações ou restrições impostas pelas autoridades estaduais à liberdade religiosa de seu povo, quer intencional, quer inadvertidamente, o ônus não deve ser "excessivo" nem "insuportável". Enquanto os dois critérios de neutralidade que atualmente definem o significado do preceito da Primeira Emenda concentram-se principalmente nos propósitos subjacentes à ação do Estado submetida ao controle judicial de constitucionalidade, a concepção alemã de neutralidade é muito mais voltada para a efi-

---

[32] Ver, por exemplo, *Church of the Lukumi Babalu Aye Inc.*

ciência de seus meios e a importância de seus efeitos[33]. No que diz respeito a até onde a religião deve ser permitida nas escolas públicas, a concepção alemã de neutralidade exige que o Estado compare a liberdade afirmativa de culto com a liberdade negativa daqueles que se opõem a tais profissões de fé públicas. O Estado deve empenhar-se em "preservar ao máximo"[34] todos os valores e direitos constitucionais e procurar "otimizar os interesses conflitantes"[35] em cada caso. Aplicada ao direito penal, a neutralidade impede que o Estado processe criminalmente os indivíduos que cometem atos passíveis de punição com base em suas convicções religiosas nos casos em que "usar a arma mais rigorosa da sociedade" representaria "uma reação social excessiva"[36].

Assim como *Lee* vs. *Weisman* e *Oregon* vs. *Smith*, o *Caso da oração na escola* e o *Caso da transfusão de sangue* fornecem um retrato justo de uma jurisprudência mais ampla escrita pelo Tribunal Constitucional alemão sobre a questão da liberdade religiosa. Enquanto a abordagem dos norte-americanos é quase exclusivamente interpretativa e centrada no texto da Constituição (tal como foi elaborado nos registros históricos e nas decisões anteriores da Corte), a dos alemães é muito mais pragmática e centrada nos fatos. Sem dúvida, há exceções e variações na jurisprudência de ambos os tribunais. A investigação histórica e a exegese textual podem ter seu papel na análise do Bundesverfassun-

---

[33] O caráter instrumental da abordagem do Tribunal alemão é um dos aspectos que definem o método pragmático. Ver J. Habermas, *Between Facts and Norms* (Cambridge, Mass.: MIT Press, 1996). Ver também T. Dewey, "My Philosophy on Law", in *John Dewey, The Later Works* (Carbondale, Ill.: Southern Illinois University Press, 1985), xvi. 115-22. R. Posner, *Law, Pragmatism and Democracy* (Cambridge, Mass.: Harvard University Press, 2003).
[34] *Caso do crucifixo na sala de aula II.*
[35] *Caso da oração na escola.*
[36] *Caso da transfusão de sangue.*

gsgericht[37], e ao longo dos anos os votos divergentes surgem com frequência cada vez maior. Ao definir que as autoridades estaduais não podem pendurar crucifixo nem cruz nas paredes de suas salas de aula, por exemplo, o Tribunal se dividiu em cinco a três.

Da mesma forma, embora a investigação histórica e a análise doutrinária sejam metodologias privilegiadas pela Suprema Corte dos Estados Unidos, em inúmeros de seus precedentes relativos à religião, inclusive na influente decisão em *Reynolds* vs. *Estados Unidos* e na decisão memorável de *Lemon* vs. *Kurtzman*[38], os norte-americanos se empenharam em avaliar a importância relativa dos direitos e liberdades conflitantes em jogo, procedendo a uma espécie de análise do equilíbrio ou da relação custo/benefício. Suas decisões acerca da possibilidade de símbolos religiosos terem lugar nos espaços públicos são notáveis pela meticulosa atenção aos fatos[39]. Com efeito, em *Lee* vs. *Weisman*, parte do desacordo entre a maioria e a minoria consistia na avaliação desta da extensão da importância das orações públicas para os alunos que desejavam incluí-las em suas cerimônias de formatura e do grau de coerção que representavam para aqueles que se opunham, como Deborah Weisman, à realização delas. Da mesma maneira, a diferença entre a decisão final de O'Connor e de seus colegas divergentes em *Oregon* vs. *Smith* concentrava-se na avaliação diferente que cada um fazia do mal que o público em geral sofreria se os estados fossem obrigados a abrir exceção, em suas leis relativas a drogas, para aqueles que as usassem na celebração de suas crenças religiosas.

---

[37] Ver W. Brugger, "Legal Interpretation". Para uma introdução ao caráter evolutivo da jurisprudência histórica e seu lugar no direito constitucional alemão, ver Ernst--Wolfgang Böckenförde, *State, Society and Liberty* (Nova York: St. Martins Press, 1991), cap. 1.

[38] *Lemon* vs. *Kurtzman*.

[39] *Lynch* vs. *Donnelly* (1984) 465 US 668; *Condado de Allegheny* vs. *American Civil Liberties Union, Greater Pittsburgh Chapter* (1989) 492 US 573.

3. Liberdade religiosa e soberania popular

É importante ter consciência de que tanto os norte-americanos quanto os alemães conhecem um pouco do método uns dos outros. Nem norte-americanos nem alemães se baseiam exclusivamente numa única abordagem. A interpretação e o raciocínio pragmático figuram em ambas as análises. Entretanto, seria tão equivocado exagerar as semelhanças e coincidências entre os dois tribunais quanto ignorá-las por completo. O fato é que juristas norte-americanos e juristas alemães tratam temas como oração na escola e isenções religiosas de maneiras radicalmente diversas. Os juízes de um e de outro país estão envolvidos em tarefas muito diferentes, e isso, como vimos, leva em última instância a resultados opostos.

Alguns juristas, como Stanley Fish, são propensos a conceber as decisões conflitantes dos alemães e dos norte-americanos como prova cabal de que a existência de princípios de direito neutros, capazes de conciliar com imparcialidade as reivindicações antagônicas da Igreja e do Estado, não passa de um mito. De uma perspectiva cética, esses casos corroboram a posição de Fish e outros, segundo a qual o direito, assim como a política, é influenciado de forma permanente pela cultura a que se aplica. Demonstram que cada corte expressa as concepções de neutralidade que predomina em seu respectivo mundo. Enquanto os norte-americanos priorizam um espaço privado de paz e reflexão espiritual em detrimento da profissão de fé pública, a disposição na Alemanha é exatamente contrária. A escolha entre essas concepções conflitantes de neutralidade é apenas uma questão de cultura política e preferência pessoal, não de certo ou errado, muito menos de saber o que é melhor ou pior.

Por mais plausível que pareça à primeira vista, a explicação cética das decisões dos norte-americanos e dos alemães sobre orações nas escolas e isenções religiosas não faz uma boa interpretação dos casos. Ela se concentra demais nos resultados e não dá atenção suficiente aos processos de raciocínio que levaram os tribunais a assumir posições diametralmente opostas. Para que a teoria cética seja digna de crédito, ela deve estabelecer uma relação entre os métodos de análise empregados por uma e outra corte e as Constituições pelas quais zelam. Para defender a tese de que o direito é tão subjetivo e tão culturalmente específico quanto a política, o cético precisa demonstrar que os dois estilos diferentes de raciocínio não só estão eles mesmos embutidos nos diferentes valores e fundamentos constitucionais de cada país, como também os manifestam.

Não há dúvida de que os casos comprovam que é o interpretacionismo dos norte-americanos e o pragmatismo dos alemães que situam uns e outros em lados opostos ao tratar de temas como orações na escola e isenções religiosas. O que falta é um argumento que vincule esses estilos de decisão judicial à cultura constitucional de seus respectivos países. Mesmo para satisfazer os padrões de Dworkin, os céticos precisam demonstrar que o interpretacionismo dos norte-americanos e o pragmatismo dos alemães são a melhor expressão das tradições constitucionais norte-americana e alemã, o que não é fácil. Não há nada no texto de nenhuma das Constituições que trate dos métodos de análise jurídica que seus tribunais devam empregar. As dezesseis palavras que compõem as cláusulas sobre religião da Primeira Emenda dizem tão somente *"Congress shall make no law respecting an establishment of religion or prohibiting the free exercise thereof"* [O Congresso não fará lei referente à instituição de religião ou proibido seu livre exercício]. A Lei Fundamental alemã dedica muito mais espaço para falar das relações entre Igreja e Estado. Ao mesmo tempo em que proíbe a instituição de uma Igreja oficial, a Lei

Fundamental garante, entre outras coisas, a prática desimpedida e tranquila da religião, a instrução religiosa nas escolas públicas, a objeção de consciência para o serviço militar, o domingo como dia de descanso semanal, assim como a proteção contra a discriminação baseada em convicções pessoais. Ao fim e ao cabo, entretanto, é silente quanto ao método de análise que o Tribunal deve empregar ao tratar de problemas como orações nas escolas e isenções religiosas. Uma vez que não há nada nos textos que os apoie, não será fácil para os céticos sustentar o argumento de que o interpretacionismo e o pragmatismo são ínsitos às culturas jurídicas norte-americana e alemã, respectivamente. Nenhum dos tribunais oferece razões para a escolha de suas estruturas analíticas preferidas e, na verdade, é muito difícil pensar em algum aspecto do interpretacionismo que sirva tão bem à tradição constitucional dos Estados Unidos quanto a abordagem pragmática. Mesmo nos termos de seus próprios ideais fundamentais de soberania popular e liberdade religiosa, o pragmatismo funciona melhor.

Nos Estados Unidos, a abordagem interpretacionista certamente não atuou em prol das pessoas que querem praticar sua religião. Como vimos, *Lee* vs. *Weisman* e *Oregon* vs. *Smith* permitem, juntos, que os governos ajam de modo que se restrinja radicalmente a liberdade de as pessoas praticarem a sua religião. Por um lado, foi dito que as minorias religiosas, como os membros da Native American Church, não têm razão para se queixar das leis que, como vimos, interferem gratuitamente na prática de sua religião. Por outro lado, a liberdade das pessoas espiritualizadas de expressarem sua crença pública e coletivamente e em todos os aspectos da vida foi radicalmente restringida pela Corte. No evocativo jogo de palavras de Antonin Scalia, a Corte trata a religião como "uma ocupação puramente individual que se pode satisfazer em completo segredo, como a pornografia, na privacidade da própria alcova"⁴⁰. Na prática, duzentos anos depois de estabelecida, a Primeira Emenda apenas garante aos norte-americanos que não serão sujeitos a regras e regulamentos que os onere ou discrimine deliberadamente *em razão* de suas crenças religiosas[41].

Em *Oregon* vs. *Smith*, a Corte adotou a definição mais fraca possível de neutralidade do Estado. Para a maioria dos juízes, a referência da Primeira Emenda ao "livre exercício" da religião garante proteção somente contra as leis aprovadas com o propósito de penalizar as pessoas em virtude de suas convicções religiosas. De acordo com essa interpretação da cláusula do livre exercício, apenas os atos do Estado que deem expressão a alguma intenção hostil e maléfica são reprovados. As leis aprovadas em favor do bem-estar geral da comunidade podem suplantar qualquer reivindicação de livre exercício, mesmo quando se pode demonstrar que a lei é mais restritiva e mais onerosa às atividades religiosas afetadas do que precisaria ser. Em *Oregon* vs. *Smith*, embora os membros da Native American Church tenham conseguido demonstrar que o governo federal e 23 estados concediam isenções em suas leis antidrogas que permitiam o uso de peiote em cerimônias religiosas sem nenhum efeito adverso evidente sobre a saúde e o bem-estar de suas comunidades e que, mesmo no Oregon, a lei jamais fora aplicada, isso não foi suficiente para provar a violação de seus direitos decorrentes da Primeira Emenda. Conquanto a lei do Oregon constituísse restrição gratuita e arbitrária da liberdade religiosa dos seguidores dessa igreja, deixou-se que ela permanecesse nos códigos.

Para agravar o enfraquecimento da cláusula do livre exercício, a interpretação que a Corte deu à proibição de "instituição de

---

[40] *Lee* vs. *Weisman*.
[41] Ver, por exemplo, *Church of the Lukumi Babalu Aye Inc.* vs. *Cidade de Hialeah*; *McDaniel* vs. *Platy* (1978) 435 US 618.

religião" restringiu radicalmente os espaços em que as pessoas podem organizar a vida de acordo com suas convicções religiosas. Durante mais de meio século, a Primeira Emenda foi entendida a fim de privilegiar a convicção de Jefferson de que a melhor maneira de garantir a liberdade religiosa é assegurar que o muro de separação entre Igreja e Estado seja o mais "alto e impenetrável" possível[42]. De acordo com o entendimento da Corte, a proibição contra "instituição de religião" significa não apenas que os governos não podem exercer nenhum grau sequer de coerção sobre seus cidadãos para que reconheçam ou acatem qualquer prática ou crença espiritual, mas que, além disso, devem ter muito cuidado para não agir de forma passível de ser considerada endossamento de determinada religião por parte do Estado[43]. Toda lei aprovada para apoiar um interesse ou uma organização religiosa corre o risco de ser invalidada pela Corte. A lição de *Lee* vs. *Weisman* é que até as formas mais atenuadas de pressão exercida pelo Estado podem ser reprovadas por esse critério.

Juntas, a lógica de *Lee* vs. *Weisman* e a de *Oregon* vs. *Smith* deixam isoladas e vulneráveis as pessoas comprometidas com o exercício de sua religião, bem como suas comunidades. A Corte entendeu que, em vez de proporcionar uma definição de neutralidade do Estado que incentive a expressão das práticas e ideias religiosas, a Primeira Emenda reduz o espaço em que as convicções religiosas de uma pessoa podem orientar o modo com que ela conduz sua vida[44]. No entendimento da Corte, a neutralidade

---

[42] *McCollum* vs. *Conselho de Educação* (1947) 333 US 203, 212; e ver, em geral, L. Tribe, *American Constitutional Law*, 2ª ed. (Nova York: Foundation Press, 1988), 14:7-11.

[43] *Lynch* vs. *Donnelly, Condado de Allegheny* vs. *American Civil Liberties Union, Greater Pittsburgh Chapter*

[44] Stephen L. Carter, *The Culture of Disbelief* (Nova York: Basic Books, 1993); Michael W. McConnell, "God is Dead and We Have Killed Him: Freedom of Religion in the Post Modern Age" (1993) Brigham Young UL Rev. 163.

não apenas exige que as organizações religiosas sejam eliminadas de quase todos os espaços e atividades vinculados ao Estado, mas também reconhece que os governos têm ampla autoridade para interferir na maneira com que as comunidades religiosas organizam seus assuntos na esfera privada e às margens da sociedade.

Em comparação com o que o Tribunal Constitucional fez pelas pessoas comprometidas com a prática religiosa na Alemanha, fica evidente quanto a proteção da liberdade religiosa dada pela Constituição dos Estados Unidos é restrita. Os alunos das escolas alemãs podem orar pública e coletivamente no curso normal de um dia letivo, contanto que as orações sejam ecumênicas e não sectárias e não acarretem coerção legal à participação. Da mesma forma, as pessoas que estão em conflito com as leis criminais porque seguem alguma religião não podem ser punidas se o rótulo de criminosas a elas atribuídos representar "reação social excessiva" e negar-lhes a dignidade humana como "personalidade[s] responsável[is], que se desenvolve[m] livremente no interior da comunidade social".

Os casos alemães demonstram que as pessoas desfrutam maior medida de liberdade quando os tribunais aplicam um princípio como o da concordância prática para verificar a validade constitucional de quaisquer leis submetidas ao seu controle do que quando aplicam algum outro princípio. Se a Suprema Corte dos Estados Unidos tivesse adotado uma abordagem como essa, os norte-americanos voltados para a espiritualidade estariam sem dúvida em melhor situação. É difícil imaginar se a lei do Oregon teria sobrevivido se tivesse sido testada de acordo com esse princípio. O fato de o estado do Oregon jamais ter imaginado que pudesse ser necessário processar alguém pelo uso de peiote em cultos religiosos e de que o governo federal e 23 estados foram capazes de conceder isenção de suas leis relativas a drogas para conciliar o uso religioso de peiote prova que essa lei era excessiva e, portanto, indefensável.

Em *Lee* vs. *Weisman*, nenhum dos juízes da maioria procedeu a uma avaliação cuidadosa das circunstâncias factuais das pessoas que desejavam incluir uma oração nas cerimônias de formatura nem daquelas que se opunham a isso e, desse modo, quem saiu perdendo foi a liberdade religiosa. Embora todos os juízes tenham reconhecido a importância da oração para seus defensores, somente Antonin Scalia procurou formar uma ideia clara da medida exata da gravidade do ônus que Deborah Weisman teria de suportar se fosse obrigada a assistir à invocação. Anthony Kennedy e David Souter (em seu voto concorrente) afirmaram que a natureza ecumênica e não sectária da oração não teve influência na decisão deles. No seu voto, Kennedy presumiu que a ofensividade da oração para alunos como Deborah Weisman era igual à sua importância para o rabino que a pronunciou e aqueles que desejavam confessar publicamente seu reconhecimento da autoridade divina.

Embora não haja registro de muitos detalhes factuais do caso, os fatos citados não oferecem fundamentos para equiparar dessa maneira a importância que a oração tem para seus defensores com o que ela significa para os divergentes. Como assinalou Scalia, a única coerção sofrida pelos alunos discordantes foi ter de agir com tolerância, urbanidade e sensibilidade para com os colegas cujo entendimento da vida é diferente do deles. Eles teriam de ficar em pé e não poderiam adotar nenhuma conduta que interrompesse a solenidade. Num auditório em que, na prática, todos demonstrariam a mesma atitude de respeito, a possibilidade de sofrerem o prejuízo suplementar da discriminação era quase inexistente, e menor ainda o perigo de conversão. Além disso, se Deborah Weisman, como os fatos dão a entender, não manifestava nenhuma objeção à referência a um Ser Supremo no Juramento de Lealdade que precedeu imediatamente a oração, todo e qualquer prejuízo que sofreu por ter participado involuntariamente do evento foi quase nulo. Sua própria tolerância ao Juramento de Lealdade à bandeira seria a melhor prova de que ela foi pouquíssimo afetada pelas duas referências breves e ecumênicas a Deus. Seu próprio comportamento desmente a equiparação de Kennedy entre a importância das orações de formatura na vida dos alunos discordantes e dos que as consideram "um reconhecimento essencial e profundo da autoridade divina".

Se a tolerância de Deborah Weisman à menção a Deus no Juramento de Lealdade for um sinal claro da pouca intensidade com que ela sentiu a sua objeção à oração, a liberdade religiosa não foi beneficiada pela decisão da Corte. As autoridades escolares foram instruídas a não permitir que um grupo de alunos realizasse uma atividade que, para eles, era de profunda importância religiosa, a fim de poupar os outros de um constrangimento ou ofensa que os próprios fatos nos autorizam a definir, no máximo, como insignificantes. Além disso, como bem sabem os estudiosos do direito constitucional americano, *Lee* vs. *Weisman* não é um caso excepcional. Entre os que estudam a jurisprudência da Corte sobre a Primeira Emenda, é generalizada a sensação de que os juízes, na maioria, banalizaram a ideia de religião. Na pungente expressão de Stephen Carter, a Corte tende a tratar a religião "como um *hobby*"[45]. Para alguns, a jurisprudência é marcada pela hostilidade e mesmo pelo fanatismo[46].

A incapacidade da abordagem interpretativa de dar toda a proteção à liberdade religiosa que uma análise mais pragmática e

---

[45] Stephen L. Carter, *The Culture of Disbelief* (Nova York: Basic Books, 1993).
[46] Michael M. Connell, "Religious Freedom at a Crossroads" (1992) 59 U. Chic L. Rev 115.

mais específica quanto aos fatos pode garantir soma-se ao próprio caráter antidemocrático de sua metodologia e de seus critérios. Do modo que tem sido praticado pelos norte-americanos, o interpretacionismo tem duas desvantagens. Impõe restrições muito graves à abrangência da política democrática sem garantir a mesma medida de liberdade religiosa que os tribunais que tratam de maneira pragmática a questão das relações Igreja/Estado têm conseguido proporcionar.

Sem dúvida, a restrição mais radical que o método interpretativo impôs à soberania do povo americano para legislar sobre suas prioridades e preferências é o preceito (da cláusula da instituição) que torna inconstitucional praticamente todo apoio do Estado a instituições e eventos religiosos. Todos os objetivos religiosos, como os que motivaram a oração de formatura, são absolutamente proibidos. Por mais que as convicções espirituais de uma comunidade sejam essenciais para sua identidade, é preceito intangível que não façam parte da motivação de nenhuma lei. Toda a moral inspirada pela religião é excluída do poder das pessoas de definir o caráter público das comunidades em que vivem.

Com o foco voltado para os objetivos que o governo pode legalmente buscar realizar, o preceito norte-americano sobre a oração nas escolas (e as isenções religiosas) é nitidamente diferente do método pragmático alemão, que dá mais atenção aos meios pelos quais os políticos e suas autoridades transformam em lei as políticas em nomes das quais se elegeram. Ao reconhecer de forma explícita a educação religiosa como parte do currículo normal das escolas estaduais, a Lei Fundamental alemã rejeita a ideia de que há algo intrinsecamente errado em Igreja e Estado compartilharem o espaço público. Na Alemanha, a questão não é se o Estado pode ou não demonstrar seu apoio às pessoas comprometidas com alguma religião e a suas instituições e suas ideias, mas como: que meios são usados e que efeitos surtem. A ideia básica é que é perfeitamente legítimo o governo e as Igrejas estabelecerem relações de cooperação, contanto que isso seja feito de modo que se demonstre igual respeito por todas as religiões, bem como por aqueles que acreditam que as jurisdições da Igreja e do Estado se estendem sobre diferentes esferas de autoridade e devem ser mantidas separadas e apartadas[47].

Comparada ao preceito alemão, a definição norte-americana de neutralidade do Estado reduz significativamente os poderes de legislação do povo. Na verdade, a incompatibilidade entre o interpretacionismo e a soberania do povo se estende muito além do preceito que exclui dos poderes do Estado praticamente todo apoio a tudo quanto seja religioso. A ameaça mais grave que o interpretacionismo representa para as formas democráticas de governo reside, a bem dizer, no método de raciocínio em que se baseia. Uma vez que cada juiz pode escolher a dedo os dicionários e fontes de significado de que procedem suas análises, é sua filosofia pessoal concernente às relações Igreja/Estado, muito mais que os imperativos da Constituição, que determina qual concepção de neutralidade prevalecerá em cada causa. Juízes como Rehnquist, Scalia, Thomas e Bork, cuja filosofia política é populista e conservadora, tendem naturalmente a observar as fontes históricas e os entendimentos originais, ao passo que juízes mais progressistas como Brennan e Marshall se voltam para os valores subjacentes e as decisões anteriores da própria Corte que lhes permitam conferir interpretações mais amplas e mais liberais ao texto.

O interpretacionismo sanciona um processo de raciocínio que situa cada juiz no centro da causa e lhe confere discriciona-

---

[47] A mesma ideia foi endossada pela Suprema Corte da Índia quando defendeu o direito do Estado de introduzir o ensino de filosofia religiosa em suas escolas; ver *Aruna Roy* vs. *Índia*, AIR 2002 SC 3176.

riedade irrestrita para decidir qual abordagem adotar. Fontes de significado conflitantes são consideradas igualmente legítimas, e nenhuma estratégia tem prioridade ou precedência sobre as outras[48]. Com frequência, como em *Lee* vs. *Weisman*, invocam-se simultaneamente duas técnicas contrárias que conduzem a resultados opostos. A possibilidade de nove juízes encontrarem mais de um princípio de neutralidade oculto nas palavras do texto torna-se quase uma certeza quando as próprias fontes, como a história e os precedentes, são repletas de ambiguidade e incerteza. Em *Lee* vs. *Weisman*, como bem se recordará, a Corte ficou dividida não só quanto à análise que deveria ser aplicada no caso, histórica ou doutrinária, mas também quanto ao que dizia cada uma dessas fontes.

A história não podia responder se as orações nas escolas violavam a Primeira Emenda porque não havia indícios sólidos que comprovassem um entendimento comum da questão. Embora as orações e as invocações de fé fizessem parte da vida política dos Estados Unidos no final do século XVIII, é impossível saber o que se pensava dessas atividades nas escolas públicas, porque nessa época poucos consideravam que a educação era responsabilidade do Estado[49]. Os precedentes não eram claros porque também podiam ser lidos segundo uma série de interpretações igualmente plausíveis. Os cinco juízes da maioria redigiram três votos diferentes sobre o significado das decisões

---

[48] Ver Philip Bobbitt, *Constitutional Fate: Theory of the Constitution* (Nova York: Oxford University Press, 1982); *Constitutional Interpretation* (Oxford: Blackwell, 1991); Richard Fallon, "A Constructivist Coherence Theory of Constitutional Interpretation" (1987) 100 Harv. L Rev 1189.
[49] Ver *Wallace* vs. *Jaffre* (1985) 472 US 3880: "A simples verdade é que a educação pública gratuita praticamente não existia no final do século XVIII" (O'Connor); ver também o parecer divergente de Rehnquist, que questiona a interpretação do "muro de separação" da cláusula da instituição.

anteriores da Corte, e Scalia ofereceu uma quarta, tão convincente quanto as outras.

A divisão dos votos da Corte em *Oregon* vs. *Smith* demonstra claramente que um problema muito sério com os precedentes é o fato de poderem ser interpretados em níveis muito diversos de generalidade. Nenhuma formulação – nesse caso, sobre o grau de amplitude a que se deve estender o princípio das isenções religiosas – predomina entre as alternativas. É impossível afirmar qual leitura dos casos pertinentes era errada ou equivocada, a da maioria ou a dos que acabaram manifestando divergência. A maioria afirmou que a Corte em nenhuma de suas decisões anteriores jamais insistira em que uma isenção religiosa abrisse exceção à aplicação do direito penal; a minoria, por sua vez, declarou que nenhum precedente jamais traçara distinção alguma entre as leis que conferem benefícios e as que estabelecem penas para as condutas. Nenhuma dessas análises das decisões anteriores da Corte, tanto a da maioria quanto a da minoria, pode ser refutada. No que diz respeito à interpretação, ambas eram leituras precisas do que a Corte fizera ou não em sua apreciação anterior do problema. A análise doutrinária que predomina em ambos os pareceres cria um verniz de legalidade e a impressão de legitimidade, mas não pode esconder o fato de que a divisão da Corte tinha tudo a ver com política e nada a ver com direito.

Na prática, o interpretacionismo facilita aos juízes basearem-se em suas próprias ideias políticas e morais quando têm de decidir se uma lei ou iniciativa proposta pelo Estado é constitucional ou não. Permite que cada juiz escolha a dedo qual estratégia interpretativa empregar e, como vimos, também estimula o comportamento irresponsável diante dos fatos. Em *Lee* vs. *Weisman*, a maioria foi capaz de alegar que a importância da oração era, *grosso modo*, a mesma para os dois grupos de alunos porque ignorou os detalhes factuais da oração e da cerimônia, que davam a entender veementemente o contrário. Em *Oregon* vs. *Smith*, todos os juízes manifestaram o parecer de que os tribunais, ao decidir se determinado ato do Estado foi constitucional, não devem nem sequer tentar calcular quanto determinado interesse ou atividade que a lei proíbe é importante para uma religião ou para seus adeptos.

Em ambos os casos, a Corte defendeu sua decisão formulando hipóteses sobre as consequências potencialmente calamitosas que poderiam sobrevir se a sentença fosse outra. Em *Oregon* vs. *Smith*, Scalia argumentou que a Corte "estaria convidando à anarquia" se decidisse em favor da reivindicação de Smith de imunidade religiosa, porque "abriria a perspectiva da exigibilidade constitucional de isenções religiosas a quase todo tipo de obrigação cívica". Em *Lee* vs. *Weisman*, Anthony Kennedy invocou a "lição da história" de que qualquer brecha no muro que separa Igreja e Estado "pode terminar na política de doutrinação e coação". Harry Blackmun advertiu que a mistura entre governo e religião poderia ser uma ameaça para ambos. Entretanto, nenhum dos julgamentos faz referência a quaisquer fatos concretos que dessem a entender que esses horrores hipotéticos fossem sequer possibilidades remotas. Scalia jamais explicou como os 23 estados e as áreas sob jurisdição federal conseguiram evitar o colapso e a consequente anarquia, assim como nem Kennedy, nem Blackmun fizeram menção à experiência de países que, como a Alemanha, permitiram que as esferas da Igreja e do Estado se interpenetrassem sem sofrer as calamidades que eles profetizaram.

O interpretacionismo, portanto, pelo menos como o praticam os norte-americanos, não impõe quase nenhuma restrição – nenhuma regra disciplinadora – à discricionariedade dos juízes para se basearem em suas próprias teorias políticas/morais para resolver os difíceis problemas práticos das relações entre Igreja e

Estado, como a oração nas escolas e as isenções religiosas, que chegam aos tribunais. Todo juiz é capaz de explanar a lei a fim de adequá-la a seu próprio propósito. Essa característica profundamente antidemocrática da abordagem interpretativa, ao lado de sua incapacidade de proteger a liberdade religiosa de maneira significativa, transforma-a num método de controle judicial de constitucionalidade completamente insatisfatório. Comparada ao raciocínio pragmático, tanto no que se refere a respeitar a soberania do povo quanto a proteger os direitos humanos fundamentais, é sem dúvida a segunda opção.

O fato de a abordagem norte-americana de controle judicial de constitucionalidade ficar em desvantagem quando comparada aos métodos alternativos é uma surpresa para muitos. Nos círculos jurídicos, assim como no mundo dos espetáculos, "*Made in America*" e "*Born in USA*" ainda têm um glamour todo especial. Por maiores que sejam suas falhas, as decisões da Suprema Corte dos Estados Unidos são sempre mencionadas por juízes de outros países como uma maneira de elevar a credibilidade de seus próprios pareceres[50]. Do ponto de vista internacional, seria justo afirmar que os métodos de análise interpretativos são tão conhecidos dos juízes de outras partes do mundo quanto as avaliações pragmáticas dos alemães, voltadas para a especificidade dos fatos.

Na verdade, a jurisprudência sobre a questão da liberdade religiosa registrada em outras partes do mundo é em grande medida a imagem espelhada tanto da jurisprudência alemã quanto da norte-americana. Quando olhamos para além das decisões de

---

[50] Ver, por exemplo, Aharon Barak, "A Judge on Judging: The Role of a Supreme Court in a Democracy" (2002) 116 Harv. L Rev. 19 ("As decisões da Suprema Corte dos Estados Unidos [...] sempre foram, para mim e para outros juízes das democracias modernas, exemplos brilhantes de pensamento e ação constitucionais").

Washington e de Karlsruhe, encontramos juízes pensando de acordo com uma dessas linhas ou ambas, não importa onde estejam. O interpretacionismo e o pragmatismo dominam a análise dos direitos religiosos onde quer que eles surjam. Às vezes, os juízes discutem abertamente os pontos fortes e os pontos fracos de cada um[51]. Em alguns casos, a resposta é nítida e não importa o método utilizado. Por exemplo, independentemente da estratégia empregada, interpretacionista ou pragmática, é unânime entre os juízes que o Estado pode obrigar crianças a se submeter a transfusão de sangue contra a sua vontade e o desejo dos pais, mesmo quando isso é profundamente ofensivo a sua crença religiosa[52]. Na maioria dos casos, entretanto, a abordagem a ser seguida é de crucial importância. Inúmeras vezes, quando os juízes divergem sobre que análise é melhor, a semântica ou a pragmática, para resolver uma questão de liberdade religiosa, os casos demonstram que os interesses de todos são mais bem atendidos quando os tribunais fundamentam as decisões numa análise atenta e cuidadosa dos fatos, do que quando despendem a maior parte de sua energia procurando adivinhar respostas a partir das palavras do texto. Verifica-se que não há como esquivar-se da dura realidade, evidenciada pela jurisprudência, de que os interpretacionistas jamais conseguiram se equiparar aos resultados que os pragmáticos foram capazes de alcançar em todas as partes do mundo. A familiaridade com a jurisprudência comparativa dissipa qualquer dúvida sobre isso.

---

[51] Ver, por exemplo, B. (R.) vs. *Children's Aid Society of Metropolitan Toronto* (1995) 122 DLR (4º) 1; *Re J. (uma criança): B e B* vs. *Diretor de Bem-Estar Social* (1996) 2 NZLR 134.

[52] *B. (R.) vs. Children's Aid Society*; *Re J. (uma criança)*; *Testemunhas de Jeová vs. King County Hospital* (1967) 390 US 598.

4. Liberdade religiosa e descanso religioso semanal

Um conjunto ilustrativo de casos que destacam as vantagens comparativas da abordagem pragmática envolve a impugnação das leis de descanso religioso semanal que restringem as atividades cotidianas comuns – como comprar ou dirigir – em dias que para alguns são reservados à reflexão e à oração. Os casos referentes ao descanso religioso semanal constituem uma jurisprudência particularmente interessante de estudar porque suscitam as mesmas duas questões que estavam no cerne das decisões norte-americana e alemã que acabamos de analisar. Por um lado, as iniciativas legislativas (como aquelas que permitem orações nas escolas estaduais) que visam proteger o sabá e outros dias de descanso religioso obrigam os tribunais a examinar até que ponto o Estado pode usar seus poderes para facilitar a expressão de crenças religiosas em suas comunidades. Por outro, ao mesmo tempo, também criam o problema de conceder isenções a leis de aplicação geral, nesse caso, a integrantes de crenças religiosas minoritárias cujos tempos mais importantes de oração e reflexão caem em dias diferentes da semana.

O estudo dos casos que avaliam a legitimidade das leis relativas ao descanso religioso semanal também permite conhecer um grupo de juristas muito diverso e muito interessante. Leis desse tipo foram postas à prova em todo o mundo, no Canadá, na Irlanda, em Israel, na Hungria e na África do Sul, bem como nos Estados Unidos. Em graus variados, as supremas cortes dos três primeiros países empregaram uma abordagem pragmática para verificar a legitimidade dessas leis e, em consequência, conseguiram dar maior proteção à liberdade religiosa em seus países do que as cortes dos Estados Unidos e da África do Sul, em que os métodos interpretativos foram predominantes. Com efeito, ao empregar critérios como o princípio alemão de concordância prática, que procura maximizar todos os interesses em jogo no caso, os juristas canadenses, irlandeses e israelenses puderam ir em defesa das minorias religiosas de suas comunidades sem restringir em nenhum grau significativo a soberania do povo para expressar sua identidade coletiva nas leis que promulgam.

O julgamento de Aharon Barak, presidente da Suprema Corte de Israel, em *Lior Horev* vs. *Ministério das Comunicações/Transportes*[53], nos fornece a imagem poderosa de um grande jurista que, à semelhança de Salomão, raciocina de forma pragmática para resolver uma questão altamente carregada e politicamente instável, das relações Igreja/Estado, de modo igualmente sensível a ambos. Estava em jogo um regulamento do governo que pretendia fechar uma grande artéria que passa pelo centro de Jerusalém – a rua Bar Ilan – durante as horas de oração do sabá judaico. A rua atravessa vários bairros ortodoxos, e a esperança do governo era que se aceitasse um fechamento parcial à guisa de meio-termo entre a vontade da comunidade ortodoxa, que argumentava em favor da completa proibição do tráfego durante o sabá, e a dos israelenses seculares, que insistiam que seu direito de ir e vir lhes garantia acesso irrestrito à rua nos sete dias da semana, 24 horas por dia. Foi uma disputa "profunda e amarga", que dividiu o país e extrapolou em atos de violência na rua. Nenhum dos lados ficou satisfeito com a solução do governo e o caso foi encaminhado aos sete juízes da Suprema Corte de Israel.

Barak tinha consciência precisa da dimensão política da disputa, mas insistiu que a Corte não podia se preocupar com a situação geral das relações entre as comunidades ortodoxa e secular. Do ponto de vista jurídico, a questão dizia respeito à auto-

---

[53] Suprema Corte de Israel, abril de 1997, parcialmente traduzido e reproduzido em P. Gewirtz (org.), *Global Constitutionalism: Religion* (New Haven: Yale Law School, 1997).

ridade do funcionário público pertinente para usar a força pública do Estado israelense a fim de garantir o fechamento parcial da rua Bar Ilan. Para Barak, o caso se resumia a "pura e simplesmente" conciliar os direitos de ir e vir dos israelenses seculares com o modo de vida religioso dos judeus ortodoxos da rua Bar Ilan. Ao contrário dos norte-americanos, Barak recusou-se a ser engolfado por uma discussão hipotética sobre o modo pelo qual a sentença da Corte nesse caso poderia afetar futuras decisões do governo quanto ao fechamento de outras ruas. Ele discordou de três de seus colegas, que votaram pela anulação do regulamento porque achavam que ele funcionaria como precedente para outros fechamentos. Barak achou que esses argumentos da "reação em cadeia" eram "perigosos" porque se baseavam em temores e especulações sem fundamento nos fatos[54]. Como pragmático, adotou a ideia de que cada fechamento de rua tinha de ser julgado com base em seu próprio conjunto de fatos. De acordo com o seu entendimento do direito constitucional, a legalidade de um fechamento de rua não acarreta logicamente o fechamento de outras e, por uma exígua maioria de quatro a três, suas ideias triunfaram.

Barak iniciou seu voto examinando a Lei Fundamental israelense sobre a dignidade e a liberdade humana para identificar os princípios e um modelo de análise que lhe permitisse avaliar de modo justo e imparcial as reivindicações conflitantes das duas comunidades quanto ao uso da rua Bar Ilan. Segundo sua leitura, a declaração de que Israel é um "Estado democrático" significa que o governo pode aprovar leis com o propósito de proteger os sentimentos religiosos de seu povo desde que tais leis não acarretem nenhuma coerção religiosa e respeitem um princípio básico

---

[54] Sobre os fundamentos empíricos instáveis dos argumentos da reação em cadeia em geral, ver F. Schauer, "Slippery Slopes" (1985) Harv. L Rev. 361.

de proporcionalidade ou "tolerância". "Tolerância", escreveu, "é um valor essencial em todo pensamento democrático [...] É crucial para uma democracia baseada no pluralismo". Foi esse princípio, e não qualquer outra coisa escrita na Lei Fundamental, que Barak empregou para avaliar o fechamento da rua Bar Ilan. Primeiro, apoiou a ideia do fechamento parcial. Parar o tráfego nas horas de oração condizia muito mais com o princípio da tolerância do que a postura do "tudo ou nada" (manter a rua aberta ou fechada durante o dia inteiro) defendida pelas partes. Barak aceitou a tese da comunidade ortodoxa de que o prejuízo que ela sofreria em virtude do fluxo irrestrito do tráfego nos períodos do dia em que se faziam as orações seria "duro e amargo". Permitir que carros e outros veículos passem por seus locais de culto enquanto estivessem realizando suas cerimônias religiosas constituiria, afirmou Barak, "uma forte contradição à paz e à serenidade" que as comunidades ortodoxas buscam para seus bairros. Em comparação, a inconveniência que a maioria dos israelenses sofreria pela privação do acesso à rua durante esses momentos seria insignificante. As pessoas que utilizam a rua como via de acesso em seu trajeto diário seriam obrigadas a tomar um caminho alternativo que, segundo os cálculos de Barak, acrescentaria dois minutos ao percurso. Pelo menos nos períodos em que se realizam as orações, as proporções – do grau de importância do fechamento para as duas comunidades – eram evidentes.

A decisão de Barak, de que o fechamento parcial da rua era compatível com a Lei Fundamental sobre a dignidade e liberdade humana, atua evidentemente em favor da liberdade religiosa. Reconhece o direito do Estado de aprovar leis que protegem e apoiam as comunidades religiosas e seu modo de vida a ponto de sobrepujar até outros direitos fundamentais que a Corte considerava importantes. A decisão não ignora, entretanto, os interesses dos israelenses seculares. A tolerância exigia que os judeus ortodoxos demonstrassem a mesma medida de respeito pelas escolhas de vida de seus compatriotas seculares que o fechamento parcial lhes garantia. Assim, de acordo com Barak, não apenas os motoristas tinham o direito de usar a rua quando não se faziam orações, mas também os que vivem nas comunidades ortodoxas tinham o direito de ir de carro para casa a qualquer hora do dia. Uma vez que o fechamento parcial da rua constituiria interferência mais significativa na vida dos residentes seculares (principalmente na dos portadores de alguma deficiência) do que na daqueles para quem a rua era simplesmente uma via de acesso preferida, Barak instruiu o governo a estudar meios que os isentassem da interdição – passes especiais, por exemplo.

O julgamento de Barak é um exemplo muito claro de que um princípio de proporcionalidade ("tolerância") é capaz de aquilatar as finalidades e os objetivos que os governos buscam quando aprovam suas leis – como, por exemplo, o regulamento de trânsito em Jerusalém – para que se permita que a liberdade religiosa e a soberania popular se desenvolvam simultaneamente. O Estado israelense pode aprovar leis com a finalidade de proteger a liberdade espiritual das pessoas comprometidas com a prática de sua religião, contanto que demonstre o mesmo respeito por aqueles cuja vida será mais dificultada por essas leis. Com exceção da proibição de leis deliberadamente feitas para restringir a liberdade das pessoas de viverem a vida de acordo com suas convicções religiosas, a proporcionalidade deixa na mão dos políticos e dos poderes eleitos do governo a decisão sobre os valores e objetivos que suas comunidades adotarão coletivamente.

A decisão de Barak demonstra, num caso concreto, o que o princípio da proporcionalidade exige das leis de descanso religioso semanal tanto no que se refere aos objetivos buscados quanto aos métodos empregados para realizar suas pretensões. Duas outras decisões, uma da Suprema Corte da Irlanda, no caso *Quinn's Supermarket*[55], outra da Suprema Corte do Canadá, em *Edwards Books*[56], constituem outros exemplos de como esse princípio limita as escolhas políticas que os governos podem fazer quando elaboram projetos de descanso religioso semanal e os transformam em leis. Em ambos os casos, a questão essencial era saber se as leis que restringem o comércio em determinadas horas ou determinados dias da semana têm de abrir exceção para pessoas cuja religião exige que fechem a loja em outras horas ou dias, quando todos os demais estão com as portas abertas. Os dois tribunais disseram que as leis tinham de abrir exceção, mas os canadenses ficaram completamente divididos quanto ao problema, e quase a metade dos juízes teria apoiado a lei quer ela previsse a isenção, quer não.

Na Irlanda, não havia dúvida de que era necessário fazer algum ajuste para os varejistas de carne *kosher*, que permaneciam com os estabelecimentos fechados durante o horário normal de comércio aos sábados. Todos concordaram que era absolutamente necessária alguma isenção que lhes permitisse permanecer de portas abertas após o expediente normal, uma vez que os preceitos alimentares deles ainda eram "um mandamento estrito da lei judaica". Se não houvesse certa imunidade, essa lei interferiria na liberdade da comunidade judaica de praticar sua religião, visto que seria impossível comprar carne *kosher* a qualquer hora dos sábados e domingos sem violar ou as leis da religião ou as leis do país. Nenhum dos juízes considerou sustentável a queixa dos açougueiros não judeus contra a permissão de funcionamento dos

---

[55] *Quinn's Supermarket* vs. *Procurador-Geral* (1972) IR 1.
[56] *Edward Brooks & Art* vs. *A Coroa* (1986) 35 DLR (4º) 1.

açougues *kosher* nas noites de sábado depois do horário normal. Ao contrário, afirmaram que essa isenção promoveria a igualdade entre os dois grupos, aliviando os comerciantes judeus do ônus suplementar que as restrições da lei sobre o horário de comércio lhes impunha.

A única divergência entre os juízes era quanto à amplitude que as isenções deveriam ter. Quatro dos cinco juízes que decidiram o caso consideraram que a isenção prevista na lei – permissão para os açougues dos judeus ficarem abertos durante mais horas todos os dias da semana – era mais ampla do que o necessário. Alegaram que se o propósito da lei era abrandar o ônus que ela impunha (indiretamente) à liberdade religiosa da comunidade judaica, a imunidade limitada às noites de sábado resolveria o problema. No entendimento que tiveram dos fatos, não havia prova de que "a livre prática da religião judaica" seria de alguma forma impedida pela exigência de que os açougues *kosher* mantivessem o mesmo horário comercial dos demais nos outros dias da semana.

A decisão da Suprema Corte da Irlanda de que as leis de descanso religioso semanal devem prever isenções adequadas para aqueles sobre quem seu impacto é particularmente grave é mais um exemplo de que os juízes que raciocinam pragmaticamente aquilatam tanto os meios quanto os fins das leis submetidas a seu controle de constitucionalidade. Do mesmo modo que seus colegas da Alemanha e de Israel, os juízes irlandeses apenas exigiram que seu governo garantisse que o interesse de todos fosse atendido da melhor maneira possível. Para eles, foi fácil conceder às minorias religiosas isenções muito bem elaboradas de leis que restringem suas atividades em dias sem importância religiosa para elas. Entretanto, outros tribunais, entre eles a Suprema Corte dos Estados Unidos e a do Canadá, não acharam isso tão simples.

Os norte-americanos, na verdade, assumiram a posição de que as leis de descanso religioso semanal nos Estados Unidos não devem prever isenção alguma para as pessoas cuja religião exige que observem o descanso em qualquer outro dia da semana[57]. Em *Edwards Books*, os canadenses discutiram abertamente a posição dos norte-americanos e por fim a rejeitaram, mas a Corte ficou profundamente dividida, e quase a metade dos juízes que decidiram o caso teria apoiado a Lei dos Feriados para o Comércio Varejista [Retail Business Holidays Act] do estado de Ontário quer ela contemplasse a isenção, quer não.

Na verdade, os juízes da mais alta Corte do Canadá se mostraram bastante ambivalentes quanto ao emprego do princípio da proporcionalidade para verificar a constitucionalidade das leis do país sobre o comércio aos domingos; e, mesmo admitindo o emprego desse princípio, não souberam dizer com que rigor ele deveria ser aplicado. No caso *R. vs. Big M. Drug Mart Ltd.*[58], em que os juízes canadenses decidiram sobre a constitucionalidade da lei federal sobre o domingo [Lord's Day Act], a Corte demonstrou forte preferência pela abordagem norte-americana, baseada em definições e interpretações, e pela adoção de um preceito categórico contra a manifestação de qualquer incentivo ou apoio à religião por parte do Estado. Ao declarar a nulidade da lei pelo fato de seus objetivos serem abertamente religiosos, a Corte nem sequer cogitou a ideia de que as leis aprovadas por propósitos religiosos podem ser constitucionais se satisfizerem o critério de proporcionalidade. Ademais, no julgamento seguinte, da Lei dos Feriados para o Comércio Varejista, aprovada com o objetivo de dar aos comerciários um dia comum de descanso e recreação

---

[57] *Braunfeld* vs. *Brown* (1961) 366 US 599; *McGowan* vs. *Maryland* (1961) 366 US 420.

[58] *R.* vs. *Big M. Drug Mart* (1985) 18 DLR (4º) 321.

com suas famílias, quase nenhum juiz da Corte se propôs a seguir o exemplo dos irlandeses e a submeter a única isenção prevista pelo governo a um controle rigoroso e investigativo. À exceção de um – a juíza Bertha Wilson –, todos os membros da Corte consideraram que os juízes não devem substituir o parecer dos legisladores pelos seus próprios no que se refere à imposição de limites. Segundo os integrantes da Corte, insistir que as leis sobre o comércio aos domingos sejam elaboradas de forma que se se minimize o ônus que elas impõem sobre as pessoas que comemoram seu descanso religioso em algum outro dia da semana seria uma "exigência excessivamente elevada" para os governos atenderem.

No fim, todavia, por uma exígua maioria de quatro a três, a Corte decidiu não seguir os norte-americanos inteiramente e considerou que, embora os juízes devam em geral anuir às escolhas políticas do Legislativo na elaboração de leis como essa, é necessário um mínimo de isenção para as minorias religiosas particularmente prejudicadas pelas restrições impostas ao comércio nos domingos. Os juízes assinalaram que se o propósito da lei era garantir que os trabalhadores do varejo tivessem tempo para ficar com a família, seria gravoso, senão perverso, obrigar os estabelecimentos familiares, que funcionam sem ajuda externa e não abrem as portas em outro dia da semana, a fechar também aos domingos. Uma abordagem tão insensível e autoritária não atenderia a nenhuma finalidade da lei. A ausência de isenção para essas empresas familiares interferiria em sua liberdade religiosa de maneira gratuita e desnecessária. O único meio de os varejistas que fechassem as portas em algum outro dia da semana usufruírem as mesmas condições de competição com seus concorrentes seria desobedecendo às leis de sua fé religiosa e abrindo o estabelecimento no dia que deveria ser destinado à reflexão e ao culto.

A diferença entre a Suprema Corte canadense e a norte-americana quanto ao problema das isenções religiosas às leis de descanso religioso semanal não é tão grande. Há mais aspectos comuns no tratamento que as duas dão aos problemas das relações Igreja/Estado do que valores e ideias que as distingam. Ainda assim, ao insistir na necessidade de alguma isenção nas leis de descanso religioso semanal, os canadenses foram capazes de garantir alguma proteção à liberdade religiosa, a qual nos Estados Unidos ainda é vulnerável aos caprichos e vicissitudes da política. A comparação entre os dois tribunais mostra que o pragmatismo, mesmo quando adotado de forma experimental e com precaução, é capaz de remediar as formas mais ostensivas de tratamento arbitrário por parte do Estado, ao contrário de uma análise semântica e condescendente.

Os juízes canadenses não são os únicos a sofrer a influência dos norte-americanos quando se trata de decidir a constitucionalidade de alguma lei sobre o descanso religioso semanal. Os sul-africanos também se basearam em grande medida na jurisprudência da Suprema Corte dos Estados Unidos no caso *Lawrence, Negal e Solberg* vs. *O Estado*[59], quando tiveram de decidir sobre a validade de uma lei que restringia a venda no varejo de cerveja e vinho aos domingos, na Sexta-feira Santa e no Natal. Na verdade, o método interpretativo dos norte-americanos acabou sendo decisivo na decisão do caso pelo Tribunal Constitucional da África do Sul. Os nove juízes que decidiram a causa reconheceram que, ao limitar-se a venda de cerveja e vinho em dias que só tinham significado religioso para os cristãos, os seguidores de outras religiões teriam razão em achar que o Estado estava tratando suas convicções religiosas como se fossem de segunda classe. No en-

---

[59] *Lawrence, Negal e Solberg* vs. *O Estado* (1997) 4 SALR 1176.

tanto, quatro dos nove julgadores afirmaram que não havia nada que pudessem fazer. Liderados por Arthur Chaskalson, presidente do Tribunal, esses quatro adotaram uma abordagem declaradamente interpretativa. Interpretaram o artigo 14 da Constituição sul-africana da mesma maneira que Anthony Kennedy interpretou a cláusula da instituição em *Lee* vs. *Weisman*, ou seja, como um artigo que protege as crenças religiosas apenas contra atos intencionalmente coercitivos do Estado. Assim, conquanto tenham reconhecido a discriminação simbólica, uma vez que a lei não obriga ninguém a abraçar nem a renunciar nenhuma fé religiosa, esses juízes se recusaram a intervir.

A definição de Chaskalson do artigo 14 foi por fim rejeitada pela maioria de seus colegas, mas suas opiniões ainda assim triunfaram, porque dois outros juízes (Albie Sachs e Yvonne Mokgoro), que consideravam que a Constituição protege as pessoas não só contra leis abertamente coercitivas como também contra leis discriminatórias, compartilhavam, não obstante, da opinião de que os objetivos do Estado ao reduzir as oportunidades de abuso de álcool são tão importantes para o bem-estar do país que qualquer mensagem discriminatória latente na lei deveria ser tolerada. Achavam que o caso se resumia a ponderar o "efeito simbólico do favoritismo religioso [...] contra as consequências bem tangíveis e terríveis do abuso de álcool". Adotando a perspectiva do "sul-africano razoável, [...] que não é hipersensível nem excessivamente insensível" às crenças dos não cristãos, Sachs e Mokgoro não tiveram dúvidas de que, numa disputa desse tipo, "o interesse do Estado de incentivar a abstinência de álcool nesses dias particulares [era] poderoso e legítimo" e devia prevalecer.

Kate O'Reagan discordou tanto de Chaskalson como de Sachs e redigiu um voto divergente em seu nome e no de dois colegas. O'Reagan examinou os fatos de maneira bastante minuciosa e chegou à conclusão de que o tratamento especial concedido aos feriados cristãos era parcial e injusto. Para O'Reagan, o fato decisivo foi a flagrante incoerência no modo que o governo buscava seus objetivos. Apesar de reconhecer que o propósito da lei – a regulamentação do consumo de álcool – era válido, ela não lhe deu "muito peso no cálculo de proporcionalidade" porque o governo não se empenhou em estender a lei aos sábados ou a outros feriados seculares, em que os riscos de abuso de álcool são igualmente elevados. Não obstante reconhecesse que a infração à liberdade religiosa cometida pela lei não era "grave nem escandalosa", o comportamento do governo fora, contudo, arbitrário e discriminatório.

O fato de não estar em jogo nenhum problema grave de liberdade religiosa no caso de *Lawrence, Negal e Solberg* vs. *O Estado* não afeta sua importância para a jurisprudência. A divergência de pareceres no Tribunal Constitucional da África do Sul é, na verdade, uma repetição de tudo o que vimos até agora. O contraste entre as teses de O'Reagan e Chaskalson prova, mais uma vez, que os juízes podem garantir uma dose maior de neutralidade nas relações entre Igreja e Estado quando organizam sua análise em torno do princípio de proporcionalidade e ficam bem atentos aos fatos envolvidos no caso do que quando procuram resolver essas questões com soluções semânticas, imposições categóricas e preceitos absolutos e intangíveis. Mesmo que o caráter discriminatório da lei de bebidas alcoólicas fosse puramente simbólico, O'Reagan foi capaz de dispensar-lhe um tratamento que Chaskalson, com base em seu entendimento interpretativo do controle judicial de constitucionalidade, não conseguiu refutar.

Quando se compara o voto de O'Reagan com o voto concorrente de Albie Sachs, fica claro que as análises centradas nos fatos têm uma integridade empírica que falta aos votos dos juízes que se baseiam em sua própria ponderação de prioridades. A diferença entre o julgamento de uns e de outros está na avaliação que fazem do interesse do governo em reduzir as ocasiões propícias ao consumo excessivo de álcool. Enquanto Sachs considerou que as consequências do abuso de álcool são "graves" e podem significar "séria ameaça", O'Reagan argumentou que a própria ação do governo de não restringir as vendas de bebidas alcoólicas aos sábados e outros feriados seculares demonstrava que o Estado não dava tanta importância ao interesse público. Pode-se dizer que o julgamento de O'Reagan fundamenta-se numa apreciação objetiva dos fatos, coisa que não se pode afirmar do julgamento de Sachs. Enquanto ela insistiu que o Estado deveria ser julgado segundo a avaliação que ele mesmo fazia de seus interesses, Sachs colocou suas preocupações pessoais relativas ao consumo de álcool em feriados e fins de semana no lugar da postura tolerante e quase cavalheiresca do governo em relação às pessoas que bebem demais.

O debate entre Chaskalson, O'Reagan e Sachs demonstra que os juízes da África do Sul estão tão divididos no que diz respeito à análise das relações Igreja/Estado quanto seus colegas do Canadá e dos Estados Unidos[60]. Na verdade, podem-se encontrar divergências semelhantes de pareceres em quase todos os tribunais que já foram chamados a proteger a liberdade religiosa contra um suposto tratamento arbitrário e discriminatório por parte do Estado. Quando se vai além dos casos que lidam com leis que limitam as atividades no dia do descanso religioso semanal, é comum encontrarem-se juízes do mesmo tribunal que traçam a linha di-

---

[60] Em outras questões, inclusive o direito de as minorias religiosas serem isentas de obedecer às leis que criminalizam aspectos importantes de sua fé religiosa – como o uso de maconha ou as punições corporais –, os juízes da África do Sul se mostraram muito mais favoráveis à abordagem pragmática. Ver *Prince* vs. *Presidente da Cape Law Society* [2002] 2 SA 794; *Christian Educational South Africa* vs. *Ministro da Educação* [2000] 4 AS 757; (2000) BHRC 53.

visória entre Igreja e Estado em lugares diferentes, diferença essa que depende essencialmente das metodologias e dos processos de raciocínio opostos que empregam. Algumas cortes manifestam a tendência de favorecer uma abordagem, outras cortes, a outra; mas, em quase todos os casos, há uma sonora minoria que expressa sua discordância. Na verdade, é excepcional encontrar decisões como as do Tribunal Constitucional da Alemanha, em que um único voto recebe o apoio irrestrito de todo o plenário.

5. Liberdade religiosa e moralidade do Estado

Os pareceres conflitantes existentes dentro dos tribunais e entre eles quanto ao melhor método de resolver as questões de liberdade religiosa abrangem uma ampla gama de problemas e fornecem mais dados concretos que podem nos ajudar a fazer uma análise comparativa. O direito de pregar a própria fé, por exemplo[61], ou o direito de recusar tratamento médico para si e para a família[62], ou de exigir apoio público para escolas religiosas reconhecidas pelo Estado[63], foi submetido à apreciação de uma

---

[61] *Cantwell* vs. *Connecticut* (1940) 310 US 296; *Murdock* vs. *Pensilvânia* (1943) 319 US 105; *Prince* vs. *Massachusetts* (1943) 321 US 158, *Heffron* vs. *Iskon* (1981) 452 US 640; *Sociedade Torre de Vigia de Bíblias e Tratados* vs. *Vila de Stratton* (2002) 536 US 150; *Rev. Staninslaus* vs. *Estado* (Madhya Pradesh) AIR (1977) SC 908; *Chan Hiang Leng Colin et al.* vs. *Ministro da Informação* (1997) 2 BHRC 129; *Kokkinakis* vs. *Grécia* (1993)17 EHRR 397; *Young* vs. *Young* (1993 108 DLR (4º) 193; *Roy Murphy* vs. *Independent Radio and Television Commission* [1998] 2 ILRM 360 (Irlanda). Para uma abordagem esclarecedora da questão na Rússia pós-comunista, ver Harold J. Berman, "Freedom of Religion in Russia" (1998) 12 Emory Int. Ver. 313.

[62] *B. (R.)* vs. *Children's Aid Society*; *Re J.* (uma criança); *Testemunhas de Jeová* vs. *King County Hospital*; *Hoffman* vs. *Áustria* (1993) 17 EHRR 292; *Nishida* vs. *Japão* (1963) 17 Keisha 4 p. 303, parcialmente traduzido e reproduzido em L. Beer e H. Itoh, *The Constitutional Caselaw of Japan* 1961-70 (Seattle: University of Washington Press, 1978).

[63] *Agostini* vs. *Felton* (1997) 521 US 203; *A.G. (Victoria), Ex rel Black* vs. *CTH* (1981) 55 ALJR 154; *Em Re Gauteng School Education Bill* (1996) 3 SA 165; *Campanha pela separação de Igreja e Estado* vs. *Ministro da Educação* [1998] 3 IR 321; (1998) 2 ILRM 81; *Restituição da propriedade da Igreja* (Hungria) [1994] 1 EERR 57;

série de tribunais, e nesses quesitos os pareceres dos juízes foram tão diversos quanto em relação às leis que restringem a liberdade dos indivíduos no dia de descanso religioso. Em cada uma dessas questões, os juízes iniciaram uma discussão global com os colegas de seus tribunais e de outros sobre o alcance e os limites da liberdade religiosa. Dentro desse corpo jurisprudencial cada vez mais amplo, o Tribunal Europeu de Direitos Humanos e a Suprema Corte do Japão tomaram decisões particularmente reveladoras sobre as situações e ocasiões em que o povo pode legitimamente reclamar dos governos que apoiam ou promovem determinados pontos de vista morais ou religiosos.

Tanto o Tribunal Europeu de Direitos Humanos quanto a Suprema Corte do Japão são tribunais maduros e consolidados. Ambos exercem os poderes de controle judicial de constitucionalidade há quase meio século. Entretanto, mesmo tendo redigido várias decisões que tratam dessa questão, nenhum dos dois conseguiu unanimidade quanto à resposta correta, nem tampouco quanto à melhor maneira de proceder. Conquanto os juízes do Tribunal Europeu de Direitos Humanos tenham demonstrado preferência pela abordagem interpretativa e pelas soluções ao estilo norte-americano, baseadas em definições e interpretações, em todos os casos há pelo menos um juiz divergente[64]. No Japão,

---

Escola interdenominacional (1975) 41 BverfGE 29, parcialmente traduzido e reproduzido em Kommers, *Constitutional Jurisprudence of Germany*; *Adler* vs. *Ontário* (1996) 140 DLR (4º) 385; *St. Stephen's College* vs. *Universidade de Nova Déli* AIR 1992 SC 1630; (1991) Suplem. 3 SCR 121.

[64] Da mesma forma, em outras questões, inclusive no que se refere à obrigação do Estado de levar em conta as práticas e crenças religiosas das pessoas, o Tribunal foi mais favorável à abordagem pragmática e o princípio da proporcionalidade desempenhou papel mais proeminente em sua análise. Em *Thlimmenos* vs. *Grécia* [2000] 31 EHHR 411, por exemplo, a Grande Câmara do tribunal, composta por dezessete juízes, concluiu por unanimidade, assim como o Tribunal Constitucional da Alemanha, que o Estado não pode tratar como réu comum alguém que comete um crime em virtude de profunda convicção religiosa. Ver também *Associação Litúrgica Judaica* vs. *França* [2000] 9 BHRC 27; *Kokkinakis* vs. *Grécia*.

tanto o raciocínio semântico como o pragmático encontram defensores entre os juízes, e ambos desempenham papel importante na reflexão da Corte acerca da medida em que o Estado pode apoiar atividades como, por exemplo, uma cerimônia xintoísta de lançamento de pedra fundamental ou a entronização da alma de um soldado, que para eles têm um evidente aspecto religioso.

Mais uma vez, as tendências opostas dentro desses dois tribunais confirmam que as pessoas ficam mais bem protegidas do conformismo e da ortodoxia quando os juízes empregam o raciocínio pragmático e voltam a atenção para os fatos do que quando se concentram nas palavras do texto e impõem as soluções sugeridas por simples definições. Essas divergências demonstram que os juízes que raciocinam pragmaticamente vencem o debate, mesmo quando o voto deles não prevalece. Na verdade, até quando as duas abordagens chegam à mesma conclusão, os juízes pragmáticos conseguem dar uma explicação que demonstra mais respeito pelas pessoas comprometidas com o exercício de sua religião do que as razões apresentadas por seus colegas que preferem justificativas interpretativas para suas decisões.

A arbitrariedade e a injustiça da abordagem interpretativa ficaram particularmente claras na maneira com que o Tribunal Europeu de Direitos Humanos se dirigiu aos pais dinamarqueses e gregos que se opuseram ao fato de seus filhos terem de tomar parte de certas atividades e ser expostos a ideias contrárias a suas convicções religiosas. No primeiro caso, *Kjeldsen, Busk e Madsen* vs. *Dinamarca*[65], a objeção se dirigia a um curso obrigatório de

---

[65] *Kjeldsen, Busk e Madsen* vs. *Dinamarca* (1976) 1 EHRR 711. Ver também a decisão do Tribunal Constitucional da Alemanha no *Caso da educação sexual* (1977), parcialmente traduzido e reproduzido em Kommers, *Constitutional Jurisprudence of Germany*, 500.

educação sexual e, no segundo, *Valsamis* vs. *Grécia*[66], a um regulamento que exigia que todos os alunos participassem de um desfile nacional em honra ao passado do país, inclusive a seu aspecto militar. Em ambos os casos, a resposta do Tribunal fundamentou-se inteiramente em sua interpretação dos artigos e protocolos da Convenção Europeia de Direitos Humanos que diziam respeito ao assunto. Em *Kjeldsen*, e novamente em *Valsamis*, o Tribunal entendeu que a exigência do Artigo 2.0 do Protocolo 1.0 – de que os Estados devem respeitar o direito dos pais de garantir que a educação de seus filhos seja consoante com suas próprias "convicções religiosas e filosóficas" – dizia apenas que os governos eram proibidos de tentar "doutrinar" as pessoas. "Esse é o limite", afirmou o Tribunal, "que não pode ser ultrapassado". Conforme esse entendimento da Convenção, uma vez que um Estado-membro seja capaz de demonstrar que a lei não serve a uma finalidade doutrinadora, o caso está encerrado. Já que não havia provas de que o objetivo do governo dinamarquês ou do governo grego era doutrinar os alunos em práticas sexuais ou no fervor patriótico, ambos os governos obtiveram ganho de causa no Tribunal. Assim como a da ala conservadora da Suprema Corte dos Estados Unidos, a concepção de neutralidade do Tribunal Europeu de Direitos Humanos foi extremamente condescendente e parcial para com o Estado.

Entretanto, nem todos os juízes que decidiram esses casos eram avessos a que o governo estivesse sujeito a um padrão mais exigente. Assim como seus colegas de Karlsruhe, Dublin e Jerusalém, esses juízes interessavam-se não apenas pelas finalidades das leis que lhes eram apresentadas para controle de constitucionalidade, mas também por seus métodos e efeitos. Em *Kjeldsen*, o

---

[66] *Valsamis* vs. *Grécia* (1996) 24 EHRR 294.

juiz Verdross contestou a interpretação estreita que a maioria dava à Convenção. Afirmou que o regulamento de fato violava o direito dos reclamantes à liberdade religiosa porque, diferentemente de seus filhos, os alunos que frequentavam escolas particulares eram obrigados a estudar apenas a biologia do sexo e dispensados de aprender sobre seus aspectos psicológicos e sociológicos. Da mesma maneira que O'Reagan em *Solberg*, Verdross usou os critérios do próprio Estado para julgá-lo e decidiu que se o governo podia conceder isenção aos alunos religiosos de escolas particulares orientados sem comprometer seus objetivos educacionais, não havia por que não demonstrar a mesma medida de respeito pelos estudantes do sistema público.

Em *Valsamis*, dois integrantes do Tribunal, os juízes Vilhjalmsson e Jambrek, discordaram da concepção da maioria de que não havia nada na finalidade nem na organização do desfile que pudesse ofender as convicções pacifistas e as crenças religiosas da família Valsamis. Eles afirmaram que o Tribunal tinha o dever de aceitar o ponto de vista dos Valsamis em relação ao desfile, a menos que se pudesse demonstrar que esse ponto de vista era "infundado e despropositado"[67]. Rejeitaram o argumento de que o Estado podia justificar sua posição com base em sua autoridade para educar seus cidadãos quanto à memória coletiva e às realizações históricas de seu país, porque, segundo eles, as autoridades escolares poderiam ter alcançado esses objetivos no currículo regular e de modo que não ofendesse as crenças religiosas dos Valsamis.

Em ambos os casos, a liberdade religiosa foi sacrificada e a neutralidade do tribunal, comprometida, porque a maior parte dos juízes não prestou atenção aos fatos e, no caso de *Valsamis*,

---

[67] A mesma reclamação destacava um voto divergente assinado por sete dos dezessete juízes que participaram da decisão do Tribunal em *Associação Litúrgica Judaica* vs. *França*.

em verdade até os distorceu. Em *Valsamis*, o Tribunal tomou a inédita medida de não aceitar a base factual da reivindicação de Victoria Valsamis, uma testemunha de Jeová, de que a participação no desfile ofenderia suas crenças pacifistas. Sem sequer insinuar que as crenças de Victoria Valsamis eram "infundadas e despropositadas", a Corte simplesmente substituiu-as por seu próprio ponto de vista acerca da importância do desfile e negou ter autoridade para analisar se as autoridades escolares poderiam ter ensinado tudo o que os alunos precisavam saber sobre o passado do país nos cursos regulares ministrados nas salas de aula[68].

Em *Kjeldsen*, em virtude da interpretação muito restrita que deu ao texto da Convenção, o Tribunal ignorou o fato mais pertinente e, por conseguinte, a liberdade religiosa de um pequeno grupo de fundamentalistas cristãos foi desnecessariamente comprometida. O Tribunal jamais exigiu que o governo dinamarquês explicasse por que todos os estudantes de escolas públicas tinham de receber aulas sobre todos os aspectos da educação sexual quando, ao mesmo tempo, os alunos de escolas particulares praticantes de sua religião eram isentos das partes do currículo que mais os ofendiam. À exceção de Verdross, nenhum dos juízes chamou o governo para explicar em que medida os objetivos pedagógicos seriam prejudicados caso se estendesse aos alunos das escolas públicas a mesma adaptação já admitida para os frequentadores das escolas particulares. Depois de constatarem que não havia nenhuma tentativa de doutrinação, os juízes se consideraram plenamente aptos a validar a flagrante incoerência do tratamento dispensado pelo governo aos dois grupos.

---

[68] A má vontade para aceitar a avaliação pessoal do indivíduo da importância religiosa de um caso é uma característica do Tribunal já observada por outros comentadores. Ver Carolyn Evans, *Freedom of Religion under the European Convention of Human Rights* (Oxford: Oxford University Press, 2001), 120-2.

Ao contrário dos juízes de Estrasburgo, a Suprema Corte do Japão, quando solicitada a traçar os limites do apoio legítimo do Estado a determinados eventos e ideias morais ou religiosos, não demonstrou simpatia tão forte pela abordagem interpretativa. Em sua notável decisão sobre a pertinência de uma pequena contribuição financeira (sessenta dólares) oferecida por um governo municipal para ajudar a custear as despesas de uma cerimônia xintoísta de lançamento da pedra fundamental de um ginásio público, cerimônia essa que continha evidente elemento religioso, a abordagem da Corte foi muito prática e realista[69]. Ainda que o texto do artigo 20 da Constituição seja absoluto, incondicional e exija que o Estado "se abstenha de [...] qualquer [...] atividade religiosa", e ainda que o entendimento histórico exija a mais rigorosa separação entre Igreja e Estado, a grande maioria decidiu que a realidade e o bom-senso argumentavam em favor do contrário. Para esses juízes, era inevitável algum vínculo entre o espiritual e o secular. Do mesmo modo que os colegas irlandeses, a maioria assinalou que seria discriminador e incompatível com a garantia da liberdade religiosa prevista no artigo 20 se o Estado não permitisse atividades religiosas em instituições públicas (como prisões, por exemplo) ou não ajudasse a conservar tesouros artísticos pertencentes a grupos religiosos. No final, a Corte entendeu que a proibição de "qualquer" contato do Estado com a religião referia-se apenas aos vínculos que "excedessem os limites razoáveis".

Ao decidir se o apoio do governo à cerimônia xintoísta de lançamento da pedra fundamental cumpria ou não o princípio constitucional da razoabilidade, a Corte demonstrou a mesma preo-

---

[69] *Kakunaga* vs. *Sekigushi* (*Caso da cerimônia xintoísta de lançamento da pedra fundamental*) (1977) 31 Minshú 4 533, parcialmente traduzido e reproduzido em L. Beer e H. Itoh, *Constitutional Caselaw of Japan 1970-90* (Seattle: University of Washington Press, 1996).

cupação com os fatos e detalhes do evento que o Tribunal alemão mostrou nas suas decisões dos casos *Oração na escola*, *Crucifixo na sala de aula* e *Transfusão de sangue*. A Corte afirmou que as circunstâncias a ser analisadas para chegar a um julgamento objetivo eram "o local do procedimento, a reação dos indivíduos comuns ao procedimento, o propósito do agente ao presidir a cerimônia, a existência e a extensão da importância religiosa e o efeito sobre o indivíduo comum". Nas circunstâncias do caso, a maioria foi da opinião de que embora a cerimônia "sem dúvida tivesse [...] natureza religiosa", não era proibida pela Constituição porque a maior parte das pessoas, inclusive os membros do conselho municipal que votaram a favor do custeio, consideravam-na principalmente um ritual secular dedicado à construção segura do ginásio sem nenhum significado religioso importante.

Alguns dos juízes que decidiram o *Caso da cerimônia xintoísta de lançamento da pedra fundamental* preferiram o preceito mais categórico de separação rigorosa entre Igreja e Estado. Duvidavam que o critério da razoabilidade pudesse ser aplicado com objetividade e neutralidade. Assim como os norte-americanos, esses juízes estavam mais inclinados a interpretar o texto do artigo 20 com o olhar voltado para a história do que interessando-se pelas realidades práticas do caso. Para eles, as consequências desastrosas da elevação do xintoísmo à qualidade de religião oficial do Japão na primeira metade do século passado significavam que não se podia permitir nenhum entrelaçamento, por mais inocente que fosse. Embora reconhecessem que a cerimônia tinha tanto importância secular, até mais, quanto religiosa, julgaram que a única maneira de não entrar no terreno escorregadio que vincula o apoio relativamente inócuo à cerimônia de lançamento da pedra fundamental com a criação de um Estado semirreligioso era traçar uma linha bem nítida na jurisprudência e definir o princípio de neutralidade em termos absolutamente rígidos e categóricos.

O juiz-presidente Fujibayashi emitiu um voto divergente em separado no *Caso da cerimônia xintoísta de lançamento da pedra fundamental,* no qual salientou a sensação de exclusão e isolamento dos não seguidores sempre que o Estado demonstra preferência por determinada religião, por menor ou mais efêmera que seja. Em sua concepção, o fato de os oponentes da cerimônia terem demonstrado "hipersensibilidade" não afetava o resultado. Assim como Anthony Kennedy, julgou que o direito dos não seguidores de serem livres da ansiedade e da tensão impostas pelo Estado era absoluto, soberano e imune a todo e qualquer meio-termo ou restrição.

A decisão categórica de Fujibayashi contra qualquer apoio do Estado a tudo quanto seja religioso carece da imparcialidade e da neutralidade presentes no julgamento da maioria, porque dá tratamento muito seletivo aos fatos. Assim como a análise da Suprema Corte dos Estados Unidos sobre a oração nas escolas, a de Fujibayashi ignorou o interesse de todos os que estavam vinculados ao evento, menos o dos que a ele se opunham. A maioria, por outro lado, levou em conta o interesse de todos os envolvidos, e a liberdade religiosa ganhou um pouco mais de terreno. Em vez de uma decisão que proíba todo apoio do governo à religião, a Corte se mostrou aberta à associação de Igreja e Estado num projeto específico, como o lançamento da pedra fundamental, que atendesse ao interesse de ambos, desde que não afetasse muito profundamente a vida daqueles que se ofendiam com a ligação entre os dois.

Vinte anos depois, quando a Corte teve de julgar a constitucionalidade das contribuições das autoridades municipais para sustentar cerimônias religiosas importantes em dois templos xintoístas nacionais (*Yasukuni* e *Gokoku*), doze dos quinze juízes que decidiram o caso confirmaram o compromisso com a abordagem pragmática demonstrada no *Caso da cerimônia xintoísta de lançamento da pedra fundamental*[70]. Entretanto, com base nos fatos, todos, exceto dois juízes, foram da opinião de que as cerimônias apoiadas no caso dos templos não tinham o mesmo aspecto secular importante que a cerimônia de lançamento da pedra fundamental teve para o japonês comum. Entenderam que o caráter religioso dessas cerimônias era tão marcante que o indivíduo comum consideraria a subvenção delas um ato de apoio oficial e reconhecimento especial por parte do Estado. Uma vez que a municipalidade jamais oferecera contribuições a nenhum outro grupo religioso para apoiar eventos semelhantes, a escolha de cerimônias xintoístas nacionais foi considerada discriminatória e, portanto, incapaz de atender ao critério da razoabilidade estabelecido no *Caso da cerimônia xintoísta de lançamento da pedra fundamental*.

Entre as decisões dos dois casos – o *Caso da cerimônia xintoísta de lançamento da pedra fundamental* e o *Templo Yasukuni* –, a Suprema Corte do Japão teve de responder se o Estado tinha ido longe demais quando as autoridades do Ministério da Defesa auxiliaram uma cerimônia religiosa em que a alma de um soldado morto no cumprimento do dever foi entronizada. Neste caso, a maioria dos juízes preferiu a análise interpretativa para resolver a questão[71]. Esses juízes afirmaram que alguém ter a paz de consciência religiosa perturbada pelas atividades religiosas de outras pessoas não constituía interesse jurídico protegido pela Constitui-

---

[70] *Caso do templo Yasukuni* 156 de 1997, <http/www.courts.go.jp>.

[71] *Japão* vs. *Nakaya* (*Caso da entronização da alma do soldado II*) (1988) 42 Minchú 5 277, parcialmente traduzido e reproduzido em Beer e Itoh, *Constitutional Case-law of Japan*.

ção e, por isso, a viúva do soldado, que por ser cristã se opusera à cerimônia, não tinha motivo para reclamar. Alguns juízes da Corte, entre eles Atsushi Nagashima e Toshio Sakaue, redigiram votos concorrentes. Esses juízes conceberam que a paz de espírito da viúva estava, sim, incluída na garantia constitucional de liberdade religiosa, mas tinha de ser comparada aos desejos do pai e dos irmãos do falecido e avaliada à luz da vontade destes, cujas crenças religiosas os levavam a aprovar a cerimônia. Somente um juiz, Masami Ito, foi da opinião de que o envolvimento do governo na entronização era incorreto e, assim como Fujibayashi no *Caso da cerimônia xintoísta de lançamento da pedra fundamental*, entendeu que o texto da Constituição exigia "separação completa entre a religião e o Estado".

A diversidade de votos entre os juízes que decidiram o *Caso da entronização da alma do soldado* fornece um contraste particularmente notável entre a abordagem semântica e a abordagem pragmática de controle judicial de constitucionalidade. Tanto a maioria quanto o juiz Ito em seu voto divergente fundamentaram a decisão em interpretações muito estreitas e conflitantes do artigo 20 da Constituição japonesa e em avaliações muito parciais e incompletas dos fatos. Assim como o Tribunal Europeu de Direitos Humanos no caso *Valsamis*, a maioria simplesmente ignorou as bases factuais da reivindicação da viúva e afirmou que o público em geral não teria encarado as ações do governo como atos que estimulam ou desestimulam de alguma maneira a liberdade religiosa. O juiz Ito chegou à conclusão exatamente oposta porque não apenas aceitou as declarações da viúva, de que ela se ofendera com o apoio do Estado a uma cerimônia religiosa contrária a suas crenças, como também julgou que o interesse dela era o único pertinente no caso. A verdade é que nenhum desses julgamentos oferece uma resolução satisfatória do problema, pois não levam em conta a visão de *todos* os afetados pela cerimônia. Assim como a divergência de Fujibayashi no *Caso da cerimônia xintoísta de lançamento da pedra fundamental*, a interpretação que o juiz Ito deu à Constituição não tomou em conta a liberdade religiosa do pai e dos irmãos do soldado. No entendimento dele, as escolhas religiosas dessas pessoas não eram merecedoras de respeito e foram simplesmente ignoradas.

A decisão da maioria foi igualmente arbitrária porque se recusou a aceitar as provas indiscutíveis apresentadas pela viúva de que o endosso do Estado à entronização da alma de seu falecido marido era ofensiva a pessoas que, como ela, tinham crenças religiosas diferentes. Mesmo que se pudesse demonstrar que essa decisão foi uma resolução justa do caso, não havia nada no julgamento da maioria que fizesse a viúva pensar que suas convicções religiosas foram levadas a sério pela Corte. Por outro lado, os juízes Nagashima e Sakaue, que chegaram à mesma conclusão da maioria, explicaram à viúva que, muito embora reconhecessem que a sua paz de espírito religiosa era digna de proteção constitucional, a crença do pai e dos irmãos do falecido também tinham de ser consideradas. Em lugar de dizer-lhe que o desconforto e a perturbação de sua paz de espírito não eram suficientemente importantes para ser protegidos pela Constituição, afirmaram que ela deveria reconhecer que a crença religiosa de seu sogro e seus cunhados tinham direito ao mesmo grau de respeito que ela exigia para si.

O *Caso da entronização da alma do soldado* evidencia que, ainda quando as abordagens interpretativa e pragmática das relações entre Igreja e Estado conduzem ao mesmo resultado, os juízes que se atêm aos fatos são capazes de demonstrar mais respeito pela liberdade religiosa dos que buscam a proteção deles do que seus colegas que procuram extrair respostas diretamente das palavras do texto⁷². O caso representa mais um exemplo veemente da superioridade da abordagem pragmática. Evidencia a mesma conclusão que se depreende de todos os casos considerados até aqui, e poderíamos acrescentar outros à lista. Em questões como, por exemplo, o direito das pessoas que têm uma convicção religiosa de procurar converter outros à sua fé[73], ou de recusar tratamento médico para si e para a família[74], ou de exigir apoio público para a educação não religiosa que oferecem em suas escolas[75], a mesma história se repete a cada vez. Os juízes que baseiam o voto numa avaliação de todos os interesses pertinentes ao caso são invariavelmente mais capazes de proteger a liberdade religiosa no conjunto, e de modo que se respeite a soberania do povo de expressá-la democraticamente, do que seus colegas que dedicam a maior parte de suas energias à adivinhação de respostas definitivas a partir de um texto[76].

---

[72] Outro caso em que os juízes que empregaram o raciocínio pragmático foram capazes de demonstrar mais respeito pelas crenças de uma minoria religiosa do que seus colegas que seguiram a abordagem interpretativa, não obstante tenham alcançado o mesmo resultado, é a decisão da Suprema Corte do Canadá em *B. (R.) vs. Children's Aid Society of Metropolitan Toronto*. Os sete juízes consideraram que a ação do Estado foi constitucional ao permitir que as autoridades médicas fizessem transfusão de sangue em uma criança, sobrepondo-se às objeções dos pais. Ao explicarem a razão da decisão, quatro juízes afirmaram que a liberdade religiosa protegida pela Carta não incluía o direito dos pais de tomar decisões médicas para seus filhos de acordo com suas crenças religiosas se o bem-estar destes estivesse ameaçado. Três outros juízes falaram mais diretamente aos pais e explicaram que, muito embora sua liberdade religiosa devesse incluir o direito de escolherem tratamentos médicos para seus filhos, nas circunstâncias deste caso particular esse direito tinha de ser sopesado com o direito independente (à vida) de seu filho e, em última instância, dar lugar a este.
[73] *Supra* n. 61.
[74] *Supra* n. 62.
[75] *Supra* n. 63.
[76] Convém reiterar que embora a liberdade religiosa seja mais bem protegida quando o tribunal emprega o princípio de proporcionalidade para avaliar os fatos pertinentes ao caso, a abordagem pragmática não garante que a liberdade religiosa prevaleça sempre. Com base em uma análise fundada na proporcionalidade, nem a

Os interessados em adquirir um conhecimento comparativo do direito constitucional devem estudar esses casos atentamente. Todos eles são de interessantíssima leitura. A Suprema Corte dos Estados Unidos, por exemplo, analisou o direito das pessoas de fazer proselitismo como uma questão de liberdade de expressão e não de liberdade religiosa, e, por conseguinte, foi muito mais pragmática do que outros tribunais que tiveram oportunidade de tratar do assunto na análise dos limites da regulamentação legítima que poderia ser imposta pelo Estado[77]. Na outra ponta do espectro, o Tribunal Recursal de Cingapura negou a própria existência da proporcionalidade como princípio independente de controle judicial de constitucionalidade e, por conseguinte, confirmou a proibição da distribuição de materiais religiosos, a Bíblia inclusive, por uma associação internacional de estudantes, argumentando que a recusa dos membros da associação de prestar o serviço militar era uma ameaça à segurança do país[78]. Outros casos, como o de financiamento público para escolas religiosas[79], bem como uma decisão do Tribunal Constitucional da Espanha para determinar se o Estado é ou não obrigado a fornecer tratamento médico compatível com as crenças religiosas de um indivíduo ou a pagar o equivalente em dinheiro[80], dão uma ideia do

---

recusa à transfusão de sangue para uma criança (*supra* n.º 52) nem a aplicação de castigo físico em uma criança (*Christian Educational South Africa* vs. *Ministro da Educação*) recebem proteção dos tribunais.

[77] *Sociedade Torre de Vigia de Bíblias e Tratados* vs. *Vila de Stratton*; ver também *Good News Club* vs. *Milford Central School* (2001) 533 US 98. Para uma introdução ao papel da ponderação pragmática na jurisprudência da Suprema Corte dos Estados Unidos sobre a liberdade de expressão, ver Posner, *Law, Pragmatism and Democracy*, cap. 10.

[78] *Chan Hiang Leng Colin* et al. vs. *Ministro da Informação*.

[79] *Supra* n. 63.

[80] *Amezqueta* vs. *Sistema de Saúde de Navarra*, Julgamento 166/96, 28 de outubro, parcialmente traduzido e reproduzido em Gewirtz, *Global Constitutionalism*.

modo com que os dois diferentes modelos de controle de constitucionalidade tratam as reivindicações de direitos sociais e econômicos positivos. Os casos sobre financiamento público para escolas religiosas também são uma vitrine da reivindicação de direitos de um grupo. Em todos esses casos, entretanto, as vantagens comparativas da abordagem pragmática se confirmam. Por mais julgamentos que se analisem, o pragmatismo sobrepuja as estratégias interpretativas em todos os critérios pertinentes. Quando os juízes "pensam coisas, não palavras", conforme a famosa expressão de Oliver Wendell Holmes de há mais de um século[81], a liberdade religiosa e a soberania popular prosperam simultaneamente.

6. Revelações

Em qualquer lugar onde os tribunais receberam a responsabilidade de salvaguardar a liberdade religiosa contra os excessos e arbitrariedades que, vergonhosamente, ainda fazem parte da vida política em todo o mundo, os juízes pragmáticos superaram seus colegas que acreditam encontrar as soluções no significado do texto. E não há motivo para pensar que isso algum dia vá mudar. Arregaçar as mangas e trabalhar com as histórias concretas das pessoas que se sentem lesadas pelo Estado é uma maneira mais honesta, mais eficiente e mais direta de resolver conflitos do que se perder em áridos jogos de palavras. Raramente as palavras se equiparam, se é que conseguem, à objetividade e à neutralidade dos fatos. Enquanto as palavras podem apenas representar e relatar, os fatos se impõem como a coisa real. Os fatos trazem em si a certeza, a realidade e a previsibilidade que permitem avaliação e análise mais precisas. As alegações fundadas em fatos podem ser verificadas pelo grau de precisão com que correspondem

---

[81] O. W. Holmes, "Law in Science and Science in Law" (1899) 12 Harv. L Re. 443, 460.

ao mundo empírico independente, como ele é na verdade. As definições, não. Desse modo, como vimos, foi possível determinar de fato se a liberdade religiosa de Deborah Weisman ou os direitos de ir e vir dos motoristas de Jerusalém eram tão sérios quanto eles alegavam, observando se o curso de ação proposto pelo Estado realmente afetava a história de vida deles no sentido mais amplo. Da mesma maneira, a declaração da Dinamarca e a do estado do Oregon de que o bem-estar geral seria comprometido se aquele país e esse estado fossem obrigados a abrir exceções para minorias religiosas podem ser avaliadas à luz de sua (falta de) aplicação e da experiência de estados e países vizinhos. Quando ocorrem erros factuais, omissões e declarações equivocadas ou falsas – como, por exemplo, equiparar, como fez Kennedy, a importância da bênção para os alunos que desejavam professar sua fé publicamente ao desconforto de Deborah Weisman; ou, como Albie Sachs, dar mais importância que o próprio Estado a um suposto interesse estatal de coibir o excessivo consumo de álcool –, esses problemas são fáceis de localizar. Diferentemente das discordâncias acerca do sentido do texto ou da maneira correta de definir o princípio extraído de uma longa linhagem de precedentes, uma discussão acerca da veracidade de uma alegação factual pode ser efetivamente resolvida: um lado está correto e o outro, errado.

Nos casos com que deparamos até aqui, em geral não houve questionamento dos fatos mais importantes, e por isso não é difícil julgar quais os interesses mais seriamente afetados pelo curso de ação proposto pelo governo. Os juízes que deixam os fatos – e as partes – falar por si mesmos em geral não têm problemas para identificar em qualquer caso de quem é o interesse preponderante. Como diz a célebre frase de Potter Stewart[82], os juízes sabem só de

---

[82] *Jacobellis* vs. *Ohio* (1964) 378 US 184, cf. Clarence Thomas em *Grutter* vs. *Bollinger* (2003) 123 S. Ct. 2325.

olhar, mesmo quando é difícil fazer ajustes precisos. Pouquíssimas pessoas são cegas ao fato de que o significado das orações mais sagradas dos judeus ortodoxos é infinitamente mais importante para eles do que um desvio de dois minutos na vida de um motorista que passa por aquela avenida do centro de Jerusalém. Da mesma forma, quando 23 estados e o governo federal permitiram que se utilizasse peiote em cerimônias religiosas sem sofrer nenhuma consequência adversa, os argumentos contrários de Oregon podem ser rejeitados por não ter base nos fatos. A incoerência no tratamento dado pela Dinamarca aos estudantes das escolas públicas e aos das particulares é incontestável e igualmente indefensável. Em cada um desses casos, a atenção aos fatos significa que os juízes estão naturalmente predispostos a decidir de modo que se maximizem os direitos daqueles que lhes exigem proteção, sem ameaçar a soberania do povo de definir o caráter moral de suas comunidades nem pôr em risco a neutralidade.

Embora se possa demonstrar que o predomínio dos pragmáticos sobre os interpretacionistas é um fato da jurisprudência, para muitos isso é difícil de reconhecer. Até agora, as teorias interpretacionistas, como vimos no capítulo anterior, têm sido as únicas a serem levadas a sério. Não que não se conclamem os tribunais a se concentrar nos fatos de cada caso, mas esse apelo é relativamente raro[83]. Espera-se que o questionamento do que em geral se reconhece como consenso produza uma medida saudável de ceticismo e mesmo de resistência. Isso se verifica particularmente em relação ao entendimento tradicional do controle judicial de constitucionalidade como um empreendimento interpre-

---

[83] Contudo, ver Cass Sunstain, *One Case at a Time: Judicial Minimalism on the Supreme Court* (Cambridge, Mass.: Harvard University Press, 1999); e Richard Posner, "Against Constitutional Theory" (1998) 73 NYU L Rev. 1; *Law, Pragmatism and Democracy*, cap. 2.

tacionista, em que a relutância em abandonar o antigo paradigma será especialmente aguda para aqueles que temem que a alternativa, o raciocínio pragmático, permita que os juízes ponderem os interesses conflitantes em jogo em cada caso com base em suas próprias preferências e prioridades. Para muitos constitucionalistas, a ponderação é um método de raciocínio jurídico não fundado em princípios e, portanto, ilícito porque, segundo eles, não há critérios objetivos nem neutros que os juízes possam empregar para avaliar a validade de qualquer lei ou regulamento submetido a seu controle[84]. Se o pragmatismo não passa de uma ponderação completamente livre, ele carece de legitimidade e viola o princípio da separação dos poderes, precisamente porque permite que um grupo de juristas de elite faça prevalecer seus valores e ideias sobre os dos representantes eleitos do povo.

Nos casos que vimos até agora, praticamente não houve ponderação porque, na maioria deles, os tribunais puderam confiar nas próprias avaliações das partes quanto à importância da lei para elas. O fechamento da rua Bar Ilan foi típico. Não havia necessidade de Barak calcular o que dois minutos significariam para o israelita comum em comparação com a importância de um ambiente tranquilo para os judeus ortodoxos durante suas orações no sabá. Da mesma maneira, Antonin Scalia e Kate O'Reagan também puderam confiar nas palavras de Deborah Weisman e do Estado sul-africano, respectivamente. Mas o que acontece se não puderem? O que os juízes devem fazer quando, como no *Caso da entronização da alma do soldado*, o ponto de vista de uma pessoa é considerado "hipersensível" e desproposital? Como os juízes podem alegar que suas decisões são objetivas e neutras em casos desse tipo?

---

[84] Ver Dworkin, *Law's Empire*, cap. 5; T. A. Aleinikoff, "Constitutional Law in an Age of Balancing", (1987) 96 Yale LJ 943.

Outros gostariam de perguntar sobre o grau de deferência que os juízes devem demonstrar em relação às decisões dos poderes políticos do governo pelo fato de estes serem diretamente eleitos pelo povo. Como vimos, os juízes pragmáticos tendem a se concentrar nos meios e nos efeitos, e não nas finalidades declaradas das leis submetidas a seu controle de constitucionalidade. À exceção de leis que visem deliberadamente a coagir as pessoas no que se refere a suas crenças espirituais, o Poder Legislativo tem rédea solta para buscar todo e qualquer objetivo em nome do qual tenha sido eleito, inclusive o apoio a interesses e grupos religiosos, desde que o faça de maneira correta. Até onde, porém, essa "deferência" se estende? Em questões complexas de política social – como, por exemplo, se os grupos religiosos são obrigados a cumprir as leis de um Estado contra a discriminação sexual –, acaso o pragmatismo orienta o juiz a se curvar também perante a escolha de meios do governo? As reivindicações de financiamento público para escolas religiosas particulares, que podem ter implicações para o tesouro público se atendidas, também justificam um critério condescendente de controle judicial de constitucionalidade?

A grande irregularidade da jurisprudência dos tribunais quanto à proteção da liberdade religiosa demonstra que essas perguntas não são preocupações vãs. Precisamos saber mais sobre a abordagem pragmática, seus métodos e os valores em que se baseia. Até para os juízes já dispostos a exercer seus poderes de controle de constitucionalidade de maneira pragmática, "ponderar as considerações da fé e as da razão" não é tarefa fácil[85]. Para entender melhor o que significa conceber o controle judicial de constitucionalidade como uma avaliação, fundada em princípios, do modo como as leis conciliam os interesses conflitantes sobre

---

[85] *Christian Educational South Africa* vs. *Ministro da Educação*, § 33 (Sachs).

os quais incidem, em vez de concebê-lo como um exercício de exegese textual, precisamos nos concentrar nos casos em que os juízes tendem naturalmente ao raciocínio pragmático e em que as questões interpretativas em geral não entram em jogo. Os casos sobre a igualdade sexual são uma possibilidade óbvia. A discriminação contra as mulheres foi um dos pontos centrais da política mundial durante mais de um século, e todas as Constituições, explicitamente ou por dedução judicial, agora proíbem leis sexistas. Atualmente, os casos que alegam discriminação sexual quase nunca são tratados como questão de interpretação.

O estudo das respostas dos tribunais às reclamações de mulheres, *gays* e lésbicas por prejuízos sofridos em virtude do sexo nos dará um retrato mais claro de como o método pragmático funciona na prática, bem como mostrará se sua neutralidade se verifica para além do domínio dos direitos religiosos. A possibilidade de realizar pesquisas comparativas criativas sobre esses e outros temas relacionados nunca foi tão boa. Como em todas as áreas do direito constitucional, a jurisprudência aqui é ampla e cresce rapidamente. Ler os muitos pareceres que refletiram sobre o que legitima os governos a tratar as pessoas de forma diferenciada em razão do sexo deve fazer avançar significativamente o nosso projeto. Esses casos podem nos dizer muito sobre as virtudes e os vícios do raciocínio pragmático e assim nos ajudar a descobrir se é possível extrair, a partir do modo como os juízes compreendem a si mesmos, uma teoria coerente do controle judicial de constitucionalidade.

3
IGUALDADE

1. Discriminação sexual

Do início ao fim do século XX, o ideal de igualdade foi um aspecto essencial da política. Logo nos primeiros anos do século, em todo o mundo as mulheres fizeram campanha em favor do direito de voto e da igualdade de condições como cidadãs e perante a lei. Ao mesmo tempo, os comunistas e os social-democratas justificavam as revoluções em nome da igualdade. Em meados do século, os negros norte-americanos fizeram manifestações públicas pela liberdade e recorreram aos tribunais para pôr fim à discriminação praticada contra eles. Depois da Segunda Guerra Mundial, e principalmente após a queda do Muro de Berlim, muitos países incluíram em suas Constituições a garantia do direito à igualdade; a partir daí, várias outras minorias étnicas, linguísticas e religiosas, portadores de deficiências, *gays* e lésbicas puderam exigir por analogia que lhes fosse demonstrado o mesmo respeito devido aos demais.

Embora o século tenha assistido também aos mais horríveis atos de depravação que a história humana já conheceu e tolerado injustiças grosseiras, em algumas frentes obtiveram-se grandes avanços[1]. As mulheres habitantes das democracias maduras e

---
[1] E. J. Hobsbawm, *The Age of Extremes* (Nova York: Vintage, 1996).

consolidadas foram particularmente bem-sucedidas no combate às leis que as tratavam como inferiores aos homens. É difícil imaginar outro grupo de pessoas cuja posição na organização política e econômica de sua sociedade tenha experimentado aprimoramento tão expressivo. Em 1900, pouquíssimas mulheres tinham o direito de votar. No ano 2000, muitas haviam alcançado os mais altos postos de governo, e as mulheres comuns de todo o mundo podiam reivindicar o direito constitucional de serem tratadas como iguais e sem discriminação, pelo menos em suas relações com o governo e as autoridades do Estado[2].

Para conquistar a emancipação, as mulheres se basearam quase integralmente nos métodos tradicionais de organização política e comunitária. De uma maneira ou de outra, mais cedo ou (em geral) mais tarde, os governos foram obrigados, mediante pressão, a eliminar de seu ordenamento jurídico as leis que punham as mulheres em desvantagem. As leis relativas ao voto, à propriedade e ao casamento que davam à mulher pior tratamento que ao homem tornaram-se relíquias do passado. Uma convenção que condena a discriminação da mulher passou a fazer parte do direito internacional[3]. As mulheres em geral foram capazes de fazer com que os poderes constituídos percebessem que são muitas e, com o tempo, obtiveram o reconhecimento de sua igualdade perante a lei – se não em todos os aspectos da vida pessoal e profissional[4].

---

[2] Isso não se verifica, entretanto, com todas as mulheres de todas as partes do mundo, como as do Kuwait descobriram quando a Suprema Corte do país decidiu não lhes atender a reivindicação do direito de votar. *The Economist*, 22 de janeiro de 2001.

[3] Convenção sobre a Eliminação de Todas as Formas de Discriminação contra a Mulher, GA Res. 34/180; UN Doc. A/34/46, 1979.

[4] Ver, por exemplo, K. Offen, *European Feminisms 1700-1950* (Stanford, Calif.: Stanford University Press, 2000); D. Anderson, *The Unfinished Revolution: The Status of Women in Twelve Countries* (Toronto: Doubleday Canada, 1991).

Uma das poucas áreas em que os políticos não acabaram com a distinção entre pessoas em virtude do sexo foi a regulamentação de vários tipos de emprego e programas de formação considerados muito árduos ou perigosos para o "belo sexo". Leis que estabelecem que somente os homens podem ocupar determinados postos nas forças armadas, por exemplo, apareciam em códigos e regulamentos do mundo todo e demonstravam uma resistência surpreendente a qualquer possibilidade de emenda ou revogação. Restrições análogas, que limitavam a liberdade da mulher de atuar em profissões civis difíceis ou extenuantes, haviam sido promulgadas em muitos países por governos paternalistas que defendiam sua posição citando o caráter benigno das finalidades da lei. São medidas protetoras, diziam, não são discriminadoras no sentido preconceituoso ou pejorativo[5].

Mesmo nessas circunstâncias, em que os políticos relutavam em abandonar a imagem estereotipada e tradicional da mulher, foi possível avançar. As mulheres habitantes de países com declarações de direitos consolidadas não tiveram de se curvar diante desse tratamento discriminatório por parte do Estado. Na Europa e nos Estados Unidos, em Israel, na Índia e no Japão, as mulheres podiam reivindicar, e reivindicaram, que os juízes acabassem com esses últimos vestígios do estereótipo feminino tradicional, e suas petições foram atendidas em quase todos os casos. Os mais altos tribunais desses países exararam decisões nas quais decidiam que as leis sexistas, que negavam às mulheres oportunidades de formação profissional e emprego por causa do sexo, violavam o direito constitucional delas à igualdade de benefícios e proteção da lei.

As mulheres capazes de reivindicar a proteção de uma declaração de direitos escrita podiam, evidentemente, atacar qualquer

---

[5] K. Offen, *European Feminisms*, 227 ss.

lei que as prejudicasse por motivo de sexo, e foi exatamente o que fizeram. Leis referentes à cidadania que tratavam homens e mulheres de forma diferente, por exemplo, foram levadas à apreciação da Suprema Corte do Canadá, do Tribunal Recursal de Botsuana e do Tribunal Europeu de Direitos Humanos, e tiveram a mesma sorte das leis que restringiam as oportunidades de emprego das mulheres[6]. As mulheres norte-americanas questionaram todas as leis que lhes negavam o mesmo *status* jurídico dos homens e, apesar de no início não terem obtido grande êxito[7], ao longo dos últimos trinta anos do século a Suprema Corte se demonstrou em geral muito favorável às reivindicações delas[8].

É verdade que nos países em que o governo não sofria restrições impostas por declarações de direitos constitucionais as mulheres não tinham muito que fazer se a liderança política permanecesse intransigente em seus pontos de vista. Eram obrigadas a suportar o fato de que dispunham de menos oportunidades de trabalho que os homens e a esperar que fosse pequeno o número das que tivessem de desistir da carreira profissional escolhida. Além disso, outros grupos não se saíram tão bem quanto as mulheres no combate ao tratamento discriminador por parte do Estado. A experiência dos *gays* e lésbicas, por exemplo, foi e continua sendo mais confusa. Os processos comuns e as instituições da política nem de longe foram compreensivos em relação às queixas deles de tratamento discriminatório como foram com as petições das

---

[6] *Benner* vs. *Canadá* (1997) 143 DLR (4º) 577; *Dow* vs. *Procurador-Geral* (Botsuana) (1992) LRC (Constit.) 623; (1994) 6 BHRC 1; *Abdulaziz* vs. *Reino Unido* (1984) 7 EHRR 471. B

[7] Ver, por exemplo, *Bradwell* vs. *O estado de Illinois* (1872) 16 Wall 130, que confirmou uma lei estadual que restringia aos homens a prática do direito, *Goesaert* vs. *Cleary* (1948) 335 US 464, que confirmou uma lei que proibia as mulheres de serem garçonetes de bares. Cf. *Murtagh Properties* vs. *Cleary* [1972] IR 330.

[8] L. Tribe, *American Constitutional Law*, 2ª ed. (Nova York: Foundation Press, 1988), cap. 16: 25-30.

mulheres. Os *gays* e as lésbicas são minorias distintas e isoladas que, nas trincheiras da política, perderam tantas ou mais batalhas quantas ganharam. No final do milênio, ainda se aplicavam leis que os discriminavam de maneira flagrante em virtude do sexo. A sodomia, por exemplo, ainda é crime em muitos lugares (inclusive, até bem recentemente, em várias partes dos Estados Unidos), e apenas na Bélgica e na Holanda os casais do mesmo sexo podem casar-se como todos os demais.

Os *gays* e as lésbicas tampouco se saíram tão bem quanto as mulheres nos tribunais. A opinião dos juízes quanto à discriminação tem se mostrado muito mais dividida quando *gays* e lésbicas reclamam de uma lei que consideram ofensiva à sua igualdade de direitos do que quando mulheres heterossexuais apresentam queixas semelhantes. Ao contrário da condenação quase unânime das leis de cidadania e trabalhistas que expressam preconceito em relação ao "gênero", os tribunais têm sido muito mais tolerantes com normas e regulamentos que discriminam *gays* e lésbicas em virtude da opção sexual. Apesar de alguns tribunais terem prolatado decisões memoráveis que invalidam casos evidentes de discriminação, com a mesma frequência outros têm confirmado a constitucionalidade de leis que impõem ônus especiais a *gays* e lésbicas ou lhes negam os benefícios gerais. As Supremas Cortes da Irlanda[9], dos Estados Unidos[10] e do Zimbábue[11], e o Tribunal Constitucional da Alemanha[12], por exemplo, confirmaram a vali-

---

[9] *Norris* vs. *Procurador-Geral* (Irlanda) [1984] IR 36.
[10] *Bowers* vs. *Hardwick* (1986) 478 US 186. Em conformidade com o padrão de grandes guinadas na jurisprudência que observamos no capítulo anterior, dezessete anos depois, em *Lawrence* vs. *Texas*, (2003) 123 S. Ct. 2472, *Bowers* foi invalidado.
[11] *Banana* vs. *O Estado* (2000) 8 BHRC 345.
[12] *Caso da homossexualidade* (1957) 6 BVerf GE 389, traduzido e reproduzido parcialmente em W. F. Murphy e J. Tannenhaus, *Comparative Constitutional Law, Cases and Materials* (Nova York: St. Martins Press, 1977).

dade de leis contra a sodomia que discriminam os transgressores em virtude de sua condição sexual. Da mesma maneira, a Suprema Corte do Canadá[13], o Tribunal Constitucional da Hungria[14] e o Tribunal Recursal da Nova Zelândia[15] afirmaram que os Estados podem negar a *gays* e lésbicas vários benefícios associados ao estado civil de casado concedidos aos casais heterossexuais. Por sua vez, o Tribunal Europeu de Direitos Humanos rejeitou categoricamente a ideia de que *gays* e lésbicas têm o mesmo direito que os demais cidadãos de adotar crianças[16].

Não é difícil compreender por que *gays* e lésbicas têm tido êxito apenas limitado na tarefa de convencer os políticos a responder a suas alegações de discriminação. Nas sociedades democráticas, em que a maioria governa, as mulheres têm, graças ao número delas em relação à população geral, uma autoridade natural que *gays* e lésbicas raramente, ou jamais, desfrutarão. Sem os votos, os protestos de *gays* e lésbicas contra a discriminação têm menor chance de ser ouvidos, principalmente nas sociedades em que as grandes maiorias consideram as relações conjugais entre pessoas do mesmo sexo moralmente depravadas e profundamente ofensivas a suas convicções religiosas mais fortes. Entretanto, o tratamento diferente que os dois grupos têm recebido dos tribunais é mais difícil de explicar. A proteção seletiva de pessoas contra a discriminação sexual parece completamente incompatível com o entendimento mais básico da igualdade e do

---

[13] *Egan* vs. *Canadá* [1995] 2 SCR 513; 124 DLR (4) 609.

[14] *Da igualdade jurídica de parceiros do mesmo sexo*, Decisão 14, 1995; traduzido e reproduzido em L. Sólyom e G. Brunner, *Constitutional Judiciary in a New Democracy, The Hungarian Constitutional Court* (Ann Arbor: University of Michigan Press, 2000).

[15] *Quilter* vs. *Procurador-Geral* (Nova Zelândia) [1998] 1 NZLR 523; [1997] 3 BHRC 461.

[16] *Fretté* vs. *França*, ECHR 3651/97, 26.2.02, http://hudoc.echr.coe.int/.

Estado de direito. Se as leis referentes a emprego e cidadania impregnadas de preconceito sexual não sobrevivem ao controle de constitucionalidade, parece arbitrário e desprovido de princípios que as leis referentes ao casamento, à família e as leis penais que tratam os indivíduos de forma diferente em virtude da opção sexual não sejam também invalidadas. Para qualquer um que seja naturalmente cético quanto à neutralidade do direito, o tratamento diferente dos dois grupos dá a entender que existe aí uma política judicial. A integridade do direito é posta em xeque quando ele permite que a validade de normas e regulamentos abertamente sexistas se volte contra aqueles que buscam os préstimos do tribunal.

A suspeita de preconceito ou parcialidade judicial na aplicação dos direitos de igualdade não podem ser descartadas como mera paranoia, sem fundamento e/ou ilusória. O fato é que as leis que punem os indivíduos por manterem relações sexuais com outros do mesmo sexo e negam o *status* e os benefícios do casamento a lésbicas e *gays* com efeito operam uma discriminação sexual análoga à das leis que restringem as oportunidades de trabalho e de formação para as mulheres. No caso destas últimas, a discriminação salta com clareza e nitidez aos olhos de todos. A lei diz explicitamente "proibido para mulheres". A tendenciosidade das leis tradicionais referentes ao casamento e à família não se expressa com tanta evidência, mas isso não quer dizer que ela não exista. É verdade que ambos os sexos são tratados igualmente. Não se reconhecem nem as relações exclusivamente masculinas, nem as exclusivamente femininas. Não há discriminação generalizada entre um e outro sexo, mas não se pode negar a sua existência no nível do dia a dia. As leis que beneficiam ou oneram as pessoas de acordo com suas preferências sexuais, se hétero ou homossexuais, de fato fazem do sexo a condição determinante de quem se inclui em seus termos. As leis contra a sodomia que punem o indivíduo por ter relações sexuais com outro do mesmo sexo e as leis matrimoniais que se recusam a reconhecer as relações conjugais entre pessoas do mesmo sexo fazem isso explicitamente em razão do *sexo* das pessoas envolvidas. É legal que David mantenha relações sexuais com Ninette e se case com ela porque ela é mulher; mas não é lícito com Michael, porque ele é homem.

Que os tribunais têm sido em geral mais favoráveis às reclamações de discriminação sexual feitas por mulheres do que às queixas equivalentes feitas por *gays* e lésbicas é um fato jurisprudencial público, que pode ser constatado por qualquer um. É mais difícil, porém, saber que conclusões devemos tirar desse tratamento desigual. Para poder entender essa jurisprudência, precisamos estudar os julgamentos nós mesmos, em primeira mão. A maioria dos tribunais não reconhece publicamente que abriga opiniões diferentes quanto a leis sexistas dependendo dos direitos que estão em jogo: das mulheres ou de *gays* e lésbicas. A principal exceção é a Suprema Corte dos Estados Unidos, que criou um sistema elaborado de séries ou níveis de controle judicial de constitucionalidade que adota diferentes critérios de igualdade dependendo de quem é a vítima da discriminação. É regra antiga do direito constitucional norte-americano que as mulheres obtêm mais proteção da Décima Quarta Emenda contra discriminação do que lésbicas e *gays*; embora também seja verdade que elas têm proteção significativamente menor do que os negros[17].

Para descobrir o que se passa nessa coletânea de pareceres judiciais conflitantes sobre a discriminação sexual, faz sentido começarmos pelos casos em que os tribunais invalidaram leis que

---

[17] Para uma descrição da abordagem norte-americana, ver Tribe, *American Constitutional Law*, cap. 16.

abriam mais oportunidades profissionais para os homens do que para as mulheres. Embora no início os norte-americanos tenham tido dificuldade com esse tema, no final do século havia pouquíssimos juízes em cuja opinião esse tipo de lei poderia ser considerada válida. Ainda que em muitos desses casos as leis não tenham afetado grande número de mulheres, eles constituem um corpo jurisprudencial que tem muito a nos ensinar. Precisamente porque o tratamento diferencial conferido aos sexos é tão deliberado e explícito, a sua veemente condenação por parte dos tribunais revela claramente o significado do conceito de igualdade (e seu oposto, discriminação) no direito e as restrições que ele impõe aos governos no momento que exercem os poderes legislativos. O entendimento de como os tribunais têm analisado as leis que limitam as oportunidades de emprego para as mulheres também pode nos fornecer um padrão segundo o qual avaliar as reivindicações de *gays* e lésbicas, que afirmam ser tão vítimas de discriminação sexual no final do século quanto as mulheres foram no início. Ao permitir-nos perceber o que torna determinados casos fáceis de decidir[18], essas decisões podem nos ajudar a pensar sobre questões mais polêmicas como, por exemplo, as reivindicações de *gays* e lésbicas de liberdade sexual igual e igualdade de direitos para se casarem.

2. Oportunidades iguais para as mulheres

Um dos aspectos mais notáveis dos casos em que os tribunais invalidaram leis discriminatórias entre homens e mulheres com relação às oportunidades profissionais é a uniformidade da abordagem. Os julgamentos são tão semelhantes no raciocínio quanto nos resultados. Embora as declarações de direitos constitucionais e internacionais variem muito na forma de garantir os direitos de

---

[18] F. Schauer, *Easy Cases* (1985) 58 So. Cal. L. Rev. 399; cf. Allan C. Hutchinson, *It's All in the Game* (Durham, NC: Duke University Press, 2000) 81-4, 121-6.

igualdade e proibir os atos de discriminação do Estado, o método de análise que os juízes empregam é basicamente o mesmo no mundo inteiro. Para distinguir as leis com classificações fundadas no sexo, mas compatíveis com a garantia constitucional de igualdade, das leis injustas e indevidas, os juízes pensam de maneira pragmática e prestam muita atenção aos fatos. Concentram a maior parte da atenção nos propósitos, nos métodos e nas consequências das leis cuja legitimidade foi questionada e prestam relativamente pouca atenção ao texto da Constituição.

Essa metodologia comum se aplica independentemente da estrutura ou do estilo de expressão que os redatores porventura prefiram. Algumas Constituições são muito prolixas ao definir o que o direito à igualdade e à não discriminação exige do Estado. Outras são sucintas e diretas. A Constituição da Índia é caracteristicamente loquaz no compromisso com a igualdade e tem cinco artigos separados dedicados ao tema[19]. A Décima Quarta Emenda da Constituição dos Estados Unidos, em compensação, fala de garantir a todo indivíduo a "igual proteção das leis" em cinco palavras simples ["*equal protection of the laws*"]. A Lei Fundamental de Israel sobre a Dignidade e a Liberdade Humanas é singular em não fazer deliberadamente nenhuma referência explícita à igualdade nem à discriminação. Alguns textos, como a Convenção Europeia de Direitos Humanos, por exemplo, referem-se explicitamente à discriminação[20]. Outros, entre eles a Declaração de Di-

---

[19] Constituição da Índia, artigos 14-18. Além desses, a Constituição proíbe especificamente a discriminação nas instituições de ensino no artigo 30 e, no artigo 38, orienta o Estado a empenhar-se para eliminar a desigualdade econômica e material. As Constituições de todos os Estados nacionais, entre elas a da Índia, podem ser encontradas em A. P. Blaustein e G. H. Flanz, *Constitutions of the Countries of the World* (com folhas removíveis) (Dobbs Ferry, NY: Oceana).

[20] Convenção Europeia para a Proteção dos Direitos Humanos e Liberdades Fundamentais, 04/11/50, 213 UNTS 221, artigo 14.

reitos dos Estados Unidos e a Lei Fundamental da Alemanha[21], optam pela retórica da igualdade. As Constituições modernas em geral fazem referência às duas e não raro também identificam circunstâncias específicas em que é legítimo o Estado prescrever arranjos especiais para indivíduos e grupos, inclusive as mulheres[22].

Essa rica variedade de textos constitucionais, entretanto, não exerceu nenhum efeito sobre o modo com que os juízes concebem as leis que intencionalmente proporcionam mais oportunidades de formação e emprego para os homens do que para as mulheres. Todos os detalhes e adornos tão caros para os que negociam e redigem as Constituições e os tratados internacionais de direitos humanos não têm absolutamente nenhuma influência sobre o modo que esses casos são resolvidos. O que é decisivo para os juízes é a ideia formal ou estrutura analítica comum a todas as concepções de igualdade, como quer que se expressem. Os tribunais se baseiam em princípios primeiros para definir quando as leis que classificam e distinguem as pessoas em razão do sexo são compatíveis com a ideia de igualdade e quando constituem discriminação ilícita por parte do Estado. Esses princípios organizam a avaliação do tribunal sobre os fins, os meios e os efeitos de toda e qualquer classificação submetida a seu controle e insistem na existência de um vínculo adequado ou medida de proporcionalidade entre os três. A classificação de pessoas com base no sexo é analisada conforme os seguintes critérios: (1) capacidade de promover as finalidades e os objetivos do regime legislativo do qual faz parte, e (2) possibilidade de prejudicar os que são impedidos de ser integrantes da classe privilegiada.

---

[21] Lei Fundamental da Alemanha, artigo 3º, em Blaustein e Flanz, *Constitutions*.
[22] Carta Canadense de Direitos e Liberdades s 15(2); Constituição da República da África do Sul s 9(2), em Blaustein e Flanz, *Constitutions*.

Em geral, as leis trabalhistas que abrem mais oportunidades profissionais para os homens do que para as mulheres não têm nenhuma dificuldade para comprovar que suas intenções são benignas. Em todos os lugares, os tribunais reconhecem que nem toda distinção fundada no sexo é arbitrária e injusta. Ninguém questiona a integridade dos propósitos que as escolas (diversidade educacional) e os banheiros (privacidade individual)[23] não mistos destinam-se a cumprir. Em geral também se reconhece que as classificações por sexo podem ser aprovadas com o objetivo de eliminar uma desvantagem ou aliviar uma condição que só as mulheres experimentam (como a gravidez, por exemplo). Embora as diferentes capacidades físicas de homens e de mulheres não possam ser usadas para discriminar nenhum dos dois, não há nada errado em escolher uma ou outra que mereça tratamento especial quando se faz isso com o intuito de promover maior igualdade entre ambos[24]. Cumpre aos governos apenas que, ao defender leis que discriminam as pessoas em virtude do sexo, sejam capazes de provar que esse era de fato seu verdadeiro objetivo, não algo posteriormente acrescentado como pretexto[25].

---

[23] Ver, por exemplo, A. Scalia, *A Matter of Interpretation* (Princeton, NJ: Princeton University Press, 1997), 149; R. Bork, *The Tempting of America* (Nova York: Free Press, 1990), 329; *Cleburne* vs. *Cleburne Living Center* (1985) 473 US 432, 468-9, "Uma placa que diz 'somente homens' tem conotação muito diferente numa porta de banheiro do que na porta de um tribunal" (por Marshall); *Granovsky* vs. *Canadá (Min. do Emprego e da Imigração)* [2000] ISCR 703, Pr. 59 (por Binnie). Ver também A. Koppelman, *The Gay Rights Question in Contemporary American Law* (Chicago: University of Chicago Press, 2002), 57-9.

[24] Ver, por exemplo, *Presidente da República da África do Sul* vs. *Hugo* (1997) 4 SA 1; *Miller* vs. *Ministro da Defesa* [1998] 32Is. L Rev. 157; *Caso do emprego noturno*, 85 BVerfGE 191 (1992), traduzido e reproduzido parcialmente em David Currie, "Comparative Constitutional Law", Escola de Direito da Univ. de Chicago (inédito, s.d.); bem como em D. Kommers, *The Constitutional Jurisprudence of the Federal Republic of Germany* (Durham, NC: Duke University Press, 2ª ed., 1997).

[25] Ver, por exemplo, *Estados Unidos* vs. *Virgínia* (1996) 518 US 515; *Kriel* vs. *Alemanha*, C-285/98, [2000] ECRI 69, § 25; *Miller* vs. *Ministro da Defesa*.

O único objetivo que as classificações sexuais não podem promover, de acordo com os tribunais, é a desigualdade entre os sexos[26]. Não se podem aprovar leis com o propósito de degradar as mulheres ou estigmatizá-las como indivíduos inferiores ou de segunda classe, ou mesmo de atribuir-lhes um papel tradicional e estereotipado que lhes imponha ônus e desvantagens que os homens não têm de suportar. Embora algumas vezes se tenha considerado que as leis de cidadania que diferenciam a condição jurídica de homens e mulheres manifestam essas intenções ilícitas[27], é raro encontrar casos em que as leis restritivas de oportunidades profissionais para as mulheres sejam contaminadas dessa maneira. Quando os tribunais declaram a nulidade de leis que negam às mulheres as mesmas oportunidades profissionais concedidas aos homens é porque consideram a classificação sexual um modo arbitrário de atingir qualquer que seja o objetivo (benigno) do Estado ou porque seu impacto na vida daqueles a quem essa classificação afeta adversamente é muito grave se comparado às vantagens (ou desvantagens) para o bem-estar da sociedade em geral.

As classificações com base no sexo são consideradas arbitrárias quando buscam seus objetivos por meios subabrangentes e/ou superabrangentes. Por exemplo, o Tribunal Constitucional da Alemanha declarou a nulidade de uma lei que restringia o emprego de mulheres em trabalhos industriais noturnos porque as excluía mesmo que não sofressem nenhum dos prejuízos (de saúde e segurança) que a lei visava prevenir (sendo, nesse quesito, superabrangente) e porque deixava de fora trabalhadores – homens com responsabilidades de cuidado dos filhos e mulheres em serviços não industriais – que necessitavam de sua proteção (sendo,

---

[26] Ver, por exemplo, *Air India* vs. *Nergesh Meerza* AIR 1981 SC 1829, § 26.
[27] Ver, por exemplo, *Benner* vs. *Canadá*; *Dow* vs. *Procurador-Geral* (Botsuana).

quanto a isto, subabrangente). De acordo com os fatos apresentadas ao Tribunal, o maior prejuízo do trabalho noturno recaía sobre os trabalhadores que tinham responsabilidades de cuidar de filhos e de atividades domésticas, grupo que abrangia muitos pais solteiros e muitas mães que trabalhavam em serviços não industriais e necessitavam da proteção da lei. Para corrigir esse problema, o Tribunal aconselhou que a lei enfocasse diretamente essas circunstâncias. Por exemplo, em lugar de prejudicar todas as trabalhadoras, o Tribunal sugeriu que determinados perigos fossem enfrentados com estratégias menos drásticas, como, por exemplo, a oferta de transporte de casa para o trabalho e vice-versa em veículos da empresa[28].

A Suprema Corte do Japão[29] e o Tribunal Europeu de Justiça, em Luxemburgo[30], também decidiram sobre falhas em leis que eram mais excludentes que o necessário ao limitar as oportunidades de emprego para as mulheres. Os juízes de Tóquio declaram nula uma lei trabalhista que fixava idade de aposentadoria menor para as mulheres do que para os homens, porque a lei se baseava na hipótese não comprovada de que a produtividade das trabalhadoras diminuía mais cedo que a de seus colegas do sexo masculino. Os juízes disseram que se a produtividade era o propósito da lei, a comprovação individual era um instrumento político

---

[28] *Caso do emprego noturno*; cf. *Muller* vs. *Oregon* (1908) 208 US 412, que confirmou a validade de uma lei que restringia a dez as horas diárias de trabalho de mulheres empregadas em lavanderias.

[29] *Nissan Motors Inc.* vs. *Nakamoto* (1981), em L. Beer e H. Itoh (orgs.), *The Constitutional Case Law of Japan 1970-1990* (Seattle: University of Washington Press, 1996). A Suprema Corte dos Estados Unidos também insistiu que as regras que determinam a aposentadoria das mulheres fossem aferidas individualmente, não com base em grupos. Ver *Cidade de Los Angeles* vs. *Manhart* (1978) 435 US 702; *Arizona Governing Committee* vs. *Norris* (1983) 463 US 1073; cf. *Air India* vs. *Nergesh Meerza*.

[30] *Kriel* vs. *Alemanha*.

mais adequado do que a classificação categórica pelo sexo, uma vez que esta resultaria invariavelmente na exclusão de mulheres perfeitamente capazes de atender a todas as exigências do trabalho.

O Tribunal Europeu de Justiça invalidou um parágrafo da lei alemã referente à carreira militar que impedia as mulheres de servir em qualquer posto militar que implicasse o uso de armas, apesar de, ao que tudo indica, essa exclusão ser contemplada expressamente por uma emenda da Constituição do país[31]. No entender dos nove juízes que decidiram a causa, essa exclusão era muito mais ampla do que precisava ser. Em consequência, o Tribunal decidiu que se o propósito da lei era salvaguardar a segurança nacional do país, a exclusão deveria limitar-se às atividades ou unidades das Forças Armadas em que se pudesse comprovar que o alistamento de mulheres representaria ameaça real[32]. De acordo com o Tribunal, a simples possibilidade de uma mulher ser convocada a usar armas não justificava a exclusão, porque as evidências demonstraram que as mulheres que receberam treinamento básico de uso de armas eram plenamente capazes de defender a si mesmas e àqueles com quem serviam.

Ainda que a condição sexual possa afetar o desempenho da mulher em determinada tarefa ou determinado programa de formação, as leis que excluem sistematicamente todas as mulheres de oportunidades de emprego abertas aos homens podem ser declaradas nulas se for possível demonstrar que causam mais prejuízos que benefícios. Para provar sua legitimidade, as classificações

---

[31] O artigo 12 da Lei Fundamental da República Federal da Alemanha afirma que "Os homens que completaram dezoito anos podem ser convocados para servir nas Forças Armadas", em Blaustein e Flanz, *Constitutions*.
[32] Ver, por exemplo, *Sirdar* vs. *Conselho do Exército* [1999] All ER (EC) 928. Para uma discussão de como o princípio da proporcionalidade aparece no TEJ com referência à discriminação ocupacional contra as mulheres, ver N. Emilou, *The Principle of Proportionality in European Law* (Dordrecht: Butterworthm, 1981).

relativas ao sexo devem demonstrar que também satisfazem o critério de proporcionalidade, conciliando seus propósitos com os efeitos. Quando qualquer mulher é impedida de fazer com sua vida aquilo que é essencial a sua identidade e, na verdade, essencial à liberação das mulheres de maneira mais geral[33], só para que o interesse público seja realçado de forma superficial e decorativa, é quase certo que os tribunais a ouçam e lhe sejam solidários.

Tanto a Suprema Corte dos Estados Unidos quanto a de Israel invalidaram leis que restringiam as oportunidades de formação e carreira das mulheres nas Forças Armadas, por causa da flagrante disparidade entre os propósitos e os efeitos dessas leis. Em *Estados Unidos* vs. *Virgínia*[34], sete dos oito juízes decidiram pela nulidade de uma lei estadual que não permitia às mulheres frequentarem o Virginia Military Institute (VMI); a decisão foi tomada essencialmente porque mesmo as mulheres capazes de cumprir todos os aspectos do singular método violento ("adversativo") de treinamento empregado pelo instituto eram excluídas, e porque os dados concretos indicavam veementemente que a admissão delas não comprometeria de forma significativa nem os padrões da escola nem as qualificações de seus formandos. Como William Rehnquist reconheceu em seu voto concorrente, ainda que alguns aspectos do sistema adversativo tivessem de ser alterados para adaptar-se à admissão de mulheres (por exemplo, as acomodações nos alojamentos comuns), não havia provas de que não se pudessem conceber substitutos igualmente eficazes para o desenvolvimento dos traços de caráter desejados (lealdade, solidariedade) nos alunos. Com efeito, a experiência da integração já realizada nas aca-

---

[33] Sobre a importância do trabalho para a emancipação das mulheres no século XX, ver Mary Ann Glendon, *The New Family and the New Property* (Toronto: Butterworth, 1981).

[34] *Estados Unidos* vs. *Virgínia*; mas, ver *Rostker* vs. *Goldberg* (1981) 453 US 57.

demias federais militares mais prestigiadas, como West Point e Annapolis, por exemplo, deram à Corte provas contundentes do contrário.

A Suprema Corte de Israel analisou exatamente nos mesmos termos um regime administrativo que negava às mulheres a oportunidade de mostrar que dispunham das habilidades necessárias para servir como pilotas na Força Aérea do país e, pelos mesmos motivos que a Corte norte-americana, considerou que o regime deixa a desejar[35]. De um lado do caso encontravam-se os interesses das mulheres que viam na carreira de piloto da Força Aérea de seu país a essência do que eram e desejavam vir a ser. Do outro, o governo justificava a exclusão das mulheres somente pelas questões práticas e de organização relativas à possibilidade de as mulheres serem chamadas para entrar em combate quando estivessem grávidas ou criando os filhos. Depois de analisar os aspectos factuais do caso, em particular a experiência das mulheres que obtiveram formação de pilotas em outros países e ingressaram em outros ramos das próprias Forças Armadas de Israel, a maioria dos juízes concluiu que as preocupações do governo se baseavam "inteiramente em especulações e análises hipotéticas" e não tinham nenhum fundamento nos fatos.

É possível acrescentar à lista outros exemplos de tribunais que invalidaram leis discriminatórias por falta do necessário grau de proporcionalidade entre os propósitos e os efeitos da lei. Num julgamento de grande notoriedade, a Suprema Corte da Índia invalidou uma resolução do governo que permitia a demissão das comissárias de bordo da Air India que ficassem grávidas[36]. Uma comissão de três juízes liderada por S. Murtaza Fazal Ali indig-

---

[35] *Miller* vs. *Ministro da Defesa.*
[36] *Air India* vs. *Meerza*, § 80.

nou-se com o flagrante desequilíbrio da lei, chamando-a de "insensível e cruel... [e] um insulto explícito à mulher indiana". Do ponto de vista desses juízes, a resolução equivalia a "obrigar as pobres [comissárias] a não ter filhos e, desse modo, interferia no curso normal da natureza humana e o desviava" para poupar a empresa, de acordo com as provas factuais, da inconveniência e do custo relativamente insignificante de providenciar substitutas para as comissárias de bordo que engravidassem. Para os três juízes, não havia comparação entre a finalidade da lei e seus efeitos. Analisada dessa forma, a resolução "cheira[va] a um entranhado egoísmo que se afirma à custa de todos os valores humanos" e por isso violava o direito constitucional dessas mulheres à igual proteção das leis.

O Tribunal Europeu de Direitos Humanos sempre pôs o princípio da proporcionalidade no centro de sua concepção de igualdade. De fato, os juízes de Estrasburgo definiram explicitamente que o direito à não discriminação, previsto no artigo 14 da Convenção Europeia de Direitos Humanos, implica uma "relação de proporcionalidade razoável entre os meios empregados e o objetivo a atingir"[37]; e usaram esse princípio para declarar nula uma lei britânica de imigração que conferia mais facilidade aos homens que às mulheres para obter para o cônjuge estrangeiro a condição de residente no Reino Unido[38]. Embora reconhecesse que os objetivos do governo de proteger seu mercado de trabalho e preservar a tranquilidade pública eram legítimos, o Tribunal foi unânime em considerar que, diferenciando categoricamente homens e mulheres dessa forma, nenhum desses objetivos seria pro-

---

[37] *Caso das línguas belgas* (1968) 1 EHRR 252, 284, § 10. Ver também *Marckx* vs. *Bélgica* (1979) 2 EHRR 330, § 33, e *Rasmussen* vs. *Dinamarca* (1985) 7 EHRR 371, § 38.
[38] *Abdulaziz* et al. vs. *Reino Unido*, § 72.

movido de maneira satisfatória. Segundo os fatos apresentados ao Tribunal, a ameaça que os cônjuges imigrantes do sexo masculino representavam para o mercado de trabalho local não era suficientemente diferente do impacto causado pelos cônjuges do sexo feminino para justificar esse tratamento tão desigual.

Por se tratar de julgamento de um tribunal internacional, com membros advindos de diferentes tradições jurídicas e culturas políticas, a decisão do Tribunal Europeu de Direitos Humanos no caso *Abdulaziz* demonstra quanto é difundida entre os juízes a ideia de analisar através das lentes da proporcionalidade as leis que prejudicam as mulheres. Segundo *Abdulaziz*, outra decisão unânime, as leis que tratam melhor os homens do que as mulheres são discriminadoras basicamente porque ou os benefícios prometidos não são corroborados pelos fatos ou, em todo caso, não são suficientemente essenciais para o bem-estar da comunidade a ponto de justificar que alguns aspectos centrais da individualidade de uma mulher, como seus direitos de cidadania ou aspirações profissionais, sejam considerados inferiores ou de segunda classe. Tanto essa decisão quanto os julgamentos de outros tribunais que declararam a nulidade de leis sexistas contra as mulheres constituem um corpo de decisões judiciais muito importantes, que se distingue pelo compromisso com um método comum de análise que em geral tem sido aplicado de modo objetivo e imparcial.

Por mais impressionante que seja o desempenho dos tribunais na proteção das mulheres contra as leis que as discriminam por causa do sexo, ele não é perfeito nem totalmente irrepreensível. Embora a Suprema Corte dos Estados Unidos e a da Índia e o Tribunal Europeu de Justiça afirmem ter prolatado decisões importantes para a causa da liberação da mulher, também é verdade que todos eles confirmaram a validade de leis que restringem categoricamente oportunidades profissionais para as mulheres por causa do sexo[39]. Além disso, mesmo quando os tribunais invalidaram leis preconceituosas contra as mulheres, sempre houve votos divergentes com o argumento de que as classificações baseadas no sexo não violam as garantias constitucionais de igualdade. E também, quando se submeteram ao controle judicial de constitucionalidade leis que conferiam melhor tratamento às mulheres do que aos homens, e não o contrário, parece que o compromisso dos juízes com a igualdade dos sexos foi mais hesitante e mais inseguro[40].

O número de decisões judiciais publicadas que confirmam a validade de leis que põem homens ou mulheres em desvantagem por causa do sexo não é grande; mas, do ponto de vista jurisprudencial, é decisivo para verificar-se a imparcialidade e a integridade dos princípios de igualdade e proporcionalidade, bem como do próprio Estado de direito. O simples fato de tais decisões terem sido prolatadas constitui um desafio àqueles que defendem a prática de deixar os tribunais julgar sobre os dois outros poderes do Estado, que são eleitos. Se essas sentenças devem ser reconhecidas como expressões legítimas da autoridade judicial, elas indicam que, mesmo no que tange a uma questão tão fundamental quanto a igualdade dos sexos, não há respostas padronizadas; que pessoas sensatas podem discordar sobre o significado da igualdade e sobre as exigências que ela impõe ao Estado. Mas, se isso fosse verdade, se de fato a constitucionalidade de uma lei que dispensa tratamento diferente a homens e mulheres fosse apenas uma questão de opinião pessoal de cada juiz, a prática do contro-

---

[39] Cf. *Estados Unidos* vs. *Virgínia* e *Bradwell* vs. *O Estado (de Illinois)*; *Kriel* vs. *Alemanha* e *Sirdar* vs. *Conselho do Exército*; *Air India* vs. *Meerza*.

[40] Ver, por exemplo, *Petrovic* vs. *Áustria*, Tribunal Europeu de Direitos Humanos, julgamento de 28 de fevereiro de 1998, Relatórios de Julgamentos e Decisões 1998, nº 67, B579; *Rasmussen* vs. *Dinamarca*; *R.* vs. *Hess* [1990] 2 SCR 906; *Hugo* vs. *África do Sul*; *Rostker* vs. *Goldberg*; *Parham* vs. *Hughes* (1979) 441 US 347.

le judicial de constitucionalidade não faria o menor sentido. Seria impossível defender que se deve dar aos tribunais a palavra final sobre as questões mais polêmicas. Se a discriminação sexual não é uma questão de certo e errado, seria profundamente antidemocrático privilegiar os pontos de vista de um minúsculo grupo de pessoas – as quais não prestam contas senão para si mesmas e, além disso, são oriundas de uma elite profissional – em prejuízo dos pontos de vista do povo e de seus representantes eleitos. O controle judicial de constitucionalidade só poderá conciliar-se com a democracia e com a soberania do povo em relação à criação de normas de ordem social para si e para a comunidade em que vive se o direito for constituído de princípios que informam aos juízes quando as classificações baseadas no sexo são discriminatórias e quando não são.

Por mais ameaçadoras que possam parecer à primeira vista os acórdãos judiciais que confirmam a validade de leis e regulamentos sexistas, verifica-se que na realidade eles acabam por confirmar a objetividade e a imparcialidade do entendimento pragmático do direito e do controle judicial de constitucionalidade. Na verdade, se lidos com atenção, esses julgamentos demonstram que é exatamente quando os juízes deixam de aplicar com imparcialidade os princípios de proporcionalidade que a constitucionalidade de leis e regulamentos que prejudicam alguns indivíduos em virtude do sexo é confirmada. Às vezes os juízes afirmam que as alegações de discriminação sexual não devem ser verificadas de acordo com o critério de proporcionalidade e o substituem por um critério menos exigente. Em geral, quando os juízes declaram abertamente a intenção de preterir o princípio da proporcionalidade em favor de um critério de controle judicial mais brando, mais concessivo, fazem isso por respeito a decisões anteriores de seus tribunais e/ou por preocupação com a própria capacidade de cumprirem a tarefa. Em outros casos, embora não haja repúdio categórico do princípio da proporcionalidade, a análise dos aspectos factuais do caso é parcial e incompleta. Em ambas as situações, é evidente que a validação de leis sexistas não tem nada a ver com o princípio da proporcionalidade nem com o método pragmático em geral, mas tudo a ver com a personalidade e a postura política do juiz.

De todas as explicações que os juízes costumam dar quando afirmam que não há nada de errado no fato de os Estados dispensarem tratamento diferente às pessoas em virtude do sexo, a mais conhecida dos profissionais do direito é o apelo desses juízes às decisões dos que os precederam na Corte. Nas jurisdições do *common law*, os juízes decidem a maioria das causas raciocinando com base nos precedentes. Esse mesmo método é empregado em casos constitucionais por tribunais de todo o mundo. Até o Tribunal Europeu de Direitos Humanos, que não observa rigidamente a regra do *stare decisis*, seguiu esse método ao justificar as decisões que isentaram, da obrigação de contemplar o critério de proporcionalidade entre os meios e os efeitos, duas leis que tratavam melhor as mães do que os pais na concessão de licença-maternidade/paternidade[41] e na fixação da condição parental deles em relação aos filhos[42]. De acordo com a decisão dos juízes, os precedentes do próprio Tribunal conferiam aos Estados-membros uma ampla "margem de avaliação" para planejar políticas que tratam de questões de moralidade pública que implicam diversidade de opiniões muito grande[43]. Visto não haver consenso entre os Estados-membros sobre políticas, como, por exemplo, a licença paren-

---

[41] *Petrovic* vs. *Áustria*.
[42] *Rasmussen* vs. *Dinamarca*.
[43] *Caso das línguas belgas*; *Handyside* vs. *Reino Unido* [1976] 1 EHRR 737, § 48; *Sunday Times* vs. *Reino Unido* [1979] 2 EHRR 245, § 59.

tal remunerada, que dizem respeito aos valores familiares fundamentais, o Tribunal não insistiu na necessidade de todos se conformarem a um mesmo padrão[44].

O voto divergente de Antonin Scalia no caso *VMI* é um exemplo particularmente veemente da rejeição explícita por um juiz do controle judicial de constitucionalidade abrangente e rigoroso de uma lei sexista. Sua rejeição baseou-se numa longa lista de casos anteriores em que a Suprema Corte dos Estados Unidos examinou segundo um critério mais brando e "intermediário" leis que distinguiam homens e mulheres em virtude do sexo. Embora condenasse os diferentes níveis de controle judicial de constitucionalidade por considerá-los "critérios inventados" que permitiam aos juízes promover os valores de "uma elite com formação jurídica", ele repreendeu os colegas por não serem fiéis ao método analítico seguido pela Corte nos trinta anos anteriores. Scalia assinalou que, no padrão mais concessivo e menos exigente, tanto o fato de algumas mulheres serem capazes de satisfazer todas as exigências do método de treinamento característico do VMI quanto o fato de o VMI não ter de fazer grandes alterações caso elas fossem admitidas não eram pertinentes para a resolução do caso. Sua preocupação recaía inteiramente sobre os aspectos do sistema adversativo – como as acomodações dos alojamentos comuns e alguns exercícios físicos – que teriam de ser alterados se as mulheres habilitadas fossem admitidas. Entretanto, mesmo sobre essas questões, ele jamais respondeu à observação de William Rehnquist de que não havia nenhuma prova de que o sistema adversa-

---

[44] Ver, por exemplo, S. Greer, *The Margin of Appreciation: Interpretation and Discretion Under the European Convention of Human Rights* (Estrasburgo: Conseil de l'Europe, 2000); R. St. J. Macdonald, "The Margin of Appreciation", em R. St. J. Macdonald e H. Petzold (orgs.), *The European System for the Protection of Human Rights* (Dordrecht: Martinus Nijhoff 1993); P. Mahoney, "Marvellous Richness of Diversity or Invidious Cultural Relativism" (1998) 19 HRLJ 1.

tivo era o único, ou mesmo o melhor, meio de garantir as habilitações e os traços de caráter dos "soldados-cidadãos" formados pelo VMI. Em vez disso, empregando a mesma técnica (de inventar hipóteses assustadoras) que usou para rejeitar as petições da Native American Church em *Oregon* vs. *Smith*, ele especulou que a admissão de mulheres não apenas destruiria um instituto militar histórico, mas também prenunciaria a morte de todas as instituições de ensino não mistas dos Estados Unidos.

Os argumentos jurídicos fundados nos precedentes não são as únicas explicações que os juízes têm dado para mitigar as exigências de proporcionalidade nos casos de discriminação sexual. Às vezes é a preocupação dos juízes com sua própria falta de capacidade e competência para analisar e julgar a constitucionalidade de problemas complexos de política governamental, como, por exemplo, a segurança nacional, que os faz relutar em investigar em profundidade os fatos envolvidos num litígio judicial. Por exemplo, quando Yaakov Kedmi e Tsvi Tal, da Suprema Corte de Israel, divergiram da decisão de seus colegas que obrigava o Comando da Força Aérea a receber inscrições de mulheres habilitadas, foram francos e explícitos ao expressar dúvidas quanto à capacidade deles de tomar decisões que implicassem a segurança do país. Preocupações prudentes quanto à sua própria competência institucional e pessoal foram os motivos alegados para sua decisão de não definir se a vedação categórica a todas as mulheres da mera oportunidade de provar suas habilidades como piloto era justificável[45].

O respeito às decisões de seus antecessores na Corte e a sensibilidade aos limites de suas próprias qualificações são virtudes

---

[45] *Miller* vs. *Ministro da Defesa*. A Suprema Corte dos Estados Unidos se utilizou do mesmo argumento quando se recusou a questionar o alistamento exclusivamente masculino de seu país, ver *Rostker* vs. *Goldberg*.

importantes e desejáveis para os juízes, mas não podem justificar a recusa deles a investigar plenamente todos os pedidos de proteção contra o que se alega tratar-se de atos oficiais de discriminação por parte do Estado. Na verdade, os argumentos baseados nos precedentes são incompatíveis com o *status* de leis supremas das Constituições nos ordenamentos jurídicos, e os argumentos fundados no decoro institucional sacrificam a vantagem mais importante que, entre os atores do governo, só os juízes têm. Cada um desses argumentos carece daquilo que os próprios juízes consideram mais importante – a legalidade e a prudência.

Para muitos leigos, a ideia de que um tribunal deve seguir suas próprias decisões anteriores, mesmo quando as considera equivocadas, parece absurda. Se uma equipe de juízes não corrige um caso de discriminação sexual porque a geração anterior de "confrades" seus se recusou a dar essa proteção, não enfrentar o erro de suas tradições e retificá-lo parece agravar a injustiça. Como se costuma dizer, um erro não justifica outro, só piora.

Os profissionais do direito não desconhecem a natureza paradoxal do precedente. A comunidade jurídica em geral reconhece que ninguém escreveu ainda uma teoria plenamente satisfatória que justifique a prática de se tomarem decisões com base em sentenças anteriores consideradas erradas ou equivocadas de alguma maneira. Nas palavras de um jurista norte-americano: "[...] nosso conhecimento teórico de [seguir o precedente] ainda se encontra num estágio muito primitivo"[46]. Ademais, é de conhecimento geral que, quando um caso constitucional chega a um tribunal de última instância, a condição dos argumentos baseados em casos anteriores é particularmente frágil[47]. Já em 1849,

---

[46] Larry Alexander, "Constrained by Precedent" (1989), 63 So. Cal. L Rev. 3.
[47] H. P. Monaghan, "Stare Decisis and Constitutional Adjudication" (1988) 88 Colum. L Rev. 740; Gary Lawson, "The Constitutional Case Against Precedent"

Roger Taney, então juiz presidente da Suprema Corte dos Estados Unidos, escrevera que todo "parecer [judicial] referente à construção da Constituição é sempre passível de questionamento quando se supõe ter sido fundado em erro, e sua autoridade judicial deve a partir daí depender completamente da força do raciocínio em que se apoia"[48]. Não obstante se reconheça que o raciocínio baseado nos casos anteriores pode promover valores de igualdade, continuidade, estabilidade etc., chega um momento em que é preciso revogar as decisões entendidas como equívocos graves[49]. A decisão da Suprema Corte dos Estados Unidos em *Brown* vs. *Conselho de Educação*[50], que reverteu sua decisão anterior em *Plessy* vs. *Ferguson*[51] e acabou com a segregação racial nas escolas públicas, assinala uma fronteira histórica a partir da qual se reconhece universalmente que a lei do precedente não vigora[52].

(1994) 17 Harv. JL e Pub. Pol1y 23; Bork, *Tempting of America*, 157-9; M. J. Gerhardt, "The Role of Precedent in Constitutional Decision Making..." (1991) 60 Geo. Wash. L Rev. 68; Edward Levi, *An Introduction to Legal Reasoning* (Chicago: Chicago University Press, 1949) 41. Ver também Stone e Cardozo JJ. em *St. Joseph Stock Yards* vs. *Estados Unidos* (1936) 298 US 38, 94: "A doutrina do *stare decisis*, por mais apropriada e mesmo necessária que seja em certas ocasiões, tem aplicação limitada no campo do direito constitucional"; e Felix Frankfurter em *Graves* vs. *N Y* (1939) 306 US 466, 491-2: "a pedra de toque definitiva da constitucionalidade é a própria Constituição, e não o que dissemos sobre ela".

[48] *Casos dos passageiros* (1849) 48 US (7 How.) 283, 470.

[49] Até a Câmara dos Lordes acabou reconhecendo que o domínio absoluto do *stare decisis* produziria resultados intoleráveis em determinados casos e o abandonou em favor de uma abordagem mais flexível. Ver [1966] 1 WLR 1234.

[50] *Brown* vs. *Conselho de Educação*(1954) 347 US 483.

[51] *Plessy* vs. *Ferguson* (1896) 163 US 537.

[52] Monaghan, "*Stare Decisis* and Constitutional Adjudication"; F. Easterbrook, "Stability and Reliability in Judicial Decisions" (1988) 63 S. Cal L Rev. 1; "Bad Beginnings" (1996) 145 U Penn. L Rev. 57; R. Bork, "Neutral Principles..." (1971) 47 Indiana LJ 1, 15; R. Dworkin, *Law's Empire* (Cambridge, Mass.: Harvard University Press, 1986), 389. ("Logo, se *Plessy* é de fato um precedente contra a integração, deve ser anulado agora.")

Ainda que a importância dos precedentes – ou o que às vezes se chama de raciocínio doutrinário[53] – se caracterize por incertezas e ambiguidades, isso não foi suficiente para que a maioria dos juízes e juristas os abandonasse por completo. É raro (mas não impossível[54]) encontrar alguém alegando que o precedente não deve ter nenhum papel no modo pelo qual os juízes chegam às suas decisões quando exercem seus poderes de controle de constitucionalidade. A tendência da maioria dos juristas é apegar-se à crença de que recordar as ideias e experiências daqueles que os precederam na Corte é um método adequado para os tribunais distinguirem entre os atos e declarações legítimos e ilegítimos da autoridade do Estado. A importância dos precedentes no processo de controle judicial de constitucionalidade é um dos poucos aspectos do direito em que originalistas, processualistas e moralistas estão de acordo[55].

Do ponto de vista psicológico, não é difícil compreender a lealdade e a dedicação dos juristas do *common law* à prática de raciocinar com base nos casos anteriores, mas, do ponto de vista intelectual, esse raciocínio é incoerente e não se apoia em princípios, sendo por isso indefensável. Do ponto de vista lógico, quando a validade constitucional de alguma lei, algum regulamento ou ato de governo estiver em jogo, os juízes membros das mais altas cortes de seu país jamais deveriam usar argumentos basea-

---

[53] P. Bobbitt, *Constitutional Fate: Theory of the Constitution* (Nova York: Oxford University Press, 1882), cap. 4; C. Fried, "Reply to Lawson" (1994) 17 Harv. JL e Pub. Pol'y 35.

[54] Mas, ver Lawson, "The Constitutional Case Against Precedent".

[55] Ver, por exemplo, Dworkin, *Law's Empire*, 240-50, 387-99; *Freedom's Law* (Cambridge, Mass.: Harvard University Press, 1996), cap. 1; C. Sunstein, *Legal Reasoning and Political Conflict* (Nova York: Oxford University Press, 1996), 71-2, 76-7; Bork, *Tempting of America*, 155-9; Antonin Scalia, *A Matter of Interpretation* (Princeton: Princeton University Press, 1997), 138-40.

dos nos precedentes⁵⁶. Em casos constitucionais, os precedentes são, na melhor das hipóteses, supérfluos e, na pior, pretendem desafiar a supremacia da Constituição. Entre os que refletiram sobre a importância dos precedentes nos casos constitucionais, é de entendimento geral que esse método de raciocínio tem um aspecto crítico, ou força independente, somente quando o tribunal que enfrenta as decisões anteriores acredita que elas são falhas ou equivocadas de alguma forma⁵⁷. Se um juiz acha que a decisão de um caso anterior é correta, o próprio precedente é dispensável. Não contribui em nada para a integridade e legitimidade da decisão subsequente. O fato de dois grupos de juízes terem aplicado o princípio jurídico correto não pode aumentar sua veracidade nem sua autoridade legal. O segundo juiz poderia seguir diretamente a mesma análise (juridicamente correta) que o tribunal anterior empregou, sem se referir à decisão anterior, e nada se perderia. Se todo juiz aplicasse adequadamente em cada caso apenas

---

⁵⁶ Somente quando os casos constitucionais são decididos pelo mais alto tribunal de um país é que os argumentos fundados nos precedentes não devem ter nenhum peso. Isso não se aplica a casos não constitucionais porque, exceto a Constituição, nenhuma outra parte do ordenamento jurídico pode ter a pretensão de prevalecer sempre. Tampouco os precedentes são insignificantes quando invocados em tribunais de grau inferior e tribunais administrativos. Os juízes de instâncias inferiores e os administradores são obrigados pela estrutura hierárquica do ordenamento jurídico a seguir a decisão dos que julgam acima deles. Todas as instituições subordinadas devem aplicar fielmente todo e qualquer preceito constitucionalmente válido fixado pela Corte "suprema". Ainda que a acreditem equivocada, eles não têm autoridade constitucional para questionar, muito menos anular, uma decisão dos "tribunais superiores". Podem e devem explicar às partes por que um precedente que são obrigados a seguir é defeituoso, e nada mais além disso. Permitir que qualquer juiz ou qualquer autoridade pública aja de acordo com sua própria interpretação da Constituição equivaleria à anarquia jurídica. Seria rechaçar o Estado de direito. É só porque não há ninguém acima dos membros dos tribunais de última instância que eles jamais enfrentam essa restrição sistemática. Cf. Evan M. Caminker, "Why Must Inferior Courts Obey Superior Court Precedents?" (1994) 46 Stan. L Rev. 817.

⁵⁷ Ver, por exemplo, Fred Schauer, "Precedent" (1987) 39 Stanford L Rev. 571, 576.

os princípios jurídicos corretos, não se comprometeria nenhuma das virtudes de igualdade, coerência, legitimidade, previsibilidade, eficiência, entre outras – supostamente fomentadas pelo raciocínio doutrinário.

Os precedentes são problemáticos em casos constitucionais precisamente porque insistem que os juízes fundamentem suas decisões nos casos cujas decisões Consideram incorretas. Na verdade, eles instruem os juízes a aplicar princípios e regras de casos anteriores incompatíveis com a Constituição e, desse modo, podem fazê-los agir de formas que sejam elas próprias inconstitucionais. Visto que a Constituição está acima de qualquer outra lei em todos os sistemas jurídicos, uma decisão anterior cuja interpretação ou aplicação da Constituição é considerada incorreta seria ela mesma inconstitucional e, portanto, desprovida de força ou efeito jurídico. Como qualquer outra parte do ordenamento jurídico, uma decisão judicial que esteja em conflito com as exigências da Constituição deverá ser rejeitada. John Marshall percebeu essa lógica há mais de 150 anos[58], e o significado da supremacia da Constituição até hoje permanece o mesmo. Tendo em vista sua condição infraconstitucional, nenhum precedente considerado conflitante com a Constituição poderá vigorar nem ter autoridade em direito. Quando um juiz de um tribunal de última instância, como Scalia, acredita que uma norma ou princípio estabelecido num caso anterior é um "critério inventado" que promove os valores políticos de juízes de tempos passados, ele tem a obrigação constitucional de explicar por que esse princípio é errado e não deve ser empregado no futuro.

Se é constitucional um estado da União deixar as mulheres em desvantagem por causa do sexo, não pode ser porque outro

---

[58] *Marbury* vs. *Madison* (1803) 5 US 137, 1 Cranch 137, 177-8; e ver Cap. 5.2.1 adiante.

grupo de juízes decidiu isso em algum momento do passado. Votos como o de Scalia, baseados em maus precedentes, não têm vínculo com nenhuma parte da Constituição. Não passam de produto da imaginação jurídica e da preferência pessoal do juiz. Os juízes que acreditam que a Constituição tolera alguns tipos de discriminação sexual precisam de outro argumento para defender essa posição. A opinião de Yaakov Kedmi e Tsvi Tal, de que pode haver ocasiões em que é prudente os juízes confirmarem a validade de leis que discriminam as mulheres, dá a muita gente a impressão de uma possibilidade promissora. Diferentemente dos argumentos fundados nos precedentes, as alegações de decoro institucional parecem a princípio bastante atraentes para muitos, inclusive os leigos. É como se fossem um conselho sábio ao juiz que tem de dar seu parecer sobre questões que em geral são as mais complexas e mais polêmicas do momento. Intuitivamente, parece correto dizer que problemas difíceis e controversos, como, por exemplo, o lugar da mulher nas Forças Armadas, não deveriam ser decididos por juízes – os quais carecem da instrução e da experiência dos especialistas nesse campo – num processo cuja função original fora a de resolver disputas particulares entre pessoas comuns, e não discordâncias acerca de como se devem organizar as Forças Armadas de um país.

Os argumentos de prudência[59], que exigem dos tribunais o respeito pelas decisões do Poder Executivo e pela especialização de seus agentes, têm mais credibilidade que os argumentos doutrinários por dois motivos pelo menos. Em primeiro lugar, não questionam abertamente a supremacia da Constituição e, em segundo, parecem dar expressão ao princípio da separação dos poderes, princípio esse que contempla cada poder constituído do

---

[59] Bobbitt, *Constitutional Fate*, cap. 5.

governo como dotado de autoridade própria e função especial a desempenhar. Entretanto, num exame mais minucioso, percebe-se que, assim como as justificativas fundadas em casos anteriores, os argumentos baseados na competência institucional não conseguem ter êxito nem mesmo de acordo com suas próprias pretensões.

A ideia de haver casos em que seria prudente os tribunais acatarem as decisões dos poderes eleitos do governo baseia-se numa compreensão errônea de como os juízes raciocinam ao avaliar à luz do princípio da proporcionalidade os interesses conflitantes de um litígio. Ao que parece, a impressão daqueles que acreditam que os tribunais devem abrandar seus critérios de controle de constitucionalidade quando estão em jogo assuntos de Estado particularmente importantes é de que os juízes têm o dever de ponderar e fazer uma análise quantitativa de custo/benefício dos direitos humanos fundamentais e dos interesses vitais do Estado – logo, de duas coisas impossíveis de comparar. A hipótese é que algumas questões, como o lugar das mulheres nas Forças Armadas, devem ser de responsabilidade exclusiva do Poder Executivo, visto que não há critério independente e objetivo pelo qual se possam pesar os valores e as pretensões conflitantes. Estes são incomensuráveis e, por conseguinte, não suscetíveis de decisões categóricas de ordenação classificatória, muito menos de definição de certo e errado. Na verdade, porém, como a leitura de casos em que predominam queixas de discriminação sexual demonstrou, quando os juízes avaliam leis e atos de autoridades do Estado à luz do princípio da proporcionalidade, eles se concentram nos meios e nos efeitos da norma ou preceito específicos submetidos ao controle de constitucionalidade. Não há contrabalanceamento, isto é, não se faz nenhuma lista de vantagens e desvantagens nem tampouco se classificam o valor ou a importância intrínseca de cada um.

Quando os tribunais verificam se as leis que excluem as mulheres do trabalho noturno ou as obrigam a aposentar-se mais cedo que os homens, por exemplo, são subabrangentes ou superabrangentes, eles examinam se há políticas (meios) menos drásticas/restritivas que os governos possam adotar para atingir os mesmos objetivos sem afetar gravemente os direitos constitucionais do povo. As finalidades da lei são pressupostas; a investigação empírica tem a simples função de descobrir se há políticas (meios) alternativas à lei que o governo decidiu aprovar. Da mesma forma, quando os juízes avaliam o grau de gravidade do transtorno que uma lei causa aos direitos constitucionais daqueles a quem ela atinge, eles não procuram aferir a importância relativa dos direitos e interesses afetados com base em um parâmetro comum de valor criado por eles mesmos. A tarefa do juiz ao verificar esse aspecto da proporcionalidade é avaliar todo e qualquer dado empírico consistente que lance luz sobre o problema de quanto a lei submetida ao controle de constitucionalidade é importante para aqueles a quem mais afeta. Em vez de analisar os interesses conflitantes em jogo de acordo com um critério ou princípio externo e objetivo, os juízes procuram estimar o entendimento que as próprias partes afetadas têm acerca da relevância que a lei em exame tem para elas.

Em *VMI*, não havia termo de comparação entre a importância da classificação para o Estado e para as mulheres envolvidas. As evidências incontestáveis apresentadas perante a Corte demonstraram que algumas mulheres eram capacitadas para enfrentar os métodos agressivos de treinamento do VMI e que outras instituições militares de elite haviam admitido mulheres cadetes sem prejuízo da qualidade de seus programas ou da capacitação de seus graduados. A decisão da Corte de invalidar o regulamento discriminatório baseou-se na simples verificação do fato de que o seu impacto sobre a vida das mulheres que poderiam qualificar-se para a admissão segundo todos os critérios, menos o de sexo, era absolutamente desproporcional à sua contribuição para os objetivos pedagógicos e militares do estado da Virgínia, e não implicou contrabalanceamento de fatores nem classificação de valores. Tampouco os juízes do Tribunal Europeu de Justiça, quando julgaram os regulamentos que proibiam as mulheres de ocupar quaisquer postos militares das Forças Armadas alemãs que envolvessem o uso de armas, tiveram de pesar os custos e benefícios dessa classificação sexual e também não tiveram de pronunciar nenhum resultado matemático ou quantificável. A condenação da proibição total de mulheres baseou-se no fato de que algumas já haviam sido treinadas com sucesso no uso de armas nos postos que lhes eram disponíveis. O Tribunal entendeu que o fato de algumas mulheres terem recebido treinamento com armas constituía prova conclusiva de que a proibição total por parte do governo era mais ampla do que o necessário.

Em *Miller*, a tarefa enfrentada pelos juízes da Suprema Corte de Israel, entre eles os juízes Kedmi e Tal, foi exatamente a mesma. Para decidir o lugar das mulheres na Força Aérea, a Corte não precisou "contrabalançar" ou ponderar o direito das mulheres à não discriminação contra o direito do restante da sociedade à segurança coletiva. Tampouco foi necessário declarar que um ou outro era o mais importante. Em vez disso, como ocorre em todas as alegações de discriminação sexual, os juízes tiveram de estimar a relevância da exclusão tanto da perspectiva das mulheres quanto dos responsáveis pela defesa do país com base nas evidências apresentadas à Corte. E, mais uma vez, as provas demonstraram de modo nítido e irrefutável que permitir às mulheres provar sua capacidade de satisfazer a todos os requisitos exigidos dos pilotos do comando da Força Aérea não ameaçaria nem um pouco a segurança do país. O fato de as mulheres terem se integrado com êxito em outros ramos do serviço militar israelense e de, aos poucos e em condições controladas, terem podido alistar-se nas Forças Aéreas de outros países, como o Canadá e os Estados Unidos, deu à Corte indícios sólidos de que os receios das autoridades militares eram exagerados.

 Quando se compreende que a tarefa do juiz é avaliar a importância das leis do ponto de vista daqueles a quem elas afetam mais diretamente, um parecer como o de Kedmi e o de Tal, de que os membros da Corte não são aptos para decidir sobre questões como o lugar das mulheres nas Forças Armadas, é indefensável. O histórico do Judiciário na eliminação da discriminação sexual dos âmbitos militares e outros terrenos masculinos dá a entender que os tribunais são de fato mais idôneos que qualquer um dos outros dois poderes do governo para resolver controvérsias desse tipo. Por serem independentes dos poderes eletivos do governo, os juízes têm uma aptidão especial para a imparcialidade e a objetividade, muitas vezes difíceis de atingir para os políticos (e seus representantes), já que estes têm predisposição natural em favor de suas próprias normas e regulamentos. O ponto de vista dos juízes lhes permite avaliar com distanciamento e imparcialidade as evidências e os interesses tanto dos que defendem quanto dos que se opõem à restrição de oportunidades em virtude do sexo. Com efeito, precisamente porque em geral compreenderam que sua perspectiva desinteressada é uma vantagem institucional e que se prepararam para exercer seus poderes de controle de constitucionalidade com base em princípios, os juízes foram capazes de promover oportunidades profissionais para as mulheres nas Forças Armadas, exigindo que, para excluí-las de qualquer parte do serviço militar, fosse preciso demonstrar a necessidade dessa exclusão e delimitá-la de modo tão estreito quanto possível.

Portanto, os argumentos de prudência não são melhores que os argumentos fundados na jurisprudência e nos precedentes. Tampouco constituem uma boa razão que justifique se manterem no ordenamento leis prejudiciais a determinadas pessoas em virtude de seu sexo. Embora os argumentos de prudência não padeçam das mesmas falhas lógicas que tornam incoerente e em última instância inconstitucional o raciocínio fundado nos casos anteriores, eles recomendam, contudo, que os membros do terceiro poder do governo abdiquem de suas faculdades de ação logo naqueles casos em que, pela aptidão especial para a neutralidade e a imparcialidade, eles dispõem de uma posição particularmente conveniente para atuar.

Quando os juízes confirmam a validade de uma lei que discrimina as pessoas em virtude do sexo, nem sempre é porque resolveram não aplicar o princípio da proporcionalidade e assim analisar o caso de forma pragmática. Em alguns casos, os juízes realmente se concentram nos fatos, mas fazem uma análise deficiente. Normalmente, cometem um destes dois erros: ou a avaliação deles é parcial ou é incompleta. Às vezes, os juízes concentram a atenção equivocadamente nas características particulares da classificação contestada sem sequer se perguntarem para que elas servem. Outras vezes, fundamentam as decisões em seus próprios conceitos sobre a importância do tratamento discriminatório para as pessoas por ele atingidas, em vez de se orientarem pelo que essas pessoas dizem – em suas próprias palavras e atos – da importância que a classificação tem para elas. Em ambos os casos, a lei sobrevive ao controle de constitucionalidade porque o tribunal não aplica o princípio da proporcionalidade de maneira neutra e imparcial.

A facilidade com que esses erros podem ocorrer é ilustrada por duas decisões memoráveis, uma da Suprema Corte da Índia e outra do Tribunal Constitucional da África do Sul. Em *Air India*[60], ao mesmo tempo que invalidou uma lei que obrigava as aeromoças a se demitirem se ficassem grávidas, a Suprema Corte da Índia confirmou a validade de dois outros regulamentos que exigiam a rescisão do contrato de trabalho dessas funcionárias caso se casassem nos quatro anos posteriores à contratação e as forçavam a aposentar-se mais cedo que os integrantes masculinos da tripulação. Para chegar a essa conclusão, a Corte cometeu o erro muito básico, embora extremamente comum, de julgar a classificação em si, suas próprias condições, em vez de julgá-la à luz dos propósitos mais amplos que supostamente deveria atingir[61]. A Corte dedicou grande parte de seu parecer a salientar as diferentes habilitações, escalas de pagamento, listas de tempo de serviço e número de postos abertos para homens e mulheres, em vez de investigar como essa segregação dos sexos aproveitava de algum modo significativo aos interesses da companhia de aviação.

A Corte reconheceu que não havia grande diferença nas tarefas realizadas pelos membros da tripulação, mas não percebeu que a comunidade de funções tornava inteiramente gratuitas as diferentes classificações em que se enquadravam os homens e as mulheres. Quando se observou que as aeromoças da Air India que trabalhavam no Reino Unido não podiam aposentar-se mais cedo segundo a lei britânica e que as regras da Air India para suas empregadas lhes eram muito mais desfavoráveis que as das principais companhias de aviação internacionais, a Corte ainda assim não se dispôs a averiguar os fatos sobre a discriminação. Num ponto, a Corte defendeu as regras da companhia relativas à demissão e à aposentadoria das mulheres em idade inferior à dos

---

[60] *Air India.*
[61] J. Tusman e J. tenBroek, "The Equal Protection of the Laws" (1949) 37 Calif. L Rev. 341.

homens por serem propícias à causa do planejamento familiar e pouparem as "despesas imensas" em que a empresa incorreria caso tivesse de substituir as aeromoças que se casassem cedo ou tivessem filhos, mas jamais se perguntou se uma regra aplicada igualmente a homens e mulheres não serviria melhor ao planejamento familiar, tampouco apresentou provas das despesas supostamente geradas se as mulheres tivessem a mesma liberdade para se casar que os membros masculinos da tripulação.

O erro do julgamento da Corte em *Air India* foi o tratamento desproporcionado e parcial dos fatos. Em nenhum momento ela examinou o peso que as normas contra o casamento e a obrigação da aposentadoria precoce tinha para as próprias comissárias. As justificativas das classificações segregacionistas em virtude de sexo (remuneração, promoção etc.), propostas exclusivamente pela companhia e temas centrais da disputa, foram tomadas como dados, enquanto as questões mais pertinentes sobre a necessidade, a utilidade e os efeitos adversos dessas normas foram ignoradas. O erro é comum e não exclusivo dos juízes de Nova Déli. A Suprema Corte dos Estados Unidos fez o mesmo quando decidiu que o alistamento de homens mas não de mulheres nas Forças Armadas não era um ato discriminatório do Congresso porque os regulamentos militares excluíam as mulheres de todas as funções de combate, mas nunca questionou a legitimidade desses regulamentos[62]. Antonin Scalia também cometeu o mesmo equívoco de acumular fins (os objetivos pedagógicos) e meios (a classificação sexual) quando confirmou a validade da política do estado de admissão exclusiva de homens ao VMI. Tal como a Suprema Corte da Índia, ele deu mais atenção aos diferentes atributos da classificação (em particular, ao método "adversativo" – intimida-

---

[62] *Rostker* vs. *Goldberg*.

dor – de treinamento) sem se perguntar em que medida eles eram essenciais ao objetivo do Estado de formar os "soldados-cidadãos" mais capacitados. A Suprema Corte do Canadá também cometeu o erro de juntar meios e fins quando afirmou que o Parlamento do Canadá não agira de maneira discriminatória ao aprovar uma lei contra o ataque sexual que protegia apenas as moças[63]. De acordo com Bertha Wilson, uma vez que o ataque sexual contra meninas é de natureza física diferente do ataque a uma vítima do sexo masculino, não era errado o Estado fazer essa restrição à proteção da lei, muito embora ela própria reconhecesse que os meninos vítimas de abuso sexual sofrem danos físicos e psicológicos graves.

Quando os juízes concentram toda a atenção na classificação em si, a análise se torna tautológica. Na verdade, privilegia-se um único aspecto dos fatos da disputa sobre todos os outros, e os que sem dúvida são os mais relevantes – a que interesses serve o tratamento diferenciado dos sexos – são simplesmente ignorados. Para que o princípio da proporcionalidade propicie um método objetivo de análise, os tribunais devem avaliar a relevância da lei ou da classificação tanto para as partes mais diretamente afetadas quanto para o público em geral. Os juízes devem ponderar os dois lados da balança.

Com efeito, não só devem examinar ambos os lados de uma questão, mas também devem fazer isso – como a alegoria da justiça, uma mulher de olhos vendados, pretende expressar – do ponto de vista daqueles a quem a lei afeta mais diretamente. Da mesma forma que quando têm de dar seu parecer sobre questões de liberdade religiosa, os juízes devem resistir à tentação de impor a própria opinião quanto aos efeitos da classificação, isto é, se

---

[63] *R.* vs. *Hess*; ver também *Michael M.* vs. *Corte Superior* (1981) 450 US 464.

ela produz mais benefícios ou mais malefícios. Devem fundamentar a decisão nas evidências que têm diante de si, e não especular nem sobrepor seu ponto de vista acerca da importância de uma lei à opinião dos mais diretamente atingidos. Antonin Scalia não manteve uma perspectiva distanciada e desinteressada em seu voto divergente em *VMI*, quando profetizou não apenas o fim da academia militar mais célebre da Virgínia como também de todos os programas educacionais não mistos do país. Ao dar vazão a seus receios, Scalia sobrepôs seus próprios valores e preferências às realidades empíricas do caso, que demonstravam que a integração das mulheres nas academias militares mais prestigiadas, entre elas West Point e Annapolis, ocorreu sem precipitar esses resultados calamitosos.

O Tribunal Constitucional da África do Sul perpetrou o mesmo erro quando, com um único voto divergente, o de Johann Kriegler, confirmou a validade do indulto geral concedido por Nelson Mandela, no dia de sua posse como o primeiro presidente democraticamente eleito do país, às mães de filhos pequenos presas por crimes não violentos, mas não aos pais na mesma condição[64]. Para chegar a essa conclusão, o Tribunal não demonstrou empenho algum para avaliar a importância do caráter discriminador do indulto do ponto de vista de ambas as partes da disputa. Em primeiro lugar, o Tribunal subestimou a gravidade da discriminação que os pais, como John Hugo, por exemplo, foram obrigados a sofrer. Richard Goldstone, que redigiu o voto da maioria, afirmou que os pais não sofreram nenhum grande prejuízo porque o indulto "os privou apenas de uma soltura antes do termo, a que absolutamente não tinham direito legal". No parecer dele, o indulto não "prejudicava profundamente a dignidade nem a au-

---

[64] *Hugo* vs. *África do Sul*.

toestima deles". Kate O'Reagan repetiu a mesma opinião ao escrever que "o impacto prejudicial da discriminação nesse caso não foi nem um pouco grave". Ainda pior, embora o objetivo principal de Mandela ao conceder o indulto tenha sido ajudar as crianças, o interesse das crianças órfãs de mãe que tinham o pai encarcerado não teve nenhum peso na decisão.

Goldstone descartou, por considerar "quase impraticável", a possibilidade de Mandela ter conferido indultos individuais aos pais que eram os principais provedores das crianças, não obstante reconhecesse que esse procedimento teria sido viável se Mandela tivesse aprovado uma legislação geral e instituído algum tipo de regime regulador. Yvonne Mokgoro redigiu um voto concorrente em que também se recusava a encontrar falhas no fato de Mandela não ter insistido numa avaliação caso a caso das responsabilidades familiares de cada presidiário, por causa da "grande inconveniência administrativa" que, em sua opinião, essa avaliação acarretaria.

Pode-se dizer que Goldstone, O'Reagan e Mokgoro não exerceram com distanciamento e imparcialidade os poderes de controle judicial de constitucionalidade nos seus respectivos votos em separado. De maneiras diversas, os três basearam a decisão em sua própria avaliação dos ganhos e perdas que um indulto geral desprovido de discriminação sexual produziria, em vez de deixar que as partes e os fatos falassem por si. Quando Goldstone e O'Reagan escreveram que negar aos pais os benefícios do indulto não "prejudicava seus direitos de dignidade nem sua isonomia" e "não era nem um pouco grave", arrogaram-se uma soberania que não lhes competia sobre John Hugo e outros pais na mesma situação, para interpretar por si mesmos esses atos discriminatórios. Descartaram o entendimento do próprio Hugo, como se não merecesse o respeito do Tribunal. Em vez de reconhecer o que Hugo e outros pais responsáveis sozinhos pelos filhos sentiam em relação ao tratamento a eles dispensado pelo Estado, tornaram-se partes interessadas no caso.

A conclusão de Goldstone e de Mokgoro de que não havia nenhuma alternativa viável e menos gravosa ao "método do 'machado cego'" com que se procedeu ao indulto geral também foi um ato de usurpação judicial porque não se apoiou em fatos. Nem Goldstone, nem Mokgoro citaram indícios sólidos de que a extensão da anistia a pais sozinhos como Hugo, cuja responsabilidade pelos filhos não poderia estar em questão, teria constituído um "grave inconveniente administrativo". Se o propósito do indulto era aliviar a situação difícil das crianças pequenas que não estavam sendo criadas pelos pais porque um ou outro, ou ambos, estava preso, o trabalho administrativo suplementar necessário para tratar igualmente os pais e as mães que fossem os únicos responsáveis pelo cuidado dos filhos seria um ônus insignificante para o Estado.

Decisões como as dos casos *Hugo* e *Air India* e votos como o de Scalia em *VMI* são tristes lembretes de que o princípio da proporcionalidade não oferece aos juízes regras automáticas e autoaplicáveis. Os equívocos que eles cometeram deixando de condenar atos patentes de discriminação sexual propostos à sua apreciação demonstram que o controle de constitucionalidade das leis à luz do princípio da proporcionalidade não é um exercício irrefletido e mecânico. O princípio da proporcionalidade fornece um meio para que os julgamentos sejam fundamentados e imparciais. Trata-se de um modelo de análise formal (alguns dizem "vazia")[65] que orienta os juízes na organização e avaliação das pretensões concretas e conflitantes relacionadas às leis submetidas ao seu

---

[65] P. Westen, *Speaking of Equality* (Princeton: Princeton University Press, 1990).

controle constitucional. Em todos os casos, o trabalho difícil é examinar e avaliar todos os fatos e provas de modo que se respeitem os interesses de todos os que se apresentam perante o tribunal. Quando os juízes se mantêm completamente distanciados dos valores substantivos que estão em jogo e levam a sério todas as evidências que explicitam o verdadeiro significado de uma lei para aqueles a quem ela mais afeta, a jurisprudência mostra que a resposta certa normalmente é bem clara e a justiça prevalece no final. Os erros ocorrem quando os juízes permitem que suas opiniões pessoais influenciem sua avaliação da importância de uma lei para os envolvidos e quando são parciais e não agem com equanimidade na consideração dos fatos envolvidos. Se os juízes respeitarem sempre a perspectiva e a personalidade daqueles que a eles recorrem, a discriminação sexual passará a ser uma concepção artificial oriunda de um passado remoto.

No final do século, a maioria dos tribunais já havia dominado a metodologia, e votos como o de Scalia e os dos vencedores em *Hugo* e *Air India* passaram a ser relativamente incomuns. Quando as mulheres reclamaram de leis que as discriminavam com base em estereótipos obsoletos, a maioria dos juízes se manifestou favorável a seus pedidos. Hoje é raro até para os homens, que às vezes tiveram dificuldade para convencer os tribunais de que eles também podem ser vítimas de discriminação sexual, ouvir que a humilhação que sofreram com esse tratamento não é suficientemente relevante para ser levada em consideração. Na maior parte, o terceiro poder do governo tem se mostrado um ótimo vigilante contra a discriminação de ambos os sexos praticada ou tolerada pelo Estado, pelo menos quanto a homens e mulheres cuja libido os leva a agir de modo tradicional e heterossexual. A jurisprudência da discriminação sexual praticada generalizadamente contra todas as mulheres (ou homens) é muito forte. É a prova mais convincente da legitimidade do processo de controle judicial de constitucionalidade realizado com base em princípios e de modo pragmático. Entretanto, quando a discriminação sexual se dirige apenas a alguns membros do grupo – no varejo, por assim dizer – o quadro está muito longe ser tão favorável.

3. Oportunidades iguais para lésbicas e *gays*

Quando as classificações sexuais se escondem por trás de distinções baseadas nas preferências sexuais das pessoas, já observamos que os tribunais têm se mostrado muito menos dispostos a reagir. Quando *gays* e lésbicas reclamaram de leis que os discriminam em virtude do sexo, não foram tão bem recebidos pelo Judiciário. Embora os homens *gays* tenham alcançado algum êxito quando questionaram leis que caracterizavam seu comportamento sexual como "ultraje à moral pública" e criminalizavam a sodomia, eles perderam tantas ou mais causas quantas venceram. Se por um lado o Tribunal Constitucional da África do Sul, o Tribunal Europeu de Direitos Humanos e o Comitê de Diretos Humanos da ONU foram favoráveis às petições[66] desses homens, as Supremas Cortes da Irlanda, dos Estados Unidos e do Zimbábue, e o Tribunal Constitucional da Alemanha (pelo menos a princípio) não foram[67]. O mesmo se verificou quando se solicitou aos tribunais a declaração da nulidade de leis que impediam os homossexuais de adotar filhos: o Tribunal Constitucional da África do Sul votou a favor[68] deles; o Tribunal Europeu de Direitos Huma-

---

[66] *Coligação Nacional para Igualdade de Gays e Lésbicas* vs. *Ministério da Justiça* (1999) 1 SA 6 (Const. Ct.); (1998) 12 BCLR 1517. *Dudgeon* vs. *Reino Unido* (1981) 4 EHRR 149; *Norris* vs. *Irlanda* (1989) 13 EHRR 186; *Toonen* vs. *Austrália* (1992) UN HRC 488.

[67] Notas 9-12 anteriores.

[68] *Du Toit* vs. *Ministro do Bem-Estar e Desenvolvimento da População* [2003] 2 SA 198; [2002] 10 B Const. LR 1006 (Constit. Ct.).

nos, contra[69]. *Gays* e lésbicas também obtiveram de tribunais respeitados pareceres discordantes quanto à validade de leis que lhes negavam várias oportunidades de emprego e os benefícios relacionados. O Tribunal Europeu de Justiça manifestou o entendimento de que as leis trabalhistas que restringem os benefícios de férias aos casais heterossexuais não representam discriminação sexual[70]; a Suprema Corte de Israel[71] e o Tribunal Constitucional da África do Sul[72] consideraram que elas são, sim, discriminatórias. A Suprema Corte do Canadá, assim como o país cuja Constituição supervisiona, permanece dividida. Num período de quatro anos, essa Corte decidiu que casais do mesmo sexo têm direito ao mesmo tratamento devido aos heterossexuais no que concerne ao pedido da pensão alimentícia ao cônjuge separado prevista nas leis matrimonias[73], mas não no que diz respeito a pensão e assistência do Estado a casais heterossexuais idosos[74]. Mais importante, ainda não se convenceu nenhuma corte nacional ou internacional de última instância a reconhecer os direitos de *gays* e lésbicas de registrar contratos de casamento[75]. Dois tribunais – o Tribunal Constitucional da Hungria[76] e o Tribunal Recursal da Nova Zelândia[77] – declararam enfaticamente que as leis tradicio-

---

[69] *Fretté* vs. *França*.
[70] *Grant* vs. *South-West Trains* (1998) 1 CMCR 993 (ECJ, Case C-249/96).
[71] *El-Al Israel* vs. *Danilowitz*, 4 de maio de 1994, Suprema Corte de Israel, na função de Alta Corte de Justiça 721/94; www.courts.gov.il. Reproduzido parcialmente em P. Gewirtz e I. Cogan (orgs.), *Global Constitutionalism* (New Haven: Yale Law School, 1998), pp. iv, 92-113.
[72] *Satchwell* vs. *Presidente da República da África do Sul* [2002] 6 SA 1 (Const. Ct.).
[73] *M.* vs. *H* (1999) 171 DLR (4º) 577.
[74] *Egan* vs. *Canadá*.
[75] Mas ver a decisão da Suprema Corte do Havaí em *Baehr* vs. *Lewin* (1993) 852 P (2º) 44 e de dois tribunais provinciais de recursos provinciais do Canadá em *Egale* vs. *Canadá* (2003) 225 DLR (4º) 472; *Halpern* vs. *Canadá* (2003) 225 DLR (4º) 529.
[76] Nota 14 anterior.
[77] Nota 15 anterior.

nais de matrimônio que excluem uniões entre pessoas do mesmo sexo não negam aos *gays* e lésbicas a igual proteção da lei. Outras duas cortes, a Suprema Corte do Canadá e a dos Estados Unidos, deixaram muito claro, quando consideraram que os direitos dos *gays* e lésbicas haviam sido violados, que nada do que disseram em seus julgamentos tinha a intenção de subverter o conceito tradicional de casamento[78]. O Tribunal Europeu de Direitos Humanos não abordou diretamente a questão do casamento *gay*, mas numa série de casos que tratavam dos direitos dos transexuais, sustentou com firmeza que o direito matrimonial garantido na Convenção se restringe às uniões tradicionais entre duas pessoas de sexos opostos[79].

O tratamento que *gays* e lésbicas têm recebido dos tribunais é, em verdade, ainda menos alentador do que o mero cálculo dos sucessos e derrotas pode dar a entender. Mesmo quando eles obtêm algum êxito, é raro o tribunal concentrar a análise nos fins, meios e efeitos da lei prejudicial de maneira rigorosa e fundada em princípios. Por via de regra, suas vitórias são restritas e incompletas. Não é incomum que um tribunal, ao prolatar uma decisão que reconhece o direito de *gays* e lésbicas a vários benefícios e oportunidades que os casais heterossexuais têm o privilégio de desfrutar, deixe claro que há limites à extensão desses direitos de igualdade. Mesmo quando os juízes são muito favoráveis às queixas de *gays* e lésbicas, a prática comum é negar qualquer inclina-

---

[78] *M* vs. *H*. §§ 53, 55, 134; *Lawrence* vs. *Texas*.
[79] Ver *Sheffield e Horsham* vs. *Reino Unido* (1998) 27 EHRR 163; *B.* vs. *França* (1993) 16 EHRR 1; *Cossey* vs. *Reino Unido* (1991) 13 EHRR 622; *Rees* vs. *Reino Unido* (1987) 9 EHRR 56. Em *Goodwin* vs. *Reino Unido* (2003)13 BHRC 120, o Tribunal considerou que definir o sexo de alguém com base em critérios puramente biológicos violava o direito dos transexuais ao casamento e à constituição de família. Em *Bellinger* vs. *Bellinger* (2003) 14 BHRC 127, a Câmara dos Lordes seguiu esse exemplo.

ção ou intenção de questionar os conceitos tradicionais sobre casamento. Da mesma forma, quando os *gays* têm êxito no combate às leis sobre sodomia e ultraje à moral pública, muitas vezes seus direitos são reconhecidos apenas em parte. Por exemplo, quando o Tribunal Europeu de Direitos Humanos[80] e o Tribunal Constitucional da África do Sul[81] invalidaram leis que reprovavam as atividades sexuais dos *gays*, nenhum dos dois se dispôs a questionar a legitimidade de se estabelecerem idades diferentes de consentimento na relação sexual para *gays*, lésbicas e heterossexuais. Na verdade, os juízes de Estrasburgo tomaram a decisão deliberada de não fazer nenhuma referência à questão da discriminação em parte alguma da sentença; estratégia essa que o Comitê de Direitos Humanos da Organização das Nações Unidas também considerou pertinente quando decidiu que as leis da Tasmânia contra a sodomia violavam o Pacto Internacional dos Direitos Civis e Políticos. O Tribunal Constitucional da Hungria também deliberou contra os *gays* na questão das diferentes idades de consentimento[82].

As vitórias de *gays* e lésbicas não apenas são limitadas e incompletas, mas também, em geral, de alcance muito restrito. Ao que parece, os *gays* e as lésbicas ganham apenas os casos fáceis, quando os fatos são tão cristalinos que permitem ao tribunal afirmar que a lei é produto de uma intenção insensata e/ou hostil. Nas decisões em que reconhecem o direito de *gays* e lésbicas a reivindicar vários benefícios propiciados a casais não casados de

---

[80] *Dudgeon* vs. *Reino Unido*. Vinte anos depois, em *L.* vs. *Áustria* (2000) 13 BHRC 594, os juízes de Estrasburgo decidiram que a determinação de diferentes idades de consentimento para sexo *gay* e heterossexual era uma atitude discriminatória e violava o artigo 14 da Convenção. Ver também *ADT* vs. *Reino Unido* [2000] 9 BHRC 112.
[81] *Coligação Nacional para Igualdade de Gays e Lésbicas*.
[82] *Da idade mínima para participar como membro de associações de orientação homossexual*, Decisão 21, 17 de maio de 1996, em Sólyom Brunner (orgs.), *Constitutional Judiciary in a New Democracy*, 333.

acordo com as leis tradicionais de casamento e união estável, por exemplo, tanto a Suprema Corte do Canadá quanto o Tribunal Constitucional da Hungria argumentaram que os objetivos dessas leis seriam comprometidos se se excluíssem de sua proteção os relacionamentos de *gays* e de lésbicas[83]. Na terminologia dos economistas, tratar *gays* e lésbicas como se tratam os heterossexuais é nesse caso uma situação "pareto-superior", porque promove simultaneamente os objetivos da lei e os direitos constitucionais de *gays* e lésbicas. Da mesma forma, o Comitê de Direitos Humanos da Organização das Nações Unidas fundamentou sua decisão contra as leis de sodomia da Tasmânia em parte no fato de que elas trabalhariam contra os seus objetivos de saúde pública de prevenir a disseminação da AIDS, ao lançar as relações homossexuais na clandestinidade[84]. No mesmo sentido, a decisão unânime do Tribunal Constitucional da África do Sul de que *gays* e lésbicas têm direito às mesmas oportunidades de adotar que os demais justificou-se pelo fato de que ampliaria os objetivos do governo e atenderia os interesses das crianças em geral[85].

Em alguns desses casos, os fatos podem ser tão contundentes e o ataque aos *gays* tão explícito que o tribunal é capaz de basear sua decisão na constatação de uma intenção dolosa ou injusta. Foi essa a razão apresentada pela Suprema Corte dos Estados Unidos em *Romer* vs. *Evans*, quando invalidou uma lei que proibia os governos municipais e mesmo o Poder Legislativo do estado de ampliar a proteção dos códigos de direitos humanos a fim de incluir nela também proteção contra a discriminação em virtude da orientação sexual. A "própria abrangência" da lei, afirmou a Corte, era "tão incongruente com as razões apresentadas para justifi-

---

[83] *M.* vs. *H.*, 115-6; *Da igualdade jurídica de parceiros do mesmo sexo*, parte III, § 3.
[84] *Toonen* vs. *Austrália*.
[85] *Du Toit* vs. *Ministro do Bem-Estar*.

cá-la que não há outra explicação a não ser a animosidade para com a categoria afetada; falta-lhe uma relação racional com os interesses legítimos do Estado"[86]. De modo semelhante, o Tribunal Constitucional da África do Sul invalidou as leis de sodomia do país porque as evidências demonstraram que também essas não eram motivadas senão por "flagrante preconceito"[87].

As razões estreitas que os juízes apresentam quando favorecem o lado dos *gays* e das lésbicas contrastam nitidamente com os pareceres veementes e enfáticos que escrevem quando concluem não haver mérito nas queixas deles. Quando os tribunais dão seu selo de aprovação a leis que impõem ônus especiais a *gays* e lésbicas e/ou lhes negam benefícios e oportunidades que os heterossexuais têm o privilégio de desfrutar, os motivos quase sempre são generalizantes e ousados. Eles negam, justificam e em alguns casos até defendem essa discriminação como razoável e justa. Alguns juízes afirmam que as leis contra a sodomia e as leis referentes à família e ao matrimônio tradicional são constitucionais porque não operam nenhuma discriminação de fato. Outras vezes, o argumento é que o interesse ou atividade para o qual se demanda proteção, como a sodomia ou o casamento entre pessoas do mesmo sexo, não é abrangido pela Constituição. Uma terceira e última linha de defesa invoca a soberania do povo para aprovar leis que protejam suas instituições e conceitos morais mais profundos, mesmo que incidentalmente discriminem certas pessoas. Em geral, os juízes que não são favoráveis às reivindicações de lésbicas e *gays* fazem uso de mais de um desses argumentos em seus pareceres, e não é incomum que usem os três. Independentemente do(s) motivo(s), sempre que *gays* e lésbicas não conseguem

---

[86] *Romer vs. Evans*.
[87] *Coligação Nacional para Igualdade de Gays e Lésbicas vs. Ministério da Justiça*.

conquistar o benefício que reivindicam, os fatos decisivos para a causa deles são ou mal compreendidos ou simplesmente ignorados.

O argumento de que as leis contra a sodomia e as leis do direito de família e do casamento tradicionais não são discriminadoras convenceu muitos juízes e se apresenta de duas formas. A mais conhecida baseia-se na premissa factual de que as relações sexuais têm significados biológicos, psicológicos e sociais diferentes para homens e mulheres e para *gays* e heterossexuais, e alega que é completamente compatível com o princípio da igualdade essas diferenças se refletirem no ordenamento jurídico. O argumento pretende ser uma aplicação direta do entendimento geral de que o princípio de igualdade formal exige não só que coisas, pessoas etc. em situações semelhantes recebam tratamento igual, mas também que aquelas cujas circunstâncias sejam diversas recebam tratamento diferente na proporção de suas diferenças. Assim, da mesma maneira que a igualdade exige que o portador de deficiência obtenha certas vantagens, afirma-se que não é discriminação aprovar leis que privilegiam os casais heterossexuais, porque as suas relações sexuais são fisicamente muito diferentes das relações de lésbicas e *gays*.

Esse argumento teve posição de destaque no raciocínio do Tribunal Constitucional da Alemanha na primeira decisão registrada sobre a validade constitucional das leis contra a sodomia que atacavam explicitamente as relações sexuais entre *gays*[88]. Para os membros desse Tribunal, em meados do século passado, a homossexualidade masculina e a feminina configuravam estados fisiológicos e psicológicos radicalmente diferentes um do outro e, portanto, uma lei que criminalizasse as relações sexuais entre homens, mas não entre mulheres, não ofendia o princípio constitu-

---

[88] *Caso da homossexualidade.*

cional da igualdade. Esse argumento também convenceu a maioria dos juízes das Supremas Cortes da Irlanda e do Zimbábue[89]. Mesmo um dos juízes que divergiu, e que por outros motivos teria invalidado as leis da Irlanda contra a sodomia e o ultraje à moral pública, manifestou o parecer de que as leis que criminalizavam essas práticas não são discriminatórias de forma alguma[90]. Do mesmo modo, a diferença entre os casais do mesmo sexo e as uniões heterossexuais tradicionais por causa da incapacidade dos primeiros de procriar conjuntamente e constituir uma família de filhos comuns foi decisiva para muitos juízes que fizeram parte da Suprema Corte do Canadá e, embora jamais tenha conquistado a maioria de seus membros, esse argumento teve apoio suficiente para determinar o resultado da original e influente decisão sobre o escopo dos direitos dos *gays*[91].

Alegando não se tratar de discriminação, o Tribunal Europeu de Justiça também confirmou a validade de uma lei trabalhista que limitava os benefícios de férias pagos aos companheiros dos empregados apenas aos parceiros de sexo oposto, mas seu argumento assumiu uma forma muito diversa[92]. Em lugar de enfatizar as diferenças entre casais de mesmo sexo e casais de sexos opostos, o Tribunal Europeu decidiu que não ocorria discriminação porque a restrição se aplicava igualmente a homens e mulheres. Segundo o Tribunal, a condição impeditiva se aplicava independentemente do sexo do trabalhador. A lei contestada se justificava porque era coerente com o princípio formal de igualdade, uma vez que o tratamento conferido a homens e mulheres em situação semelhante era o mesmo.

---

[89] *Norris* vs. *Procurador-geral (Irlanda)*; *Banana* vs. *O Estado*.
[90] Juiz Henchy, *Norris* vs. *Procurador-geral*
[91] *Egan* vs. *Canadá*, juiz LaForest.
[92] *Grant* vs. *South-West Trains*.

Apesar de ser muito apreciado pelos juízes o argumento de que as leis que põem em desvantagem *gays* e lésbicas não são necessariamente discriminatórias, é raro que ele suporte sozinho todo o peso de uma decisão. Normalmente, é acompanhado de argumentos interpretativos e éticos segundo os quais essas leis, embora discriminadoras, não constituem violação dos direitos constitucionais de ninguém e/ou se justificam como tentativas legítimas do povo de proteger o caráter moral da sociedade. Conquanto os argumentos interpretativos quase nunca figurem nos casos de discriminação sexual em que o reclamante é heterossexual, é muito comum *gays* e lésbicas ouvirem que sua liberdade de envolver-se sexualmente e usufruir os mesmos benefícios e oportunidades que o Estado proporciona aos casais heterossexuais não é protegida pela Constituição. Quase sempre, as decisões interpretativas desse tipo fundamentam-se em explicações históricas acerca do significado original das garantias de igualdade e privacidade. Tanto a Suprema Corte da Irlanda[93] quanto o Tribunal Recursal da Nova Zelândia[94] apoiaram-se demais nos propósitos e entendimentos originais para explicar por que achavam que as leis dos países deles sobre sexo homossexual e casamentos tradicionais, respectivamente, não violavam nenhuma norma constitucional. Para a maioria dos juízes de Dublin, era simplesmente "incompreensível" que, ao aprovar uma Constituição que declarava explicitamente seu compromisso com os valores cristãos, alguém tivesse pensado que as leis que puniam condutas há séculos consideradas gravemente pecaminosas pelos ensinamentos da Igreja seriam de uma hora para outra declaradas inconstitucionais e não mais providas de força nem efeito legal.

---

[93] *Norris* vs. *Procurador-Geral*.
[94] *Quilter* vs. *Procurador-Geral*.

As definições históricas muitas vezes são complementadas com argumentos acerca do que se entende comumente ser o sentido literal e natural do texto envolvido. O Tribunal Constitucional da Hungria[95] e o Tribunal Europeu de Direitos Humanos[96] citaram interpretações correntes e opiniões populares na defesa de leis que restringem o casamento à união entre pessoas de sexos opostos, assim como fez a Suprema Corte do Zimbábue quando se referiu ao caráter conservador do código moral do país como motivo para não fazer "interpretação liberal [da] Constituição [do] país no que diz respeito à sexualidade"[97]. Os norte-americanos, com seu estilo característico, mesclaram explicações históricas com argumentos doutrinários ao confirmar a validade das leis contrárias à sodomia do estado da Geórgia em *Bowers* vs. *Hardwick*[98]; e um de seus juristas mais eminentes escreveu que a opinião popular corrente devia ser decisiva também na questão do casamento entre pessoas do mesmo sexo[99].

Além de negarem o fato da discriminação e a proteção da constituição, os juízes para quem *gays* e lésbicas não têm base para reclamar de prejuízo nenhum que as leis tradicionais do matrimônio e de crimes sexuais lhes possam impor quase sempre apresentam também o que Philip Bobbitt rotulou de argumento

---

[95] *Da igualdade jurídica de parceiros do mesmo sexo.*
[96] Nota 79 anterior.
[97] *Banana* vs. *O Estado*.
[98] *Bowers* vs. *Hardwick*.
[99] Richard Posner, *The Problematics of Moral and Legal Theory* (Cambridge, Mass.: Harvard University Press, 1999), 249-52; ver também R. Posner, "Should There Be Homosexual Marriage? And If So Who Should Decide?" (1997) 95 Mich. L Re. 1578. Cass Sunstein, um colega de Posner, também acredita que, quando a opinião pública é veemente sobre certas questões, como o casamento *gay*, por exemplo, os tribunais agiriam errado se impusessem sua vontade própria. Ver *Designing Democracy: What Constitutions Do* (Nova York: Oxford University Press, 2001), cap. 8.

"ético" para sustentar sua posição[100]. A maioria dos tribunais que tratou do tema endossou de maneira enfática e inequívoca a possibilidade de os Estados concederem proteção e apoio jurídico aos valores morais mais importantes de seu povo. As Supremas Cortes da Irlanda, do Zimbábue e dos Estados Unidos, bem como os Tribunais Constitucionais da Alemanha e da Hungria, além do Tribunal Europeu de Direitos Humanos, apoiaram o princípio de que os legisladores têm legitimidade para levar em consideração o caráter moral de seu país na elaboração das leis (criminais, matrimoniais, educacionais etc.) que aprovam[101]. Dificilmente os juízes são evasivos ou ambíguos quando se trata de saber se a imposição de costumes privados preenche os requisitos de um propósito legislativo legítimo[102].

Os juízes que admitem que os governos façam uso dos poderes coercitivos do Estado para proteger os valores morais mais importantes de seu povo em geral referem-se a leis que criminalizam relações incestuosas e poligâmicas, mesmo que os envolvidos tenham capacidade de consentir e de fato nelas consintam[103]. No mundo inteiro, os governos aprovaram leis contra essas e outras uniões sexuais. Se as leis contra o incesto e a poligamia são legítimas, como se argumenta, as objeções contra a sodomia e os casamentos entre pessoas do mesmo sexo também são. Todas as nossas leis sobre relações sexuais têm origem em tradições reli-

---

[100] Bobbitt, *Constitutional Fate*, caps. 7-11; "Methods of Constitutional Argument" 23 UBCL Rev. (1989) 449.
[101] *Norris* vs. *Procurador-Geral*; *Banana* vs. *O Estado*; *Bowers* vs. *Hardwick*; *Da igualdade jurídica de parceiros do mesmo sexo*; *Dudgeon* vs. *Reino Unido*, §§ 49, 57; *Norris* vs. *Irlanda*; *Fretté* vs. *França*.
[102] Mas ver *Coligação Nacional para Igualdade de Gays e Lésbicas*, §§ 25(b), 37; *Lawrence* vs. *Texas*.
[103] Ver, por exemplo, *Bowers* vs. *Hardwick*; *Norris* vs. *Procurador-Geral*; *Quilter* vs. *Procurador-Geral*.

giosas e morais centenárias e, do ponto de vista jurídico, não são formalmente distintas umas das outras.

O saldo das decisões contrárias a *gays* e lésbicas revela números muito desanimadores. Em diversos casos, em muitos lugares, os tribunais têm demonstrado muito menos disposição para reparar as coisas quando as vítimas de discriminação sancionada pelo Estado são *gays* e lésbicas do que quando homens e mulheres heterossexuais estão na mesma condição. Da perspectiva de um *gay* ou de uma lésbica, é como se o Judiciário os considerasse pertencentes a uma casta inferior. Entretanto, por pior que seja o tratamento dos tribunais aos *gays* e às lésbicas, seria prematuro estes abdicarem de sua esperança. É errado pensar que *gays* e lésbicas jamais poderão receber a mesma proteção contra a discriminação sexual que as demais pessoas merecem. Não há nada no texto de nenhuma Constituição nem na jurisprudência dos tribunais que justifique os juízes adotarem atitudes diferentes com respeito à discriminação sexista dependendo da orientação sexual do reclamante. Ao contrário, o que os casos demonstram mais uma vez é que os preceitos e regulamentos que distinguem entre pessoas em virtude do sexo sobrevivem apenas quando a avaliação dos aspectos concretos do caso pelos juízes é desatenta e indiferente. Toda vez que um tribunal confirma a validade de uma lei que discrimina *gays* e lésbicas por causa do sexo, sua análise dos fatos é parcial e incompleta. O erro de análise equivale exatamente à avaliação incorreta das provas factuais que macula os poucos julgamentos ainda tolerantes ao tratamento desigual das mulheres. Acontece com mais frequência quando os pleiteantes são *gays* e lésbicas, mas isso não significa que tenha menos possibilidade de se corrigir e retificar. Num mundo em que quase todos os juízes empreendem uma avaliação conscienciosa e abrangente dos fatos sempre que as mulheres heterossexuais apresentam reclamações de discriminação sexual, não deve estar longe o dia em que *gays* e lésbicas conseguirão o mesmo respeito.

Para os juízes dispostos a refletir com franqueza sobre o estado da atual jurisprudência, é fácil localizar os erros e omissões. A distorção dos registros factuais se faz particularmente clara quando os juízes afirmam que as leis que privilegiam os casamentos e disposições familiares tradicionais não são discriminatórias porque tratam com igualdade homens e mulheres, *gays* e lésbicas. Com base nesse argumento o Tribunal Europeu de Justiça decidiu que os casais *gays* não tinham direito aos mesmos benefícios trabalhistas dos heterossexuais[104]. A justificativa também convenceu os juízes do Tribunal Constitucional da Hungria[105] e do Tribunal Recursal da Nova Zelândia[106]. De todos os argumentos apresentados em favor das leis que põem *gays* e lésbicas em desvantagem, a alegação de que elas não são discriminatórias porque impõem igual ônus a ambos os sexos é inquestionavelmente a mais fraca e mais difícil de defender. Mesmo quando as leis que privilegiam as relações heterossexuais prejudicam igualmente homens e mulheres, o preconceito sexual delas não deixa de ser um fato comprovado. O tratamento igual de homens e mulheres refere-se a um aspecto dessas leis, mas ignora o fato de que elas impõem um controle rígido ao que as pessoas podem ou não fazer (ter relações sexuais, casar-se etc.) com base no sexo delas. O fato de que essas leis não acarretam discriminação geral entre homens e mulheres não diz nada sobre o tratamento que dispensam às pessoas como indivíduos.

É fácil perceber a falha do argumento quando se troca a classificação sexual pela racial. A falácia é particularmente flagrante

---

[104] *Grant vs. South-West Trains.*
[105] *Da igualdade jurídica de parceiros do mesmo sexo.*
[106] *Quilter vs. Procurador-Geral*, por Gault J e Tipping J.

quando se argumenta que as leis antimiscigenação, que proíbem os casamentos inter-raciais, não são discriminatórias porque conferem o mesmo tratamento a todas as raças. O estado da Virgínia já tentou propor esse argumento à Suprema Corte dos Estados Unidos, mas não foi muito longe[107]. Mesmo sendo verdade que essas leis impõem igualmente às pessoas de todas as raças a restrição na escolha do cônjuge, o argumento não enganou nenhum dos membros da Corte. Os nove juízes reconheceram que, não obstante a igualdade superficial, tratava-se de leis profundamente racistas tanto nos objetivos quanto nos efeitos.

É exatamente assim que as leis trabalhistas e as leis matrimoniais tradicionais que privilegiam os casais heterossexuais promovem a discriminação sexual. O preconceito sexista das leis tradicionais do casamento é exatamente igual ao racismo que infectava as leis antimiscigenação invalidadas pela Suprema Corte dos Estados Unidos – isto é, o sexo, assim como a raça, determina com quem cada um pode se casar. A liberdade daqueles que desejam ter casamento homossexual e/ou inter-racial é negada simplesmente por causa do sexo e/ou da raça a que pertencem. Ainda que ambos os sexos e todas as raças sejam igualmente desfavorecidos, o caráter discriminador dessas leis continua sendo um fato inegável e imutável. Ted Thomas, um dos juízes do Tribunal Recursal da Nova Zelândia[108], assim como alguns acadêmicos[109], estabeleceu analogia

---

[107] *Loving* vs. *Virgínia* (1967) 388 US 1. O caso e sua relevância para a questão do casamento entre pessoas do mesmo sexo são tratados longamente por William Eskridge, em *The Case for Same-Sex Marriage* (Nova York: Free Press, 1996), cap. 6.

[108] *Quilter* vs. *Procurador-Geral*

[109] Ver, por exemplo, Andrew Koppelman, "Why Discrimination Against Lesbians and Gay Men is Sex Discrimination" (1994) 69 NYU L Re. 197; A. Koppelman, *The Gay Rights Question in Contemporary American Law*; Robert Wintemute, *Sexual Orientation and Human Rights* (Nova York: Clarendon, 1995); Sunstein, *Designing Democracy*, cap. 8.

entre as leis sexistas e as leis racistas não obstante elas tratarem ambos os sexos e todas as raças com igualdade. O fato de poucos juízes terem questionado o preconceito sexual das leis que favorecem os casais heterossexuais dá a entender que essa correlação é de conhecimento geral. Negar que as leis que põem *gays* e lésbicas em desvantagem discriminam em virtude do sexo apenas porque homens e mulheres são submetidos à mesma restrição na escolha de parceiros é um *non sequitur* patente que a maioria das pessoas, inclusive os membros do Judiciário, são capazes de detectar.

O argumento de que as leis relativas ao casamento tradicional e à família não fazem discriminação com base no sexo porque tratam homens e mulheres da mesma forma é tão obviamente errado do ponto de vista empírico que não surpreende o fato de não ocupar lugar de destaque na jurisprudência sobre os direitos dos *gays*. Até os juízes da Suprema Corte do Zimbábue, acostumados a rechaçar a alegação de discriminação sexual "por tratar-se de um argumento especioso", tiveram de reconhecer que isso está "tecnicamente" correto[110]. Por conseguinte, quando os juízes decidem que as leis prejudiciais a *gays* e lésbicas não são discriminatórias, é muito provável que façam isso por considerarem as características definidoras das relações homossexuais e heterossexuais tão dessemelhantes que lhes parece legítimo essas diferenças se expressarem na lei[111]. De acordo com esses juízes, para tratar com equidade pessoas cujas circunstâncias (biológicas, sociais etc.) são diferentes, é preciso que a lei atente para esses fatos que as distinguem e as tornam únicas, e não os negue.

Assim como o argumento de que as leis que põem em desvantagem *gays* e lésbicas não são discriminadoras porque o trata-

---

[110] *Banana vs. O Estado*.
[111] Ver texto que acompanha as notas 88-91.

mento dispensado a homens e mulheres é o mesmo, os pareceres que fundamentam suas conclusões nas diferentes características biológicas, sociais etc. dos dois grupos não podem ser mais fortes que os fatos em que se baseiam. Em alguns casos, com o passar do tempo, percebemos que muitas das hipóteses "científicas" já formuladas sobre *gays* e lésbicas não são verdadeiras. Hoje sabemos que afirmar, por exemplo, que *gays* e lésbicas enfrentam "uma vida [...] angustiante [...] de [...] solidão e frustração"[112] está completamente em desacordo com a medicina moderna que, apesar de no passado ter feito isso, não mais classifica a homossexualidade como uma doença que precisa ser tratada[113]. Hoje, cinquenta anos depois que os juízes do Tribunal Constitucional da Alemanha definiram os "homossexuais masculinos" como "vítima[s de] um desejo sexual irrefreável", impelidos a seduzir outras pessoas, pode-se considerar essa definição um estereótipo falso e aviltante[114]. Algumas vezes, os juízes reconhecem que não há muitos dados empíricos que sustentem essas caracterizações negativas das relações homossexuais e homoeróticas. Outras vezes, com mais frequência, eles ignoram evidências decisivas que contradizem suas conclusões. Em seu julgamento no caso *Norris* vs. *Procurador-Geral*, Thomas Francis O'Higgins, presidente da Suprema Corte da Irlanda, fez ambas as coisas. Reconheceu que havia carência de "informações precisas" sobre os efeitos da atividade homossexual na instituição do casamento e ignorou o fato de que nenhum mal sobreveio à Irlanda quando as suas leis contra a sodomia deixaram de ser aplicadas, nem a

---

[112] *Norris* vs. *Procurador-Geral*, por O'Higgins CJ.
[113] Tanto a Associação Americana de Psiquiatria quanto a Associação Americana de Psicologia não mais caracterizam a "homossexualidade" como distúrbio mental. Ver *Escoteiros dos Estados Unidos* vs. *Dale* (2000) 530 US 640, 699, por Stevens J (Parte VI). Ver também Eskridge, *The Case for Same-Sex Marriage*.
[114] *Caso da homossexualidade*.

nenhum dos países vizinhos que haviam descriminalizado o sexo entre *gays* e entre lésbicas.

A displicência com relação a certos fatos e a invenção de outros são dois motivos por que os juízes têm deixado de proteger *gays* e lésbicas das leis sexistas sancionadas pelo Estado. A exacerbação da importância dos fatos é um terceiro motivo. Por exemplo, tomar como base de sua decisão um fato praticamente irrelevante para as partes foi o que levou Charles Gonthier a divergir da decisão da Suprema Corte do Canadá de que os casais homossexuais tinham o mesmo direito que os heterossexuais de reivindicar pensão alimentícia do parceiro no caso de rompimento da relação[115]. Gonthier recusou-se a acompanhar o voto de seus colegas porque achava que o fato de apenas casais heterossexuais poderem procriar juntos e criar filhos comuns é de fundamental importância e justifica o direito exclusivo deles a tratamento especial. Para ele, os sistemas de pensão alimentícia foram criados para solucionar o problema das mulheres casadas dependentes que haviam ficado em casa para criar os filhos, e não havia nada de discriminatório no fato de o Estado procurar melhorar as circunstâncias especiais dessas mulheres.

O destaque da capacidade procriadora exclusiva e dos papéis tradicionais dos casais heterossexuais dá ao parecer de Gonthier um grau de credibilidade que evidentemente falta aos julgamentos fundados em estereótipos antiquados. Ele pretende fundamentar sua conclusão num fato inegável. Entretanto, como todos os outros pareceres que consideram não discriminatória a aprovação de leis desfavoráveis a *gays* e lésbicas, esse tratamento dos fatos é altamente subjetivo e parcial. Gonthier elege a procriação como o fato decisivo do qual depende o seu voto contra a discri-

---

[115] *M.* vs. *H.*

minação, embora, segundo a referida lei, a procriação não tenha nada a ver com o direito de reivindicar os benefícios. De acordo com essa lei, os heterossexuais têm direito à pensão alimentícia do ex-companheiro quer tenham filhos, quer não. Os casais mais velhos e/ou estéreis, para os quais a procriação é uma impossibilidade física, por exemplo, não deixam de fazer jus a esse direito. Gonthier também não deu peso algum ao fato de que *gays* e lésbicas podem constituir e realmente constituem família, de modo que podem criar relações de dependência. Em lugar de fundamentar sua decisão nos fatos conforme o entendimento que o governo e a comunidade *gay* têm deles, Gonthier se arrogou a autoridade de decretar quais fatos eram mais importantes e, com isso, abriu mão da perspectiva imparcial, que é exatamente o que define um juiz.

Quando os juízes afirmam que não é discriminatório aprovar leis que privilegiam as relações heterossexuais, os erros factuais e/ou lógicos que eles cometem se destacam como alto-relevo. Ao contrário, quando eles decidem que *gays* e lésbicas não têm o mesmo direito de se casar ou mesmo de fazer sexo com o parceiro escolhido porque esse tipo de interesses e atividades não é protegido pela Constituição, parece que suas decisões se apoiam em fundamentos bem mais sólidos. Principalmente em países como a Irlanda ou o Zimbábue, onde as tradições religiosas e culturais predominantes adotam uma abordagem muito conservadora e convencional das questões sexuais, a descrição factual do alcance das declarações de direitos pretendido pelos responsáveis por consolidá-las nas Constituições de seus países parece bem acertada. Com efeito, é difícil argumentar contra a conclusão de O'Higgins de que seria "incompreensível", para qualquer um envolvido na aprovação da Constituição irlandesa, a ideia de que eles estavam legalizando atividades que os ensinamentos de suas crenças religiosas definiram como "gravemente pecaminosas" e que foram proibidas durante centenas de anos.

Assim como o parecer de Gonthier de que os casais heterossexuais são diferentes de *gays* e lésbicas na capacidade de procriar, a observação de O'Higgins sobre o entendimento original dos responsáveis pela consolidação das declarações de direitos na Constituição irlandesa é sem dúvida verdadeira. De fato, em vários países seria correto afirmar que ninguém esperaria que a garantia constitucional de igualdade resultasse na revogação de leis sobre sexo e casamento há muito consagradas e na revisão radical das ideias religiosas e morais em que essas leis se baseiam. Contudo, mais uma vez, a simples veracidade da afirmativa não é decisiva, porque a imagem que ela retrata das circunstâncias em torno da adoção da Constituição é, como todas as falsas opiniões, parcial e incompleta. Assim como a comparação de Gonthier entre as relações homossexuais e heterossexuais, a teoria histórica de O'Higgins sobre a transformação da Irlanda numa democracia constitucional provida de uma declaração de direitos escrita conta apenas uma parte da história. Ela deixa de reconhecer que, além de quaisquer ideias específicas possivelmente suscitadas sobre questões como sexo e casamento *gay*, havia também a opção clara e consciente de formular nos termos mais amplos possíveis um preceito constitucional contra atos injustos e discriminatórios por parte do Estado.

O artigo 40(1) da Constituição irlandesa foi redigido em linguagem ampla e majestosa. Garante que "todos os cidadãos [...] como pessoas humanas [serão] considerados iguais perante a lei". Se levarmos em conta o modo de interpretação das Constituições proposto por O'Higgins, o sentido do artigo 40(1) deveria ser deduzido inteiramente das expectativas que as pessoas lhe atribuíam, e o texto propriamente dito (bem como a intenção explícita em sua redação) deveria ser ignorado. Esse favorecimento parcial dos registros históricos não só é um retrato impreciso da história constitucional da Irlanda como também não se coaduna com nenhuma Constituição moderna que garante expressamente a todos o benefício da isonomia. Sua distorção do texto é particularmente flagrante em países como Canadá, Alemanha e Hungria, cujas Constituições dispõem não somente que homens e mulheres têm direitos iguais, mas também que ninguém deve ser discriminado em virtude do sexo[116]. Os tribunais vão além de sua jurisdição quando ignoram que as garantias de igualdade e não discriminação são escritas em termos amplos e incondicionais e quando fundamentam suas decisões no entendimento geral de que ninguém previra que as leis tradicionais sobre casamento e sexo teriam de mudar. Mesmo quando as Constituições (ou convenções internacionais) fazem referência explícita à instituição do casamento, os tribunais que permitem aos governos ignorar as amplas proibições contra a discriminação sexual insistem numa autoridade que não é deles. *Gays* e lésbicas afirmam ser vítimas de discriminação sexual, expressamente proibida pela Constituição, e não se lhes pode responder que poucos previram, se é que alguém previu, que as leis tradicionais que regem o sexo e o casamento teriam precisamente esse efeito.

Privilegiar as expectativas que se alimentavam ou ainda se alimentam sobre os efeitos que uma Constituição terá é errado por pelo menos dois motivos[117]. Como teoria factual do que se pas-

---

[116] Carta de Direitos e Liberdades canadense, Seções 15 e 28; Lei Fundamental da Alemanha, artigo 3(1), 3(2); Constituição da Hungria, artigos 66 e 70A, em Blaustein e Flanz, *Constitutions*.

[117] Ao argumentar que as expectativas dos redatores também devem conformar-se aos princípios mais fundamentais de uma Constituição, o Tribunal Constitucional da Alemanha identificou um terceiro erro. Ver *Caso do estado do sudoeste* (1951) 1 BVerf GE 14, em D. Kommers, *The Constitutional Jurisprudence of the Federal Republic of Germany*, 2ª ed. (Durham, NC: Duke University Press, 1997), 63.

sava na mente daqueles que decidiram manifestar seu compromisso com a igualdade e a não discriminação em termos veementes e sem ressalvas, isso dá conta de apenas metade da história. O texto elevado e inspirador característico das modernas declarações de direitos demonstra que, mesmo que ninguém esperasse que essas proclamações ameaçassem as leis tradicionais sobre casamento e sexo, há nelas a expressão muito clara de uma intenção geral de pôr fim à prática da discriminação sexual. É isso que uma garantia contra a discriminação sexual pretende proteger; e negligenciar essa parte da prescrição legal equivaleria a introduzir uma emenda à Constituição.

O outro erro que os juízes cometem quando decidem que as leis tradicionais de casamento e sexo não manifestam preconceito sexual, justificando sua tese com a constatação de que aqueles (os autores das declarações de direitos) que impuseram proibições amplas contra a discriminação não as consideravam preconceituosas, é deixar de abordar os próprios méritos das queixas de *gays* e lésbicas. Foi por isso que Ted Thomas, do Tribunal Recursal da Nova Zelândia, criticou os juízes que concentram toda a atenção nas expectativas que os responsáveis pela adoção da declaração de direitos alimentavam sobre os efeitos dessa declaração. Segundo ele, analisar um caso por essa perspectiva "evita a difícil questão [de decidir] se a lei é ou não discriminatória"[118]. Para Thomas, raciocinar com base nas interpretações originais e nas expectativas atuais é "confuso" porque faz a legitimidade de nossas ideias tradicionais sobre sexo e casamento depender do que se concebia como possíveis consequências de um compromisso amplo com a igualdade e a não discriminação, em vez de questionar se elas de fato são discriminadoras.

---

[118] *Quilter vs. Procurador-Geral* (Nova Zelândia).

Os argumentos interpretativos segundo os quais as leis tradicionais sobre casamento e sexo não são incompatíveis com as garantias fundamentais de igualdade e não discriminação sofrem das mesmas imprecisões empíricas e falhas lógicas que as alegações conceituais de que não há discriminação. Ambos são falhos porque se baseiam em relatos incompletos e/ou imprecisos dos fatos. Tratar com leviandade as evidências e as realidades empíricas de um caso pode se transformar numa postura e num hábito mental e, por isso, não é de surpreender que os argumentos éticos que também se destacam nesses julgamentos sejam em geral igualmente marcados pelo tratamento parco e inadequado dos fatos. Os argumentos éticos carecem invariavelmente de dados concretos que provem que os "valores familiares tradicionais" são essenciais para educar os filhos e preservar o caráter moral da sociedade, e não se preocupam em especificar quais seriam as consequências se *gays* e lésbicas tivessem a mesma liberdade que os heterossexuais para escolher as pessoas com quem farão sexo, com quem vão se casar e constituir família. Jamais se citam fatos que sustentem a alegação de que se *gays* e lésbicas dispusessem dos mesmos direitos e liberdades dos casais heterossexuais, inclusive a possibilidade de se casar com alguém do mesmo sexo, o caráter moral da sociedade e particularmente seus jovens seriam de algum modo ameaçados. Preocupações jurídicas e especulações vagas sobre algo que nem sequer existe e tem apenas a possibilidade de vir a ser tomam o lugar dos fatos. Ainda pior, os fatos que demonstram o contrário são descartados ou simplesmente ignorados[119].

---

[119] Em *Fretté* vs. *França*, por exemplo, o Tribunal Europeu de Direitos Humanos manteve a decisão das autoridades francesas de proibir *gays* e lésbicas de adotar crianças, sem dar consideração alguma às evidências que demonstravam que Philippe Fretté, o reclamante do caso, tinha uma aptidão genuína para criar crianças.

Em vez de se empenharem seriamente para descobrir o que ocorre quando as leis que põem em desvantagem *gays* e lésbicas são revogadas, os juízes que defendem a constitucionalidade delas por causa dos valores morais que as fundamentam costumam indicar as leis que proíbem relações incestuosas e poligâmicas como analogias conclusivas. Poucos questionam a legitimidade do Estado para criminalizar a poligamia[120] e o incesto e, de acordo com o argumento, portanto, as relações entre pessoas do mesmo sexo, igualmente ofensivas às mesmas tradições morais e religiosas, também podem ser proibidas pelo Estado. Entretanto, os paralelos entre as leis que desfavorecem *gays* e lésbicas e aquelas que criminalizam o incesto e a poligamia não substituem a análise cuidadosa dos fatos. Assim como os argumentos sobre o caráter discriminador ou não de uma lei, ou sobre a intenção dos responsáveis pela aprovação de uma declaração constitucional de direitos, a lógica e a força de uma analogia são proporcionais ao que há de comum, ao estado de coisas etc. do que está sendo comparado.

O vínculo em geral é muito fraco. O raciocínio por analogia é notoriamente frágil no tratamento dos fatos. Aqueles que compreendem quanto a descoberta dos fatos é importante para a integridade da lei reconhecem que "raciocinar por analogia pode ser um obstáculo para o progresso"[121]. O raciocínio analógico pode dar errado sempre que houver investigação inadequada das diferenças relevantes que distinguem as duas situações ou cir-

---

[120] *Reynolds* vs. *Estados Unidos* (1878) SC 145.
[121] C. Sunstein, "On Analogical Reasoning" (1993) 106 Harv. L Rev. 741, 790. Ver também *Legal Reasoning and Political Conflict* (Nova York: Oxford University Press, 1996), cap. 3. Sobre os limites das analogias em termos mais gerais, ver Larry Alexander, "Bad Beginnings"; Hutchinson, *It's All in the Game*, 152-62; Richard Posner, *The Problems of Jurisprudence* (Cambridge, Mass.: Harvard University Press, 1990), cap. 2; e Ronald Dworkin, "In Praise of Theory" (1997) 29 Arizona State LJ 353, 371.

cunstâncias comparadas. As más analogias são enganosas e de pouco proveito exatamente porque o tratamento que dão aos fatos envolvidos é arbitrário e incompleto. Consideram-se importantes apenas os traços e características comuns e ignoram-se as diferenças envolvidas, por mais significativas que sejam.

As leis que proíbem os casamentos poligâmicos e incestuosos não são boas analogias nem precedentes para recusar o reconhecimento do casamento entre pessoas do mesmo sexo, uma vez que tratam as semelhanças relativamente triviais entre todas essas relações como aspectos de importância decisiva e não dão nenhum peso às diferenças que distinguem radicalmente as três. A analogia entre poligamia, incesto e casamento entre pessoas do mesmo sexo privilegia as raízes históricas e a condenação religiosa generalizada (embora não universal) dos três tipos de relações sexuais e despreza aspectos biológicos, psicológicos e morais absolutamente fundamentais exclusivos de cada uma delas. As relações entre pessoas do mesmo sexo podem ser tão ofensivas aos códigos religiosos e morais de uma comunidade quanto o incesto e a poligamia, mas são muito menos ameaçadoras ao bem-estar físico e psicológico de *gays* e lésbicas do que a poligamia e o incesto são para as mulheres e para os membros vulneráveis da família em geral. As relações de *gays* e de lésbicas certamente não engendram nenhum dos perigos reprodutivos que as relações incestuosas podem produzir. Tampouco são suscetíveis à exploração sistemática e à desigualdade como podem ser as uniões poligâmicas e as incestuosas (por exemplo, entre pais e filhos). Se as leis que proíbem o incesto e a poligamia são constitucionais, é porque os riscos de consequências genéticas adversas, abuso de crianças e exploração das mulheres são sérios e prementes, e não podem ser evitados de modo menos rigoroso. Por mais decisivo que tenha sido o papel dos códigos religiosos e morais na definição dos limites de aceitabilidade das relações sexuais, as leis contra o incesto e a poligamia permanecem nos códigos porque essas situações podem infligir males aos envolvidos, males esses que não são característicos das relações entre lésbicas e entre *gays*. Fazer analogia com o incesto e a poligamia obscurece os danos específicos que estes causam. Ted Thomas, do Tribunal Recursal da Nova Zelândia, tachou de degradante uma comparação assim tão imprecisa[122].

O raciocínio por analogia sofre das mesmas limitações da análise doutrinária tradicional. As más analogias, assim como as más decisões, jamais podem legitimar nenhuma ação do Estado que negue aos indivíduos os direitos garantidos pela Constituição. As boas analogias, assim como os precedentes sensatos, podem servir como critérios ou pontos de referência para avaliar o bom-senso de um julgamento, mas mesmo elas são argumentos muito secundários e, na melhor das hipóteses, inevitavelmente supérfluos. Ainda que o raciocínio analógico tenha desempenhado papel central no desenvolvimento do *common law*, no controle judicial de constitucionalidade o máximo que ele pode fazer é proporcionar aos juízes um conforto psicológico, por saberem que a decisão proposta para determinado caso é compatível com a resposta que outros deram anteriormente a problemas semelhantes.

A lição que aprendemos com os casos baseados em más analogias é a mesma que extraímos das decisões em que os tribunais toleram a injustiça da discriminação sexual. Não há absolutamente nenhuma outra forma para os juízes saberem, entre as leis que fazem distinções sexuais, quais são constitucionais e quais não são, a não ser proceder a uma avaliação atenta e minuciosa dos fatos. Ademais, a jurisprudência demonstra que, quando estão preparados para observar com franqueza e imparcialidade to-

---

[122] *Quilter vs. Procurador-Geral.*

dos os fatos de um caso, os juízes não têm a menor dificuldade para perceber e fazer o certo. Na verificação dos fatos há uma objetividade e uma determinação impossíveis de encontrar quando se busca o significado do texto. Duas decisões memoráveis tomadas pelos juízes de Estrasburgo constituem exemplos veementes do que os juízes podem fazer quando dedicam toda a sua energia para obter conhecimento sólido dos fatos de um caso e avaliá-los da forma mais imparcial e justa possível. Na decisão paradigmática em *Dudgeon* vs. *Reino Unido*[123], o Tribunal considerou que as leis que criminalizam a sodomia vigentes na Irlanda do Norte violavam a garantia dada por todos os Estados-membros, no artigo 8º da Convenção, de respeitar a família e a vida privada de todos os cidadãos. Quase vinte anos depois, numa decisão igualmente célebre, o Tribunal concluiu que a política britânica de excluir todos os *gays* e lésbicas de suas Forças Armadas também representava uma violação do direito à privacidade previsto na Convenção[124].

Em *Dudgeon*, a decisão do Tribunal se baseou nas evidências obtidas pelas partes para demonstrar o que as leis de sodomia da Irlanda do Norte significavam de fato para elas. Por um lado, a maioria dos juízes reconheceu como fato que, para os homens *gays*, esse tipo de leis considerava criminosos "os aspectos mais íntimos da vida deles" e lhes negava o direito de decidir por si os princípios morais que seguiriam quando estivessem na privacidade do lar e longe da vista do público. Em compensação, no que se referia ao governo, as evidências demonstravam que essas leis eram praticamente irrelevantes para o caráter moral de sua comunidade. Não só não vinham sendo aplicadas com rigor há

---

[123] *Dudgeon* vs. *Reino Unido*.
[124] *Smith & Grady* vs. *Reino Unido* (1999) VI Eur. Ct. HR 45, 29 EHRR 493; (2001) 31 EHRR 620.

muito tempo como também haviam sido revogadas na maioria dos países vizinhos sem nenhum efeito perceptível. Os fatos convenceram os juízes de que os efeitos prejudiciais dessas leis para os *gays* eram absolutamente desproporcionais à vantagem obtida para o bem-estar geral da Irlanda do Norte.

Em *Smith & Grady*, todas as evidências seguiam na mesma direção e, com apenas um voto parcialmente divergente, ficou provado que o caso era igualmente fácil. De novo, o Tribunal reconheceu que a orientação sexual das pessoas envolve os aspectos mais íntimos de sua vida privada e comentou sobre o caráter excepcionalmente invasivo de qualquer processo destinado a descobrir se uma pessoa é *gay*. Além disso, levou em conta o "efeito profundo" que a exclusão teria sobre qualquer *gay* ou lésbica que aspirasse à carreira militar. Do outro lado do caso, o Tribunal observou a falta de "evidências concretas" e "reais ou significativas" de que permitir o alistamento de *gays* nas Forças Armadas prejudicaria de alguma maneira o seu brio, seu poder de combate ou sua eficiência operacional. Na verdade, as evidências apresentadas ao Tribunal indicavam que pouquíssimos Estados-membros ainda mantinham proibição plena ao alistamento de *gays*. Por sua experiência e pela jurisprudência da própria Inglaterra sobre a integração de mulheres e de diferentes grupos raciais nas Forças Armadas, o Tribunal foi da opinião de que alternativas menos draconianas, como, por exemplo, códigos de conduta pessoal, seriam igualmente eficazes na prevenção de possíveis efeitos inconvenientes. Assim como o fato de a Irlanda do Norte não aplicar suas leis contra a sodomia constituiu a melhor amostra de quão pouco elas eram importantes para o bem-estar geral dos "seis condados", o Tribunal apontou a "franca indiferença" das autoridades militares com relação ao grande número de soldados britânicos que servem ao lado de forças estrangeiras cujo regimento incluía *gays* como fundamento de sua conclusão quase unânime de que os "problemas de integração percebidos" não eram tão intransponíveis quanto o governo afirmava que seriam.

4. Liberdade, igualdade e proporcionalidade

Os julgamentos do Tribunal Europeu de Direitos Humanos nos casos *Dudgeon* e *Smith* são somente dois exemplos de quanto os juízes podem ser sensíveis e compreensivos às petições de *gays* e lésbicas quando são comprometidos com uma avaliação dos fatos fundada em princípios. *Dudgeon* e *Smith* são casos importantes e merecem um pouco mais de nossa atenção. *Dudgeon*, em particular, ocupa um lugar especial para *gays* e lésbicas porque foi a primeira grande decisão de um tribunal internacionalmente respeitado em favor deles e é nitidamente contrastante com o julgamento de cinco anos depois da Suprema Corte dos Estados Unidos que declarou que as leis contra a sodomia eram legítimas[125]. Esse caso é regularmente homenageado por outros tribunais incumbidos de submeter os direitos de *gays* e lésbicas a seu controle de constitucionalidade[126]. Também serviu de fundamento para os juízes de Estrasburgo decidirem posteriormente que as leis da Irlanda e do Chipre que proíbem a sodomia infringiam a Convenção Europeia[127].

Além de ocupar lugar de honra na história dos direitos *gays*, *Dudgeon* e a decisão posterior do Tribunal em *Smith* são importantes para as perspectivas de outras vitórias no futuro. O modo com que os juízes raciocinaram nos dois casos proporciona um parâmetro claro pelo qual outras questões dos direitos de *gays* e

---

[125] *Bowers* vs. *Hardwick*.
[126] Ver, por exemplo, *Coligação Nacional para Igualdade de Gays e Lésbicas; Banana* vs. *O Estado; Egan* vs. *Canadá; Lawrence* vs. *Texas*.
[127] *Norris* vs. *Irlanda; Modinos* vs. *Chipre* (1983) 16 EHRR 485.

lésbicas, inclusive o casamento entre pessoas do mesmo sexo, devem ser analisadas. Além disso, *Dudgeon* e *Smith* oferecem novos modos de compreender a relação entre o princípio da proporcionalidade e o conceito de direitos e o Estado de direito em geral. Embora o Tribunal Europeu de Direitos Humanos nem sempre tenha se mantido fiel ao método de análise que seguiu em *Dudgeon* e *Smith*, ambos os casos realçam um vínculo entre liberdade e igualdade que não é muito compreendido pelos estudiosos de política e de direito.

Os juízes que aplicam o método analítico empregado em *Dudgeon* e *Smith* ao problema do casamento entre pessoas do mesmo sexo percebem que se trata de um caso inequívoco e relativamente fácil[128]. Não obstante muita gente tenda a pensar que autorizar o casamento entre *gays* e entre lésbicas é algo muito mais polêmico do que permitir que adultos realizem de comum acordo e no âmbito privado quaisquer fantasias sexuais que os excitem, as evidências são igualmente unilaterais em ambos os casos. Na verdade, as leis que autorizam o casamento somente de casais heterossexuais têm muito mais importância para a vida dos excluídos do que para aqueles que têm o privilégio de tomar parte nos prazeres da felicidade matrimonial sempre que desejarem.

Da perspectiva de *gays* e lésbicas, as leis tradicionais sobre o casamento negam-lhes um *status* que em todas as sociedades está entre os mais valorizados e respeitados. Para a maioria deles, o que está em jogo é muito mais importante do que a permissão de servir nas Forças Armadas de seu país. As pessoas privadas do direito ao casamento são rotuladas de párias, estigmatizadas como de segunda classe. Nas palavras delas, essas leis atuam como "práticas divisoras que procuram nos excluir da condição de filhos de

---

[128] Opinião repercutida por Antonin Scalia em seu voto divergente em *Lawrence* vs. *Texas*. Ver também Eskridge, *The Case for Same-Sex Marriage*.

Deus"[129]. Ao contrário, os que consideram as relações conjugais entre pessoas do mesmo sexo uma perversão imoral e grotesca das ideias centrais de casamento e família têm muito pouco ou nada a perder, além de seus preconceitos. Numa era em que lésbicas e *gays* podem viver, e vivem, abertamente em relações íntimas e desfrutam de praticamente todos os benefícios da vida familiar tradicional, não é mais possível alegar que lhes dar o direito de fazer o voto matrimonial perante a lei acarretará efeitos tangíveis para o bem-estar ou a felicidade de qualquer outra pessoa. O fato de muitos acreditarem que permitir que *gays* ou lésbicas se casem denigre os ideais e valores subjacentes à instituição do matrimônio não pode ser suficiente para fazer a balança pesar em seu favor se não houver outros efeitos prejudiciais. Pelo menos nos Estados que expurgaram suas leis dos atos mais ultrajantes de discriminação contra lésbicas e *gays*, o fato de a ampla maioria do público se opor vigorosamente ao reconhecimento do casamento entre pessoas do mesmo sexo não pode ser por si só decisivo[130]. Uma vez que as Constituições são o ápice de todo sistema jurídico, é a opinião popular que deve se conformar aos preceitos que elas estabelecem, e não o contrário. Ao exercer seus poderes de controle de constitucionalidade, a tarefa do juiz é fazer o que é juridicamente correto, não o que agrada à multidão. A supremacia da Constituição significa que, entre as opções dos juízes, não existe a possibilidade de fazer concessão à vontade popular. Uma vez que a disputa se dá entre a moralidade da maioria e a supremacia da Constituição, não há base jurídica para permitir que as leis tradicionais de matrimônio permaneçam em vigor por nem

---

[129] W. Eskridge, "A History of Same-Sex Marriage" (1993) 79 Virg. L Rev. 1419, 1511.
[130] Mas, ver Sunstein, *Designing Democracy*, cap. 8; Posner, *Problematics of Moral and Legal Theory*, 249-52.

mais um dia sequer. Não se deve esperar que *gays* e lésbicas, como a Suprema Corte do Canadá já disse ao povo canadense, "esperem pacientemente a proteção de sua dignidade humana e da sua igualdade de direitos enquanto os governos caminham em direção à reforma a passos lentos"[131].

Dudgeon e *Smith* são casos importantes na comunidade *gay* porque representam uma diretriz de procedimento num mundo em que não há lugar para a discriminação e todos recebem a justiça que lhes é devida. Entretanto, sua importância não se resume à defesa dos direitos dos *gays*. Em *Dudgeon* e *Smith*, é possível encontrar também os traços de uma nova compreensão do Estado de direito e do conceito de direitos, bem como da relação entre ambos, que vira de cabeça para baixo grande parte da opinião geral. Os casos dão a entender que, ao invés de serem ideias opostas, a igualdade e a liberdade expressam um princípio comum de justiça e solução de conflitos. Em ambos, o Tribunal baseou sua decisão no direito de cada um ter sua vida particular e familiar respeitada pelo Estado, direito este garantido no artigo 8º da Convenção. Acima de tudo, no final dos dois julgamentos, o Tribunal afirmou que não havia necessidade de avaliar as queixas de discriminação segundo o artigo 14, porque elas "equivalem na verdade à mesma reclamação"[132]. O artigo 14, conforme enfatizou o Tribunal em *Smith*, "não suscita nenhuma outra questão"[133].

Embora o Tribunal não se tenha dedicado a elaborar sua observação de que as reivindicações jurídicas baseadas na igualdade

---

[131] *Vriend* vs. *Alberta* (1998) 156 DLR (4º) 385, § 122. O fato de os Estados deverem tratar do mesmo modo *gays* e lésbicas e os casais heterossexuais não implica que os grupos religiosos para os quais o sexo *gay* é pecado tenham de abandonar o conceito tradicional de casamento. De acordo com o critério da proporcionalidade, não seria injusto eles se recusarem a casar duas pessoas do mesmo sexo.

[132] *Dudgeon* vs. *Reino Unido*, § 69.

[133] *Smith & Grady* vs. *Reino Unido*, § 116.

e aquelas baseadas na privacidade são essencialmente as mesmas, as implicações desse fato para o nosso entendimento do direito constitucional e do conceito de direitos são bastante revolucionárias. Isso significa que, quer os juízes analisem um caso pelo prisma dos direitos ou liberdades substantivas garantidas pela Convenção, quer pelo prisma da proibição da discriminação sancionada pelo Estado expressa no artigo 14, o resultado será o mesmo[134]. *Dudgeon* e *Smith* são prova de que os juízes usam o mesmo modelo de análise em todos os casos, não importa que direito ou liberdade esteja em jogo. Do ponto de vista conceitual, o princípio da proporcionalidade dissipa o que em geral se consideram ideias antagônicas num método de análise comum. No direito, a liberdade e a igualdade compartilham uma estrutura comum e na prática significam exatamente a mesma coisa. Não importa se determinada lei é atacada com a bandeira da igualdade ou com a da liberdade, sua legitimidade e vigência dependem de sua capacidade de sobreviver a uma rigorosa avaliação de seus fins, meios e efeitos à luz do princípio da proporcionalidade, que vincula os três.

Verificar a legitimidade das ações do Estado à luz de uma medida comum, qualquer que seja o direito ou liberdade em jogo, significa que o processo de controle judicial de constitucionalidade concentra toda a atenção na tentativa de obter o retrato mais verdadeiro possível dos fatos de cada caso. Em lugar de agir como um expositor de texto, ou um como um rei filósofo, o juiz deve avaliar com critério e seriedade todas as provas apresentadas à sua apreciação a fim de chegar à avaliação mais precisa da-

---

[134] O Tribunal Constitucional da África do Sul também discutiu a estreita relação entre a igualdade e a privacidade. Ver *Coligação Nacional para a Igualdade de Gays e Lésbicas*. Os americanos, como de hábito, não discutiram. Ver, por exemplo, *Lawrence* vs. *Texas*, em que O'Connor e Kennedy consideraram que as diferenças entre os dois conceitos eram tão importantes que mereciam votos em separado escritos com o intuito de alcançar o mesmo resultado.

quilo que as partes de fato pensam. Em *Dudgeon* e novamente em *Smith*, os juízes de Estrasburgo perceberam a inércia ou a indiferença das autoridades governamentais em relação ao comportamento aberrante que diziam ser tão ameaçador ao bem-estar de suas sociedades. Observaram a experiência de outros Estados-membros que haviam revogado leis semelhantes. Em ambos os casos, o Tribunal considerou que a evidência de como as leis funcionavam na prática e o que de fato ocorreu quando elas deixaram de vigorar eram um critério melhor para avaliar a verdadeira importância delas do que aquilo que acerca delas se afirmava no tribunal.

Quando comparamos *Dudgeon* e *Smith* com todos os outros casos de discriminação sexual que encontramos neste capítulo, o controle judicial de constitucionalidade se revela como uma prática social muito diferente daquela que normalmente se entende. Nenhuma das formas de raciocínio que os profissionais do direito aprendem nas outras áreas do direito público e privado ajuda muito. As estratégias interpretativas mostram que são tão subjetivas e imprecisas nas questões de discriminação sexual quanto foram para dar significado a todos os direitos e liberdades religiosas que as Constituições de hábito garantem. O raciocínio doutrinário e o analógico são, na melhor das hipóteses, redundantes, a não ser quando dão o alívio psicológico típico da situação em que alguém descobre que outra pessoa já chegara à mesma conclusão que a sua. Os argumentos éticos e de prudência não fazem o menor sentido, nem mesmo da perspectiva dos valores (morais, institucionais) que pretendem promover. O único aparato conceitual que os juízes têm, e que lhes basta, para conciliar a autonomia de cada indivíduo com a vontade geral da comunidade é o princípio formal da proporcionalidade. Com ele e nada mais, o Tribunal Europeu de Direitos Humanos foi capaz de impedir que o governo britânico abusasse de sua autoridade legislativa em *Dudgeon* e novamente em *Smith*.

A unidade de método entre liberdade e igualdade, estabelecida pelo princípio da proporcionalidade, nos abre uma possibilidade intrigante. E se não apenas a liberdade e a igualdade, mas todos os direitos puderem ser reduzidos a um método analítico comum? E se todos os direitos – positivos, negativos, individuais, grupais, de primeira, segunda e terceira geração – fossem sempre avaliados exatamente da mesma maneira; liberdade, igualdade e fraternidade como variações de um mesmo tema? Quer um caso aparecesse com roupagem de pretensão à "liberdade de expressão", quer à "propriedade privada", à "vida, à liberdade e à igualdade", ou mesmo "aos padrões mínimos de vida saudável e civilizada"[135], isso não teria a menor importância prática para o juiz. Se a liberdade e a igualdade são apenas e tão somente duas formas diferentes de expressar a ideia de proporcionalidade, esta pode ser também, num sentido ainda mais amplo, um princípio universal de justiça distributiva que rege todas as democracias constitucionais e determina todos os direitos humanos.

Para descobrir se o princípio da proporcionalidade é capaz de efetuar uma síntese perfeita e global de liberdade, igualdade e fraternidade – as três virtudes que definem as sociedades justas –, cumpre retornarmos à jurisprudência. Devem figurar em primeiro lugar na lista os casos em que cidadãos menos privilegiados invocam a força moral da "fraternidade" e exigem de seus governos o cuidado com a sua saúde, educação e bem-estar geral. Até aqui, nossa atenção se concentrou nos casos em que os tribunais agiram como força restritiva, impondo limites ao que o povo e seus representantes eleitos podem fazer e vigiando as fronteiras

---

[135] Constituição do Japão, artigo 25, em Blaustein e Flanz, *Constitutions*.

que eles não podem ultrapassar. Agora, é hora de examinarmos o que os tribunais disseram aos governantes sobre as obrigações positivas que acompanham a autoridade política que eles exercem.

Os direitos sociais e econômicos são um dos desafios mais difíceis para qualquer teoria do direito constitucional que almeje apresentar uma explicação coerente e abrangente das declarações de direitos modernas. Eles representam o admirável mundo novo das relações entre cidadão e Estado e entre políticos e os tribunais. Normalmente denominados direitos "de segunda ou terceira geração" ou "positivos", eles têm como objetivo elevar a um patamar mais rico e mais significativo a ideia de garantir uma igualdade básica de autonomia e oportunidade para todos. A ideia é que os direitos e liberdades de primeira geração são praticamente inúteis se não se satisfizerem as necessidades físicas e materiais essenciais de cada indivíduo. Seguindo a mesma lógica de que toda obrigação implica a possibilidade de cumpri-la, os direitos econômicos e sociais garantem a medida de segurança e bem-estar exigida para a concretização dos direitos de primeira geração.

O problema de garantir a todos os cidadãos os direitos básicos, como assistência médica, moradia, educação e bem-estar material, é que isso parece atropelar o princípio da separação de poderes que rege a relação entre os tribunais e os dois poderes elegíveis do governo. Atribuir aos juízes a função de fazer valer os direitos sociais e econômicos é semelhante a transferir o poder financeiro para o único ramo do governo que não é eleito e por isso presta contas apenas a si mesmo, e, com isso, transformar esse "poder menos perigoso" naquele que será potencialmente o mais autoritário. Como argumentaram no capítulo 1 os processualistas Ely, Monahan e Sunstein, entre outros, seja qual for a lógica e a força moral dos direitos sociais e econômicos, parece que sua imposição pelo Judiciário compromete o caráter democrático do governo e a soberania do povo de decidir por si mesmo qual será o caráter coletivo e público de sua sociedade.

As complexidades e ambiguidades dos direitos econômicos e sociais são bem conhecidas do Poder Judiciário. Trata-se de outra parte da jurisprudência constitucional comparativa que está em ampla e rápida expansão. A Suprema Corte dos Estados Unidos tem julgado causas referentes ao direito ao trabalho há mais de cem anos, e casos urgentes de reivindicação de alimento, abrigo e assistência médica somam-se a cada dia à lista de decisões. O estudo desses casos nos permitirá saber se o papel desempenhado pelo princípio da proporcionalidade é o mesmo tanto para decidir se as ações do governo para com os governados foram suficientes quanto para decidir se houve excesso nessas ações. Esses casos devem nos mostrar se na lei todos os direitos são conceitos derivados, conclusões jurídicas, que aparecem somente depois de se concluir todo o raciocínio pesado (pragmático)[136].

---

[136] Michael Ignatieff, *Human Rights as Politics and Idolatry* (Princeton: Princeton University Press, 2001), 20: "Não podemos falar de direitos como trunfos [...] na melhor das hipóteses, os direitos criam um método comum capaz de auxiliar as partes em conflito a deliberar conjuntamente."

4

FRATERNIDADE

1. Objeções filosóficas aos direitos sociais e econômicos

Azar, insensatez e (por enquanto) genes ruins – tudo isso faz parte da condição humana. Todas as sociedades que já existiram tiveram em seu seio a sua parcela de doentes e deficientes, fracos e desprivilegiados. O desabrigo, a subnutrição, as doenças e o analfabetismo afligiram a Terra desde o início dos tempos. O que mudou no decurso da história humana foi a linguagem que as pessoas empregam para tratar da pobreza e das infelicidades que as cercam. Durante muito tempo, a discussão concentrou-se nas obrigações morais dos mais fortes e bem-sucedidos para com os que passam dificuldades, muitas vezes causadas por fatos que lhes escapam ao controle. Os imperativos religiosos e éticos – que ordenam o amor ao próximo – eram o idioma predominante para traduzir e compreender um quadro social de privação e desvantagem[1].

Com o passar dos anos, em muitas partes do mundo, o vocabulário dos deveres morais e das obrigações de caridade foi complementado e em grande medida substituído pela retórica dos direitos. Os direitos básicos à alimentação, à moradia, à assistência médica, à educação e a um bom nível de bem-estar social ge-

---

[1] G. Himmelfarb, *The Idea of Property* (Nova York: Alfred Knoff, 1986).

ral hoje fazem parte da língua franca falada por todos[2]. Muito importantes para essa mudança de pensamento foram os escritos de panfletistas, filósofos e juristas dos séculos XVII e XVIII, que apresentaram em seus manifestos e tratados vigorosos argumentos de que o direito à subsistência – isto é, de obter de outrem o necessário para evitar a fome – é um direito natural de todos[3]. Embora tenha levado tempo, no final do século XX os direitos naturais de Grócio, Hobbes, Locke e Paine encontraram abrigo na maioria das Constituições dos países tanto do mundo capitalista quanto do socialista, além de passarem a ser objeto de tratados internacionais[4].

A maior parte das Constituições escritas depois da Segunda Guerra Mundial faz alguma menção aos direitos econômicos e sociais, ainda que com enorme variedade de conteúdo e estilo. Às vezes, o reconhecimento é hesitante, como na Índia, em que esses direitos são arrolados como diretrizes programáticas para o governo e não como disposições passíveis de imposição judicial[5]. Em outros Estados, como o Japão, por exemplo, estabeleceu-se uma garantia única e abrangente "de manter os padrões mínimos de vida saudável e civilizada"[6]. Em tempos mais recentes, e especialmente depois da queda do muro de Berlim, em 1989, passou a ser mais comum reconhecerem-se separadamente as garantias específicas de moradia, alimentação, saúde, educação etc. Depois

---

[2] *The Economist*, 18/24 de agosto de 2001, pp. 18-26.
[3] Thomas A. Horne, "Welfare Rights as Property Rights", *in* J. Donald Moon (org.), *Responsibility, Rights and Welfare* (Boulder: Westview Press, 1988).
[4] Pacto Internacional dos Direitos Econômicos, Sociais e Culturais da Organização das Nações Unidas, 993 UNTS 3 (3/1/76).
[5] Constituição da Índia, Parte IV; ver também a Constituição da Irlanda, artigo 45. É possível encontrar versões atualizadas de todas as Constituições em A. P. Blaustein e G. H. Flanz, *Constitutions of the Countries of the World* (com folhas removíveis) (Dobbs Ferry, NY: Oceana).
[6] Constituição do Japão, artigo 25, *in* Blaustein e Flanz, *ibid*.

de passar por histórias bastante diversas, muitos países da Europa central e oriental[7] e a África do Sul[8] privilegiaram essa abordagem e postularam uma gama particularmente rica de direitos econômicos e sociais.

Como consequência dessa proliferação de direitos "positivos" no decorrer dos últimos cinquenta anos, o discurso sobre os direitos deixou as salas de aula e os salões de conferências e adentrou os tribunais. Nos dias de hoje, as reivindicações de assistência econômica e social deixaram de ser objeto da filosofia moral elevada e/ou da fé religiosa e passaram a ser tema de processos judiciais e de petições de advogados. No final do milênio, os pobres e hipossuficientes da maior parte do mundo livre e democrático podiam levar seus governos aos tribunais se achassem que não estavam recebendo aquilo a que tinham direito de acordo com a Constituição. Assim, por exemplo, apenas nos últimos dez anos: (1) as mães infectadas pelo HIV e os sem-teto da África do Sul processaram o Estado por não providenciar, respectivamente, medicamentos antirretrovirais e abrigos emergenciais temporários[9]; (2) os canadenses com deficiência auditiva recorreram aos tribunais para exigir que seus governos provinciais providenciassem intérpretes de linguagem de sinais financiados com verba pública[10] no seu tratamento hospitalar; (3) o Tribunal Constitucional da Hungria foi consultado com o objetivo de impedir que

---

[7] Ver, por exemplo, a Constituição da Hungria, artigos 16 (juventude), 17 (previdência social), 18 (integridade do meio ambiente), 70 (B) (trabalho), 70 (D) (saúde), 70 (E) (bem-estar), 70 (F) (educação), *in* Blaustein e Flanz, *ibid*.
[8] Constituição da África do Sul, seções 24 (meio ambiente), 26 (moradia), 27 (assistência médica, alimentação, água, previdência social), 28 (crianças), 29 (educação),), *in* Blaustein e Flanz, *ibid*.
[9] *Treatment Action Campaign* vs. *África do Sul (Min. da Saúde)* [2002] 5 SA 721 (CC); *Grootboom* vs. *República da África do Sul* (2000) 11 BCLR 1165; [2001] 1 SA 46 (CC).
[10] *Eldridge* vs. *Procurador-Geral da Colúmbia Britânica* (1997) 151 DLR (4º) 577.

o governo desmantelasse os principais programas de assistência social do país, para que os beneficiários tivessem mais tempo para se adaptar[11]; e (4) o direito de todas as crianças indianas à educação primária foi o tema de uma decisão memorável da Suprema Corte desse país[12]. Mesmo nos Estados Unidos, a Suprema Corte desempenhou papel importante na determinação do tipo de educação[13] e assistência social[14] que os norte-americanos recebem. Nessas e noutras questões relacionadas, os tribunais e o direito passaram a desempenhar um papel cada vez mais ativo e mais influente[15].

A linguagem dos direitos é muito mais rígida quando falada por advogados e juízes do que quando invocada numa conversa amistosa. Nos processos legais, os direitos são eficazes. Quando os juízes decidem que a Constituição estabelece que os cidadãos prejudicados por algum infortúnio têm direito a determinado benefício ou serviço devido pelo restante da sociedade, a decisão deles é respaldada pela força da lei. Os destituídos e os prejudicados não estão mais à mercê daqueles cujo bem-estar está garantido, isto é, de que estes saibam o que a moral lhes exige e se inspirem para agir corretamente.

---

[11] *Dos benefícios da seguridade social*, Decisão 43/1995, 30 de junho de 1995, traduzido e relatado em L. Sólyom e G. Brunner (orgs.), *Constitutional Judiciary in a New Democracy* (Ann Arbor: University of Michigan Press, 2000).

[12] *Unni Krishnan vs. Estado de Andhra Pradesh* AIR 1993 SC 2178.

[13] *Brown vs. Conselho de Educação* (1954) 347 US 483; *Plyler vs. Doe* (1981) 457 US 202. Ver também *Hudson Central School District vs. Rowley* (1982) 458 US 176 e *San Antonio Independent School District vs. Rodriguez* (1972) 411 US 1.

[14] Ver, por exemplo, *Saenz vs. Roe* (1999) 526 US 489; *Califano vs. Wescott* (1979) 443 US 76; *Dept. de Agricultura dos Estados Unidos vs. Moreno* (1973) 413 US 528; *Organização para os Direitos de Assistência Social de Nova Jérsei vs. Cahill* (1973) 411 US 619; *Shapiro vs. Thompson* (1969) 394 US 618; *Goldberg vs. Kelly* (1969) 397 US 254.

[15] D. M. Beatty, "The Last Generation: When Rights Lose their Meaning", in Beatty (org.), *Human Rights and Judicial Review* (Dordrecht: Kluwer, 1994).

A mudança em nosso modo de pensar e falar sobre o sofrimento e o infortúnio alheios sempre foi e continua sendo altamente polêmica[16]. Para muitos, é absurda a ideia de que as pessoas têm "direito" de reivindicar assistência de outras para sanar privações e desvantagens pelas quais estas outras não têm a menor responsabilidade. É uma contradição. Entre os filósofos, alguns a consideram um "erro de categoria"; uma confusão sobre o que significa ter direito[17]. Para outros, o conceito de direitos econômicos e sociais é incompatível com os valores de liberdade e autonomia que os direitos devem proteger e, na verdade, até os ameaçam[18]. Além dessas falhas conceituais e normativas, preocupa muita gente a possibilidade de seus governos perderem o caráter democrático e a soberania popular caso as Constituições e os tratados internacionais garantam aos cidadãos o direito à saúde, à educação, à assistência social e a tudo o que é necessário para uma vida humana decente[19].

---

[16] Thomas A. Horne, "Welfare Rights as Property Rights".

[17] Cécile Fabre, *Social Rights Under the Constitution* (Oxford: Clarendon Press, 1999); R. Plant, "Needs, Agency and Welfare Rights", *in* Moon, *Responsibility, Rights and Welfare*; M. Cranston, *What are Human Rights* (Londres: Bodley Head, 1973), cap. 7; A. I. Melden, "Are There Any Welfare Rights?", *in* Peter Brown, Conrad Johnson e Paul Vernier (orgs.), *Income Support* (Totowa, NJ: Rowman & Littlefield, 1981); H. L. A. Hart, "Are There Any Natural Rights?" 64 Philosophical Review (1955) 175; Rodney Pfeffer, "A Defense of Rights to Well-being" (1978) 8 Phil & Pub. Aff. 65.

[18] C. Fried, *Right & Wrong* (Cambridge, Mass.: Harvard University Press, 1973). R. Nozick, *Anarchy, State & Utopia* (Cambridge, Mass.: Harvard University Press, 1974).

[19] D. Davis, "The Case Against the Inclusion of Socio-Economic Demands in a Bill of Rights Except as Directive Principles" (1998) 14 SAJHR 475; K. D. Ewing, "The Human Rights Act and Parliamentary Democracy" (1999) 60 Mod. LR 79; G. Bognetti, "Social Rights, a Necessary Component of the Constitution? The Lesson of the Italian Case", *in* R. Bieber e P. Widmer (orgs.), *The European Constitutional Area* (Instit. Suisse de Droit Comparé) (Zurique: Schulthess Polygraphischer Verlag, 1995), 85; G. Frug, "The Judicial Power of the Purse" (1978) 125 U Pa. L Rev. 715; P. Monahan, *Politics and the Constitution* (Toronto: Carswell, 1987), cap. 6.6; R. Winter, "Poverty, Economic Equality and the Equal Protection Clause" (1972)

A objeção conceitual aos direitos econômicos e sociais se baseia na ideia de que direito é uma pretensão moral exclusiva, concernente apenas à liberdade do indivíduo de fazer da própria vida o que bem entender e à correspondente obrigação dos outros de não interferir. Ter o direito de expor ou praticar livremente uma religião, por exemplo, significa que os outros devem respeitar as condutas que esse direito protege. Eles têm o dever de não intervir, de se conter e de tolerar. Segundo essa ideia, os direitos conferem a seus titulares o poder de controlar a conduta dos outros[20]. Desse modo, o direito à vida é entendido como o direito de não ser assassinado; a liberdade de expressão, como o direito de não ser censurado. Por essa razão, os direitos funcionam defensivamente, como escudos, contra as intromissões injustificadas de terceiros. Nos textos constitucionais e nos acordos internacionais, eles visam sobretudo aos governos e restringem os tipos de normas e preceitos que estes podem promulgar. Nesse sentido, os direitos estabelecem os limites da coerção legítima. Avisam quando os governos se excederam. Servem como demarcadores das fronteiras entre a soberania de cada indivíduo e os poderes legislativos do Estado.

A imagem do escudo protetor é uma metáfora comum com que se descrevem os direitos, e remete ao modo como de fato funcionam nossos direitos políticos e civis tradicionais, como as liberdades de expressão, associação e religião e os direitos à vida, à liberdade, à segurança individual etc. Essa metáfora, entretanto, não corresponde aos direitos sociais e econômicos. Os direitos a

---

Sup. Ct. Rev. 41. Para alguns, os direitos sociais e econômicos não são os únicos que ameaçam a democracia: ver, por exemplo, J. Waldron, *Law and Disagreement* (Oxford: Clarendon, 1999), parte III; M. Walzer, "Philosophy and Democracy" (1981) 9 Political Theory 391.

[20] H. L. A. Hart, "Are There Any Natural Rights?".

alimentação, moradia, saúde e educação não atuam defensivamente. Exigem mais que a simples tolerância. Os direitos sociais e econômicos são pretensões motivadas pela escassez de recursos, não apenas de espaço e autoridade para tomar decisões com autonomia. O objetivo deles é proteger as pessoas não apenas contra o que se faz a elas, mas também contra o que lhes acontece sem a intervenção de mais ninguém. Em lugar de dizer aos governos o que podem e não podem fazer, os direitos sociais e econômicos pretendem impor obrigações positivas de ajuda e assistência.

É a diferença conceitual entre direitos negativos e direitos positivos que torna tão polêmico e disputado o reconhecimento jurídico destes. Em primeiro lugar, há o argumento lógico, proposto por Charles Fried e outros, de que os direitos sociais e econômicos são restringidos por limites naturais de escassez, enquanto os direitos clássicos não são afetados, uma vez que exigem apenas a não intervenção. É possível cumprir os deveres gerados pelos direitos civis e políticos clássicos sem haver conflito entre eles nem prejuízo uns aos outros. Nas palavras de Fried, "podemos nos abster de atacar uma infinidade de pessoas toda hora do dia. Com efeito, podemos deixar de mentir para elas, de roubar-lhes a propriedade ou de infamar-lhes o bom nome – tudo ao mesmo tempo"[21]. Os direitos sociais e econômicos, ao contrário, são prejudicados por problemas de escassez. O direito à alimentação, à moradia, à saúde e à educação não é barato. Todos podem impedir-se de desrespeitar os direitos dos outros, mas ninguém pode prestar assistência a todos os necessitados. Para Fried, os limites da escassez inerentes a todos os direitos positivos implicam a impossibilidade lógica de defini-los de maneira categórica e incondicional. Nas palavras dele: "Não se trata apenas de ser caro demais prover uma

---

[21] Fried, *Right & Wrong*, 112.

dieta de subsistência para todo o subcontinente indiano em tempos de fome – talvez isso seja impossível."[22]

Além de ressaltar o caráter condicional e contingente dos direitos sociais e econômicos, Fried também teme que o reconhecimento e a imposição judicial desses direitos estendam os limites da responsabilidade individual de maneira arbitrária e insensata. Se os indivíduos tiverem direito a todos os recursos necessários para viver uma vida decente e plenamente humana, por exemplo, a sociedade poderia tornar-se refém daqueles cujas necessidades são impossíveis de ser totalmente atendidas (os muito doentes, muito pobres etc.). "Se as necessidades geram direitos à sua satisfação", adverte Fried, "como impedi-las de exigir tanto a ponto de não restar energia para a busca de outros objetivos?"[23] Uma vez que os direitos sociais e econômicos têm o potencial de impor exigências excessivas àqueles contra quem eles se opõem, a preocupação de Fried é o grave risco de perder-se o valor da liberdade, cuja proteção está implícita na ideia de direitos. "Não há dúvida", escreve ele, "de que eu [...] tenho o direito de fazer da minha vida qualquer outra coisa que não seja dedicá-la integralmente a alimentar aqueles cuja fome eu poderia evitar se trabalhasse dia e noite para esse fim."[24]

Fried não é o único a temer que os diretos sociais e econômicos ameacem a liberdade daqueles que seriam obrigados a fornecer os recursos exigidos por esses direitos. A maioria dos filósofos clássicos liberais, entre eles Hayek[25] e Nozick[26], considera os

---

[22] *Ibid.*, 113.
[23] *Ibid.*, 122.
[24] *Ibid.*, 114.
[25] Friedrich Hayek, *The Constitution of Liberty* (Chicago: University of Chicago Press, 1960).
[26] Nozick, *Anarchy, State & Utopia*, 169.

direitos sociais e econômicos a antítese da liberdade e da autonomia. Nozick acreditava que cobrar impostos dos ricos a fim de aliviar o sofrimentos dos pobres equivale a "trabalhos forçados"[27]. De acordo com a sua concepção, tirar dos abastados para dar aos desfavorecidos permite ao governo ser "proprietário parcial" daqueles cujos ganhos e lucros são tributados[28]. Da perspectiva de Nozick, os direitos positivos e negativos são antípodas. Os direitos negativos fomentam a causa da liberdade. Os direitos sociais e econômicos fazem o contrário.

As preocupações com a coerência conceitual e a integridade normativa dos direitos sociais e econômicos, como as de Fried e de Nozick, não são meros subterfúgios acadêmicos. Também há dúvidas sobre sua legitimidade e viabilidade prática. Os limites de recursos disponíveis para distribuição e o grau em que os cidadãos podem ser legitimamente obrigados a prover a subsistência do próximo geram problemas de definição e aplicação muito difíceis. Como devem funcionar na prática os direitos sociais e econômicos é e sempre foi uma das questões mais polêmicas e mais desafiadoras referentes a eles.

A maioria das Constituições modernas não se preocupou em especificar com precisão e detalhes quais os serviços e recursos que os cidadãos têm o direito de exigir. Embora um modo de abordar os problemas da escassez de recursos e do excesso de obrigações seja apresentar um catálogo de diretos específicos e rigorosamente definidos, as Constituições redigidas dessa forma correm o risco, com o passar do tempo e a mudança das circunstâncias, de se tornar obsoletas e mesmo contraproducentes[29].

---

[27] *Ibid.*
[28] *Ibid.*, 172.
[29] Cass Sunstein, "Against Positive Rights" (1993) 2 East European Constitutional Review 35; Bognetti, "Social Rights, a Necessary Component of the Constitution?"

Como reza o ditado, uma Constituição escrita ao modo de um testamento está fadada a ser exatamente isso. Logo, a estratégia preferida pela maioria das Constituições modernas foi adotar o mesmo estilo inspirador e elevado característico das declarações de direitos e delegar aos tribunais a tarefa de definir o valor concreto dos direitos garantidos. O significado real, concreto e efetivo do direito aos "padrões mínimos de vida saudável e civilizada" na vida do cidadão japonês, por exemplo, é decidido pela Suprema Corte do país. Da mesma maneira, o Tribunal Constitucional da África do Sul foi imbuído do poder de dizer aos governos quais obrigações específicas estão implicadas no direito à "educação básica" e à "educação posterior que o Estado deve progressivamente disponibilizar e tornar acessível". O mesmo ocorreu na Hungria, onde os juízes de Budapeste tiveram a responsabilidade de definir o que de fato significa o direito ao "nível mais elevado possível de saúde física e mental". Em geral, os direitos são condicionados pelos recursos disponíveis e, aqui novamente, a autoridade para decidir se há recursos suficientes para satisfazer esse direito é atribuída aos tribunais.

Embora a definição judicial dos direitos sociais e econômicos tenha a vantagem de assegurar que todos os textos constitucionais sejam sempre sensíveis à capacidade e à riqueza do país, ainda assim muitas pessoas a consideram uma ideia particularmente ruim. No Capítulo 1, vimos que os processualistas, como Ely, Sunstein e Monahan, argumentaram de maneira bastante contundente que os membros do Judiciário não têm as qualificações, tampouco a autoridade, para cumprir essa tarefa. Os que não consideram boa ideia a imposição judicial dos direitos sociais e econômicos argumentam invariavelmente que os juízes não têm a devida formação para decidir o tipo de assistência de saúde ou de moradia que os cidadãos têm direito de receber, e que o processo judicial não se destina a responder a essas questões. Ademais, segundo dizem, ainda que os juízes tivessem essa formação, esses assuntos dizem respeito ao modo com que as sociedades distribuem seus recursos e manifestam seu caráter de coletividade, atitudes essas atinentes ao povo e a seus representantes eleitos, não à elite profissional. Os críticos afirmam que a imposição judicial dos direitos sociais e econômicos não apenas é imprudente, mas também fatalmente antidemocrática.

O primeiro argumento contrário à autoridade do Judiciário para esclarecer quais são os serviços sociais e os benefícios econômicos que o Estado tem a obrigação de prover refere-se à competência institucional e à finalidade desse poder. Segundo esse argumento, os tribunais não dispõem dos procedimentos, instrumentos, talentos etc. necessários para a função. Afirma-se que o processo judicial é um procedimento concebido principalmente para resolver questões sobre o certo e o errado (como, por exemplo, matérias de responsabilidade civil ou penal) com base nos fatos constatados durante a fase de instrução do processo e na aplicação de princípios claros do direito. Os direitos negativos – como o direito à não discriminação ou à prática livre de uma religião – suscitam questões desse tipo, mas, segundo o argumento, os direitos sociais e econômicos não. Os direitos a moradia, assistência médica, educação e "padrões mínimos de vida saudável e civilizada" são pretensões a determinado modo de distribuição de recursos naturalmente escassos, e não exigências de tolerância por parte do Estado. Quando se reivindica um desses direitos, o que se questiona é se, ao distribuir as riquezas do Estado, a ação do governo foi justa, e não se o governo causou algum dano ao fazer o que fez.

É célebre a definição dos limites do processo judicial proposta por Lon Fuller há mais de trinta anos[30]. Fuller entendia a ativi-

---

[30] Lon Fuller, "The Forms and Limits of Adjudication" (1978) 92 Harv. L Rev. 353.

dade judicial como um meio concebido especificamente para solucionar disputas que afetam um número limitado de pessoas e às quais se aplicam alguns princípios ou conjuntos de preceitos gerais. Argumentava que outros tipos de disputas, que afetam inúmeros interesses diferentes e às quais podem estar relacionados vários princípios conflitantes – que ele chama de policêntricos –, podem ser solucionados com maior eficácia por outros métodos, como os procedimentos e negociações legislativos, que se destinam a encontrar soluções por meio de acordo ou concessão mútua.

Nos termos de Fuller, os direitos sociais e econômicos manifestam de maneira clássica todas as características das pretensões policêntricas e demonstram a total falta de aptidão do Judiciário para tentar encontrar um meio justo de distribuir os recursos do Estado. Quando se trata de decidir, por exemplo, se as pessoas que correm risco de vida têm direito a um tratamento emergencial, como, por exemplo, diálise ou drogas antirretrovirais, ou se os deficientes auditivos têm direito a um serviço de interpretação de sinais quando recebem assistência médica, não há um princípio único capaz de informar aos juízes como o governo deve gastar seus recursos. Necessidade, mérito e ressarcimento podem ser critérios pertinentes. Além disso, haverá uma fila interminável de outros requerentes que também podem reclamar assistência do governo, muitos dos quais jamais serão ouvidos no tribunal. O fato de haver tantas maneiras diferentes e igualmente legítimas de organizar a assistência médica, a moradia, a educação etc. – no que diz respeito ao tipo de serviço, para quem e por quanto tempo – significa que o processo judicial não é adequado para resolver demandas dessa espécie, e o fato de tantos outros poderem fazer reivindicações conflitantes pelos fundos em disputa significa que tampouco os tribunais são adequados. Há tantas causas em que os governos podem gastar dinheiro, bem como tantos indivíduos e grupos, que qualquer decisão tomada por um tribunal será arbitrária e incompleta.

A crítica institucional da imposição judicial dos direitos sociais e econômicos suscita sérias questões sobre a capacidade dos tribunais de desempenhar bem essa função. Muitos propõem uma pergunta ainda mais fundamental: questionam até se os tribunais devem tentar desempenhá-la. O argumento de que é antidemocrático os tribunais determinarem quanto dinheiro os representantes eleitos do povo devem levantar com impostos e como devem gastá-lo questiona a própria integridade dos direitos sociais e econômicos. A ideia de que a imposição judicial de direitos sociais e econômicos é ilegítima porque contradiz nosso compromisso com as formas democráticas de governo foi sugerida por comentadores de todas as tendências políticas. É um ponto em que concordam a esquerda, a direita e o centro. Para todos eles, a definição e a imposição judicial dos direitos sociais e econômicos constituem um grave menosprezo do princípio da separação dos poderes. Se os juízes forem investidos de autoridade para determinar quais serviços e benefícios os poderes eleitos do governo têm o dever constitucional de oferecer, terão o poder de assumir a responsabilidade final sobre o orçamento e os negócios financeiros do Estado.

Se o poder do Judiciário for estendido de modo que se abranja o erário público, os direitos sociais e econômicos transformarão aquele que historicamente é considerado o "poder menos perigoso" do governo[31] no poder potencialmente mais autoritário. Em

---

[31] No artigo 78 de *O federalista*, Alexander Hamilton propôs o célebre argumento de que o Judiciário era incontestavelmente o mais fraco entre os três poderes do governo precisamente porque não tinha poder "nem sobre a espada nem sobre a bolsa". Alexander Hamilton, James Madison e John Jay, *The Federalist Papers* [*O federalista*] (Nova York: Bantham Books, 1982), 393. Ver também Alexander Bickel, *The Least Dangerous Branch* (New Haven: Yale University Press, 1962).

vez de se confiar ao povo a decisão sobre os preceitos de justiça (distributiva) que definirão o caráter de sua sociedade, uma "junta de juristas"[32] decreta quem deve ter as necessidades supridas pelo Estado e, em última análise, seguindo o raciocínio de Nozick, pelo trabalho forçado dos outros. O controle judicial das atividades fiscais do Estado representa um retorno ao sistema de "tributação sem representação" – método abominável de coerção conhecido nos anais da tirania. Os cidadãos comuns perdem a oportunidade de participar de um debate pleno sobre os direitos que vão reconhecer e as obrigações que vão sustentar. As questões sobre o caráter moral da sociedade são retiradas do Parlamento e transferidas aos tribunais, onde apenas aqueles que têm formação profissional podem manifestar-se. Os argumentos jurídicos técnicos substituem os partidos políticos comuns como meio pelo qual a sociedade decide se, e em que medida, proverá alimento para os famintos, abrigo para os sem-teto e tratamento para os doentes.

2. Reconsiderando antigas ideias no novo milênio

Na teoria, os argumentos contra o reconhecimento de direitos sociais e econômicos são sólidos e sérios. Em conjunto, formam um arrazoado muito convincente. Na prática, entretanto, seu impacto não tem sido tão forte. Nos tribunais, a voz dos que se opõem aos direitos positivos na maioria das vezes não tem sido convincente. Com efeito, se examinarmos a reação dos juízes às reivindicações constitucionais relativas à fraternidade, perceberemos que não só se podem encontrar, como de fato têm sido encontradas, respostas à maioria das dúvidas, se não a todas, sobre a coerência e a integridade dessas reivindicações. Pelo menos parece ter sido essa a experiência de Cass Sunstein e Dennis Davis,

---

[32] Winter, "Poverty, Economic Equality and the Equal Protection Clause", 43.

juristas destacados com muitos escritos na área dos direitos sociais e econômicos e direito constitucional comparado em geral. Como vimos no Capítulo 1, Sunstein é um dos mais prolíficos acadêmicos do direto norte-americano. Davis é um gigante do direito sul-africano que trocou um cargo na universidade por uma cadeira no Tribunal. Ambos haviam, ao mesmo tempo, escrito com extrema veemência contra a ideia de que uma Constituição deva conter garantias sociais e econômicas passíveis de imposição judicial, mas ambos mudaram de opinião em virtude de um único caso.

A princípio, Sunstein dissera aos povos da Europa central e oriental que deveriam romper com o legado de seu passado socialista e deixar os direitos sociais e econômicos fora das novas Constituições. Incluí-los, advertiu, seria "um grande erro, possivelmente um desastre"[33]. Argumentava que incluir direitos positivos de assistência do Estado interferiria no desenvolvimento das economias de mercado, fomentaria uma cultura de dependência e, na maioria dos casos, tais direitos seriam impossíveis de aplicar. Para ele, a ideia de garantir a todos os húngaros o "nível mais elevado possível de saúde física e mental" era "absurda". Sete anos depois, a posição de Sunstein quanto aos diretos sociais e econômicos sofreu um giro de 180 graus. No novo milênio, passou a ser otimista e entusiasta com relação ao bem que poderiam trazer. Agora ele acredita (assim como Habermas) que, além de proporcionar um alívio tangível aos mais necessitados, os direitos constitucionais a moradia e alimentação aprimorariam a qualidade das deliberações na vida política comum. Nem mesmo os países pobres podem se permitir ignorá-los completamente[34].

---

[33] Sunstein, "Against Positive Rights".
[34] Cass Sunstein, "Social and Economic Rights? Lessons form South Africa" (2000/1) 11 Constitutional Forum 123; *Designing Democracy* (Oxford: Oxford University Press, 2001), cap. 10.

Davis registrou sua mudança num estilo mais suave, mas não menos decisivo afinal. Em 1992, escreveu um ensaio bem calculado e acadêmico argumentando contra a inclusão de direitos sociais e econômicos na nova Constituição da África do Sul, exceto (seguindo o exemplo da Índia) como princípios programáticos não passíveis de aplicação judicial[35]. Embora rejeitasse a ideia de que os direitos sociais e econômicos são categoricamente diferentes dos direitos civis e políticos tradicionais tendo em vista seu caráter policêntrico e as obrigações que originam, Davis ainda considerava a constitucionalização deles um erro porque isso "transfere a política para os tribunais [...] [e] [...] e transmite um poder excessivamente grande para as mãos do Judiciário". No momento em que seu país debatia se deveria incluir na Constituição uma consolidação dos direitos sociais e econômicos, Davis advertiu que seguir o exemplo da Europa central e oriental poria o processo democrático em risco. Isso "eleva os juízes ao papel de engenheiros sociais, concentra poder no cerne do Estado e, por conseguinte, aniquila a influência da sociedade civil"[36].

Alguns anos mais tarde, depois de ser indicado como membro da magistratura, Davis foi coautor de um ensaio que criticava o Judiciário da África do Sul, do Canadá e de Israel por não impor os direitos sociais e econômicos com o rigor que podiam[37]. Davis e seus coautores argumentaram que os juízes deveriam reconhecer o aspecto social em todos os direitos civis e políticos tradicionais e interpretar do modo mais amplo possível todos os direitos sociais e econômicos estabelecidos. Embora reconhecessem que

---

[35] Dennis Davis, "The Case Against the Inclusion of Socio and Economic Demands".
[36] *Ibid.*, 489.
[37] Dennis Davis, Patrick Macklem e Guy Mundlak, "Social Rights, Social Citizenship and Transformative Constitutionalism: A Comparative Assessment", *in* Joanne Conaghan, Michael Fischl e Karl Klare (orgs.), *Labour Law in an Era of Globalization* (Oxford: Oxford University Press, 2002).

a "cidadania social" poderia ser promovida de inúmeras maneiras, não tinham dúvidas de que, "*ceteris paribus*, uma Constituição com direitos sociais é melhor que uma Constituição sem eles".

Um dos aspectos mais notáveis da mudança de pensamento de Sunstein e Davis é que ela não foi inspirada por nenhum ensaio filosófico ou político publicado num compêndio acadêmico, mas pelas próprias reflexões deles sobre um caso específico. O que lhes chamou a atenção foi uma decisão do Tribunal Constitucional da África do Sul que atribuía aos governos nacional, provinciais e municipais do país a responsabilidade conjunta de criar programas que fornecessem abrigo e ajuda emergencial para Irene Grootboom e outros igualmente desabrigados em "condições críticas"[38]. Sunstein elogiou o julgado como "uma decisão extraordinária" que "pela primeira vez na história do mundo" podia demonstrar àqueles que se opõem à imposição judicial de direitos sociais e econômicos que é possível aos tribunais oferecer ajuda significativa aos membros menos privilegiados de uma sociedade sem ter de assumir uma "função administrativa inadmissível"[39].

O que impressionou Sunstein na decisão do Tribunal em *Grootboom* foi o fato de ter se alcançado um meio-termo entre transformar os direitos sociais e econômicos em direitos individuais plenamente passíveis de imposição judicial e negar-lhes completamente o reconhecimento jurídico. De acordo com o Tribunal, a Constituição não garantia a concessão de moradia sempre que houvesse a demanda, mas, sim, um "programa coerente e coordenado" com o objetivo de tornar a moradia acessível aos pobres, inclusive infraestrutura para fornecer auxílio emergencial aos que vivem nas piores condições. Embora reconhecesse que a obrigação do Estado de prover "acesso a moradia adequada" seria variável conforme as áreas

---

[38] *Grootboom* vs. *República da África do Sul*.
[39] Sunstein, *Designing Democracy*, 221-2.

geográficas (urbanas/rurais) e os diferentes recursos econômicos das pessoas, o Tribunal insistiu que não era possível ignorar aqueles cujas necessidades eram mais urgentes. Os que estavam em situação mais desesperadora tinham uma espécie de direito coletivo que, não obstante a impossibilidade de oferecer solução imediata a todos, possibilitaria a um "número significativo" receber alguma forma de abrigo e auxílio emergencial.

Irene Grootboom, sua família e seus amigos também tiveram importância crucial na descoberta de Davis e em sua decisão de endossar tão positivamente a legalização dos direitos sociais e econômicos. De fato, Davis foi o juiz de primeira instância a quem Grootboom solicitou ajuda, que, portanto, estava plenamente ciente de todos os detalhes de seu caso. Na verdade, ficou tão comovido com a situação dela que sua decisão de mandar o Estado fornecer terra, tendas, sanitários portáteis e um suprimento regular de água foi muito além da solução que o Tribunal Constitucional ao final autorizou. O fato de deparar com a carência e a privação dos cidadãos que recorreram ao seu tribunal sem dúvida o fez enxergar esses problemas através de um novo prisma.

Grootboom é sem dúvida um daqueles casos paradigmáticos que será lido por várias gerações, e não parece que os elogios efusivos de Sunstein sejam deslocados. Sua definição do conceito de direitos sociais e econômicos do Tribunal como direito ao "estabelecimento sensato de prioridades com especial atenção às dificuldades dos mais necessitados"[40] é uma leitura precisa do caso, e sua intuição de que ela evita muitas preocupações normativas e institucionais dos que se opõem à imposição judicial desses direitos também é uma avaliação justa e bem calculada. Em vez de tentar apresentar um conjunto detalhado de direitos categóricos

---

[40] Sunstein, "Social & Economic Rights", 229.

e nucleares de todos os desabrigados, o Tribunal definiu o direito como um dever do Estado de planejar uma política de moradia "abrangente e praticável" que demonstre a devida consideração pelo "grupo mais vulnerável", cujas "necessidades eram as mais urgentes", "desesperadoras"[41]. Ao mesmo tempo em que reconheceu que os "valores fundamentais" de dignidade, liberdade e igualdade são negados aos desprovidos de alimento, vestuário e abrigo[42], o Tribunal foi sensível ao fato de que havia muitas maneiras pelas quais os governos poderiam atender às necessidades dos sem-teto em conformidade com as exigências da Constituição. O Tribunal contemplou expressamente a possibilidade de considerar constitucionais as ações dos governos mesmo que não pudessem prover assistência imediata a todos[43].

Grootboom é um caso memorável em parte porque a horrível história da falta de moradia na África do Sul é muito sugestiva e em parte porque o Tribunal pôde ajudar pessoas cuja situação era verdadeiramente desesperadora sem desrespeitar o papel tradicional do Judiciário e dos poderes eleitos do governo. Entretanto, trata-se apenas de uma decisão e, mesmo considerando seus efeitos sobre Sunstein e Davis, não há razão para superestimar sua importância. Por mais notável que seja, não é excepcional a ponto de ser a única da espécie. Na verdade, verificamos que há um conjunto impressionante de pareceres judiciais escritos ao longo dos últimos cinquenta anos que refletem grande parte do pensamento que estimulou o raciocínio do Tribunal em *Grootboom*. Em geral, essa jurisprudência comparativa mostra que muitos juí-

---

[41] *Grootboom* vs. *República da África do Sul*, §§ 31, 38, 44, 63, 66.
[42] *Ibid.*, § 23.
[43] *Ibid.*, § 68. O Tribunal reiterou em seguida a possibilidade de considerar que os governos agiram de acordo com a Constituição mesmo quando não conseguiram satisfazer ao mesmo tempo os direitos de todos, em *Treatment Action Campaign* vs. *África do Sul*.

zes consideram que a imposição judicial dos direitos sociais e econômicos não é tão diferente da proteção garantida pelos direitos civis e políticos mais tradicionais. Na verdade, o raciocínio empregado pelos juízes nos dois conjuntos de casos é quase o mesmo. O Tribunal Constitucional da África do Sul comentou explicitamente a função comum desempenhada pelos dois grupos de direitos[44], e há muitas evidências nas decisões tomadas por outros tribunais do mundo todo que comprovam que ele está certo[45].

3. A imposição judicial dos direitos sociais e econômicos

3.1 O direito ao trabalho

A primeira onda de reivindicações de direitos sociais e econômicos que chegou aos tribunais foi produzida por cidadãos que não procuravam nenhuma assistência do Estado além do respeito a seu direito de ganhar a vida por si mesmos. Em grande medida, esses casos são idênticos, quanto à forma e quanto à estrutura, aos que tratam de direitos civis e políticos. Na maioria, envolvem o pedido de permissão para trabalhar e seguir o meio de vida escolhido. Em alguns desses casos, o direito ao trabalho exigia uma ação positiva por parte do Estado. Por exemplo, em *Lovett* vs. *Grogan*[46], a Suprema Corte da Irlanda determinou que alguém cujos negócios fossem ameaçados pelas atividades ilegais de outros tinha o direito de insistir que o Estado protegesse seus direitos emitindo uma ordem judicial contra os que transgridem

---

[44] *Recertificação da Constituição da República da África do Sul* [1996] 4 SA 744; (1996) 10 BCLR 1253, § 78.

[45] O Tribunal Europeu de Direitos Humanos fez a mesma observação. Ver, por exemplo, *Airey* vs. *Reino Unido* (1970) 2 EHRR 305, § 26; *Lopez-Ostra* vs. *Espanha* (1995) 20 EHRR 277.

[46] (1995) 1 ILMR 13.

a lei na condução de seus negócios. Entretanto, a maioria dos casos em que está em jogo o direito ao trabalho não é como *Lovett*. Pelo contrário, questionam a legitimidade das leis que regulam e restringem a liberdade dos cidadãos de praticar determinada profissão. Tratam dos limites da ação legítima do Estado, e não das iniciativas positivas que os governos devem empreender.

Como a maioria dos direitos políticos e civis mais importantes da primeira geração[47], o reconhecimento do direito ao trabalho não exigia a sua inclusão explícita nos códigos legais, embora muitas Constituições modernas hoje realmente contenham garantias desse gênero[48]. Quando não contêm, o direito ao trabalho é deduzido de outras partes do texto constitucional. Assim, por exemplo, o Tribunal Constitucional da Hungria decidiu que o direto ao trabalho seria aplicado como parte do "direito geral da personalidade" se não tivesse explicitamente garantido[49]. Da mesma forma, o Tribunal Constitucional da África do Sul declarou nula uma lei que restringia a disponibilidade de alvarás de trabalho para estrangeiros, com o argumento de que essa lei ofendia a "dignidade humana" dos atingidos[50]. Sem dúvida, na virada do século a prática da Suprema Corte dos Estados Unidos de proteger

---

[47] Especialmente nos Estados Unidos, onde os direitos de privacidade (*Griswold* vs. *Connecticut* (1965) 381 US 479); de viajar (*Shapiro* vs. *Thompson* (1969) 394 US 618) e de livre associação (*NAACP* vs. *Alabama* (1964) 377 US 288) não são explicitamente garantidos; mas também em outros países, inclusive Israel, como vimos no capítulo anterior (com o direito implícito à igualdade em *Miller* vs. *Ministro da Defesa* (1998) 32 Israel L Rev. 159) e Canadá (direito à não discriminação em virtude da orientação sexual, *Egan* vs. *Canadá* (1995) 124 DLR (4º) 609 (SCC)).

[48] Por exemplo, nas Constituições da Alemanha (Artigo 12), Japão (Artigo 22), Índia (Artigo 19(g)), Hungria (Artigo 70B), África do Sul (Artigo 22), *in* Blaustein e Flanz, *Constitutions*.

[49] *Da liberdade de constituir empresas e licenciar táxis*, Decisão 21/1994; 16 de abril de 1994 – traduzido e reproduzido em Sólyom e Brunner, *Constitutional Judiciary*, 292, 296.

[50] *Booysen* vs. *Ministro do Interior* [2001] 4 SA 485 (CC).

a liberdade de contrato como parte do direito (garantido pela 14ª Emenda) de não ser privado da "liberdade sem o devido processo legal" é o exemplo mais célebre (e para muitos o mais escandaloso) desse tipo de extensão dos direitos da primeira geração[51]. O reconhecimento do "direito não específico ao trabalho" pela Suprema Corte da Irlanda é certamente o mais abrangente[52].

Em outras jurisdições, recorreu-se a uma grande variedade de garantias mais específicas para proteger o direito ao trabalho. No Canadá, os juristas basearam-se no direito de ir e vir para atacar com êxito as leis que limitavam a possibilidade de exercer a profissão em diferentes partes do país[53]. O Tribunal Europeu de Direitos Humanos decidiu que o direito de "desfrutar pacificamente os próprios bens" inclui o direito de exercer uma profissão[54], e fundamentou-se nas garantias de liberdade de expressão[55] e liberdade de associação[56] presentes na Convenção para proteger o direto do cidadão ao trabalho e à busca de seus interesses comerciais, não obstante esteja claro, neste último caso, que os redatores da Convenção jamais pretenderam esse efeito. Mesmo o conceito de "cultura" garantido no Artigo 27 do Pacto Internacional dos Direitos Civis e Políticos é, de acordo com o Comitê de Direitos Humanos da Organização das Nações Unidas, suficientemente amplo para proteger os "meios tradicionais de subsistência para as minorias nacionais"[57].

---

[51] *Lochner* vs. *Nova York* (1905) 198 US 45.
[52] *Lovett* vs. *Grogan*.
[53] *Black* vs. *Law Society of Alberta* (1989) 58 DLR (4º) 317. Ver também a decisão semelhante do Tribunal Europeu de Justiça em *Vlassopoulu* vs. *Ministerium für Justiz* (1993) 2 CMLR 221.
[54] *Van Marle* vs. *Holanda* (1986) 8 EHRR 93.
[55] *Informationsverein Lentia* vs. *Áustria* (1993) 17 EHRR 93.
[56] *Sigurjonsson* vs. *Islândia* (1993) 16 EHRR 462.
[57] *Länsman* vs. *Finlândia*, U.N.H.R. Comissão de Comunicações 511/1992, UN Doc. CCPR/C/52/D/511/1. 1992.

Em vez de depender das palavras específicas empregadas no texto, o escopo e a substância do direito ao trabalho foram definidos, para todos os efeitos, pelo princípio da proporcionalidade. A chave são os fatos, e não os textos nem as fontes de sentido consagradas. Quanto mais extremos e restritivos forem os termos da lei, maior a probabilidade de seu fracasso. Invariavelmente, as restrições que limitam a escolha e o acesso das pessoas a determinadas profissões são consideradas mais graves e mais hostis e, portanto, mais vulneráveis do que as que regulamentam o modo com que uma profissão ou um ofício pode ser exercido. Da mesma forma, as leis que regulamentam a maneira com que as pessoas devem realizar seu trabalho costumam deixar a desejar quando não se pode demonstrar que elas promovem o bem-estar da sociedade de modo significativo. Quando as leis interferem mais do que o necessário na liberdade ocupacional a fim de assegurar qualquer que seja o interesse público que visam promover, é quase certo que deixam a desejar não importa o estilo nem o texto da Constituição.

As leis que impedem as pessoas de seguir a carreira de sua escolha, mesmo quando incorporam várias ressalvas, aproximam-se muito da completa negação do direito ao trabalho e têm pouquíssimas chances de satisfazer o critério da proporcionalidade. O Tribunal Constitucional da Alemanha[58] e a Suprema Corte do Japão[59] declararam inconstitucionais leis que impunham limites numéricos e geográficos à quantidade de farmácias autoriza-

---

[58] *Caso da farmácia* (1958) 7 BVergGE 377, traduzido e reproduzido em D. Kommers, *The Constitutional Jurisprudence of the Federal Republic of Germany*, 2ª ed. (Durham, NC: Duke University Press, 1997).

[59] *Sumiyoshi Inc.* vs. *Governador, Prefeitura de Hiroshima (Caso de localização de farmácia em Hiroshima)* 29 Minshü 4, 572; SC 1975, traduzido e reproduzido em L. Beer e H. Itoh, *The Constitutional Case Law of Japan* 1970-1990 (Seattle: Washington University Press, 1996).

das a operar numa dada área, e o Tribunal Constitucional da Hungria invalidou um regime legislativo semelhante que controlava o licenciamento de táxis[60]. Para esses três tribunais, o impacto negativo na vida dos cidadãos impedidos de exercer a profissão que escolheram era completamente desproporcional a todo e qualquer aprimoramento do bem-estar da comunidade que políticas desse tipo poderiam promover. De um lado, estavam os interesses dos cidadãos para quem ser farmacêutico ou motorista de táxi era um ato fundamental de autoexpressão (que envolvia, para os primeiros, anos de preparação e estudo) crucial à personalidade como um todo e ao mesmo tempo a principal atividade com que podiam contribuir para o bem-estar social das comunidades em que viviam. De outro lado, a conveniência de empregar essas barreiras para alcançar padrões mais saudáveis e mais seguros de produtos farmacêuticos e transportes era ambígua e incerta, principalmente se comparada a estratégias alternativas que imporiam interferência muito menor à liberdade ocupacional das pessoas. Em todos esses casos, o efeito da lei era que um grupo de pessoas recebia proteção redobrada contra a competição econômica, enquanto outro não tinha sequer a permissão de entrar no mercado.

Mesmo as restrições que têm por alvo o exercício, e não a escolha, de um ofício ou de uma profissão podem ser reprovadas pelo critério da proporcionalidade quando for possível demonstrar que elas contrariam o interesse público que deviam fomentar. Assim, por exemplo, a Suprema Corte da Índia certa vez declarou inconstitucional uma lei que proibia o abatimento de vacas por se tratar de interferência injustificada no direito dos açougueiros muçul-

---

[60] *Da liberdade de constituir empresas e licenciar táxis.* Ver também *Sigurjonsson* vs. *Islândia.*

manos de praticarem seu comércio, uma vez que, ao prolongar a vida de animais inúteis, a lei na verdade impedia a realização de um de seus propósitos principais: a melhoria da criação de gado no país[61]. Da mesma maneira, no Canadá, a Suprema Corte invalidou uma lei que impedia os advogados de províncias diferentes de formarem parcerias porque, em lugar de ajudar as ordens dos advogados locais a fiscalizarem a competência e a ética dos advogados de suas comunidades, na verdade piorava as coisas[62].

As restrições ocupacionais e comerciais que impõem barreiras desnecessárias e intransponíveis a novos participantes, ou que obstruem os propósitos mais amplos dos regimes reguladores de que fazem parte, não receberam em lugar nenhum decisões favoráveis quando submetidas ao controle judicial de constitucionalidade. As leis que comparam de forma mais equitativa os interesses dos que aspiram a determinadas profissões e o interesse público em geral se saem bem melhor. Desse modo, ao mesmo tempo em que determinou a inconstitucionalidade da limitação numérica aos táxis autorizados a operar em certa área, o Tribunal Constitucional da Hungria confirmou a constitucionalidade das leis que exigem dos pretendentes a ingressar nesse ramo a comprovação de sua credibilidade e aprovação num teste de estrada. Do mesmo modo, quando o Tribunal Constitucional da Alemanha emitiu sua decisão sobre a "Lei dos Boticários" da Baviera, também afirmou que as restrições ao ingresso no ramo que certi-

---

[61] *Moh' d Hanif Quareshi* vs. *Estado de Bihar* AIR 1958 SC 731. O Tribunal Constitucional da Alemanha também veio em defesa dos açougueiros muçulmanos quando determinou que a sua liberdade religiosa lhes permite isenção de uma lei de proteção dos animais, de acordo com a qual seu método de abatimento seria considerado ilegal. *International Herald Tribune*, 16 de janeiro de 2002; cf. Sami L. Aldeeb Abu-Sahlieh, "Faux débat sur l'abattage rituel en Occident" (2003) Revue de Droite Suisse 247.

[62] *Black* vs. *Law Society of Alberta*.

ficam o conhecimento e a capacidade do profissional para atuar com segurança como farmacêutico, de maneira compatível com o interesse público, não terão dificuldade em satisfazer o critério (de proporcionalidade). Entretanto, como o Tribunal Europeu de Justiça assinalou, mesmo as leis desse tipo não devem ser aplicadas de maneira que se obstruam as aspirações profissionais legítimas das pessoas em troca de um ganho pequeno ou insignificante para o Estado[63].

Embora a jurisprudência demonstre que os tribunais analisam as reivindicações de direto ao trabalho exatamente da mesma maneira que avaliam outros direitos civis e políticos, alguns talvez duvidem da importância dela para responder à pergunta de quais obrigações os Estados têm, se é que têm alguma, para com os desprotegidos ou necessitados. Afinal, na maioria dos casos que reconhecem o direto ao trabalho, trata-se de impedir que o Estado interfira nas aspirações profissionais dos cidadãos; não de demandas por postos de trabalho. Um exame mais minucioso, contudo, explicitará semelhanças importantes entre os dois conjuntos de casos e entre os direitos positivos e negativos em geral. De fato, a maneira pela qual os tribunais avaliaram as leis que restringem a liberdade de praticar uma profissão acompanha em dois importantes aspectos o raciocínio que o Tribunal Constitucional da África do Sul seguiu quando decidiu em favor de Irene Grootboom e dos outros novecentos desabrigados com quem ela vivia. Do ponto de vista analítico, os casos *Grootboom* e do "direito ao trabalho" compartilham da mesma concepção de diretos fundada na ideia de "distribuição equitativa", e não em garantias categóricas e fundamentais. Do ponto de vista normativo, ambos são muito cuidadosos em assegurar que os governos permane-

---

[63] *Vlassopoulu* vs. *Ministerium*.

çam livres para perseguir os valores, as metas e as políticas sociais e econômicas que motivaram sua eleição.

A distribuição equitativa na alocação de abrigo e na repartição de oportunidades de trabalho é o tema comum – e dominante – que percorre todos os casos. Em *Grootboom*, o Estado foi considerado negligente porque os recursos do país destinados à moradia foram distribuídos de maneira muito injusta e retrógrada. Enquanto algumas pessoas desfrutavam os benefícios de subsídios e moradia concedidos pelo Estado, outras, como Irene Grootboom, cuja necessidade era maior, eram abandonadas ao léu. As leis que impõem barreiras intransponíveis aos cidadãos que aspiram a ser farmacêuticos ou motoristas de táxi caracterizam-se pela mesma iniquidade distributiva. Todos os benefícios auferidos pelos que assumem uma dessas duas profissões são reservados aos que já estão colhendo recompensas substanciais, e nada se concede àqueles que estão tentando iniciar numa dessas áreas. Em ambos os casos, a injustiça da lei consiste em não dar nenhuma atenção aos que têm menos.

A outra semelhança notável entre o modo com que em geral os tribunais pensam no direito ao trabalho e a abordagem que o Tribunal Constitucional da África do Sul fez em *Grootboom* é a generosidade com que ambos delimitam a fronteira entre seus próprios poderes e os dos poderes eleitos do governo, o que demonstra grande respeito por estes últimos. Em *Grootboom*, o Tribunal reconheceu que há muitas maneiras pelas quais um governo pode planejar suas políticas de moradia para cumprir suas obrigações constitucionais e que é responsabilidade do Legislativo e do Executivo, não dos tribunais, decidir qual delas adotar. Da mesma forma, quando os tribunais consideram que os governos interferiram de modo impróprio no direito ao trabalho de um cidadão, raramente questionam a legitimidade dos objetivos e das finalidades pretendidos. Levam em conta a saúde, a segurança e o bem-estar moral e econômico da sociedade como razões legítimas para a promulgação de leis referentes ao trabalho e emprego. Apenas as leis aprovadas por flagrante interesse ou proveito próprio são condenadas por causa das finalidades a que visam[64].

Esse entendimento comum de ambos os aspectos (positivo e negativo) dos direitos sociais e econômicos como direitos à distribuição equitativa de tudo quanto estiver sob legislação, mas permitindo ao governo um campo quase ilimitado de escolha sobre se devem regular a política social e econômica em todas as suas facetas e/ou como devem fazer essa regulação, explica quase todos os principais casos em que há reivindicação do direito ao trabalho. "Adequa-se" aos casos, como diria Ronald Dworkin. Mas não explica todos eles. Em especial, deixa de fora um número significativo de decisões sobre esse tema prolatadas pela Suprema Corte dos Estados Unidos, entre elas *Lochner* vs. *NY*[65], reconhecido universalmente como um dos casos decisivos (e um dos mais famigerados) do direito constitucional norte-americano; e *West Coast Hotel* vs. *Parrish*[66], que negou o entendimento de *Lochner* e estabeleceu novo precedente.

O entendimento norte-americano do direito de seguir a profissão ou a carreira de escolha pessoal é diferente do concebido pelos tribunais das demais partes do mundo[67]. Como na maior parte do

---

[64] *Caso da farmácia.*

[65] *Lochner* vs. *Nova York.*

[66] *West Coast Hotel* vs. *Parrish* (1937) 300 US 379.

[67] Nas decisões anteriores sobre o direito de escolher uma profissão, a Suprema Corte japonesa adotou uma abordagem condescendente semelhante. Ver, por exemplo, *Koizumi* vs. *Japão (Caso do táxi itinerante)* (1963) 17 Keishü 12, 234, traduzido e reproduzido em Itoh e Beer, *The Constitutional Case Law of Japan* 1961-1970 (Seattle: Washington University Press, 1978); e *Indústrias Marushin* vs. *Japão (Caso de restrição das pequenas empresas de Osaka)* (1972), traduzido e reproduzido em Itoh e Beer, *The Constitutional Case Law of Japan* 1970-1990.

direito constitucional norte-americano, houve enormes guinadas na jurisprudência. Nos primeiros cem anos e nos últimos 75, a Suprema Corte dos Estados Unidos foi e agora voltou a ser excessivamente condescendente para com o Congresso e os governos dos estados quando chamada a exercer o controle judicial de constitucionalidade das leis que regem a liberdade dos cidadãos de trabalhar e perseguir suas aspirações profissionais. Entre essas duas fases, durante um período de cerca de trinta anos próximo à virada do último século, na era *Lochner*, a Corte chegou ao extremo de impor limites muito rígidos aos tipos de leis referentes ao trabalho e ao emprego que podiam ser promulgadas pelos políticos. Todavia, mesmo nesse período, em que defendeu ativamente o direito ao trabalho, a liberdade garantida pela Suprema Corte fez muito pouco pelos que mais necessitavam de proteção.

Comparadas ao direito ao trabalho vinculado ao princípio da proporcionalidade e à ideia de distribuição equitativa, parece que nenhuma das abordagens experimentadas pelos norte-americanos é muito atraente. Na maioria das vezes, a Suprema Corte dos Estados Unidos foi muito desfavorável, senão francamente hostil, à ideia do direito ao trabalho. No início, a Corte confirmou a constitucionalidade de leis que negavam às mulheres o direito de exercer profissões ligadas ao direito[68], bem como da legislação que concedia ao governo o monopólio de ramos comerciais inteiros por longos períodos de tempo[69], sem levar em consideração o alto grau de interferência na liberdade das pessoas de exercer a profissão que escolheram. Hoje a Corte se atem à regra de que não proverá um pedido sequer (exceto aos advogados)[70] contra as

---

[68] *Bradwell* vs. *O Estado* (1872) Sup. Ct. 130.
[69] *Casos dos matadouros* (1872) Sup. Ct. 36.
[70] Ver, por exemplo, *Suprema Corte de New Hampshire* vs. *Piper* (1985) 470 US 274; *Schware* vs. *Banca de Examinadores da Ordem dos Advogados* (1956) 353 US 232.

leis que interferem de maneira gratuita e irrazoável na liberdade dos cidadãos de decidir por si mesmos as funções que desempenharão na sociedade em que vivem[71]. Durante mais de meio século, praticamente não existiu proteção judicial das liberdades econômicas. No entender de muitos, a posição da Corte é em essência a de que o governo pode restringir, quando e como bem entender, a liberdade de seus cidadãos no que diz respeito a exercerem seu meio de vida[72].

Considera-se em geral que, durante a era *Lochner*, mesmo quando a Corte declarou a inconstitucionalidade de leis que interferiam no direito ao trabalho, sua abordagem das questões produziu mais mal do que bem. Embora se haja publicado artigos em defesa de *Lochner*[73], a decisão foi objeto de condenação generalizada por juristas de todos os matizes políticos[74]. Para muitos, *Lochner* representa um dos pontos mais baixos do direito norte-americano. Com efeito, para aqueles que estão lutando para se manter sobre as próprias pernas, *Lochner* não é lá um apoio muito bom. A decisão da Corte em *Lochner* é que o estado de Nova York não poderia restringir a liberdade dos cidadãos de trabalhar

---

[71] *Williamson* vs. *Lee Optical* (1955) 348 US 483; *West Coast Hotel* vs. *Parrish*; ver também *Nova Orleans* vs. *Dukes* (1976) 427 US 297.

[72] Jonathan R. Macey, "Some Causes and Consequences of the Bifurcated Treatment of Economic Rights and Other Rights under the United States Constitution", *in* Ellen Frankel Paul, Fred D. Miller e Jeffrey Paul (orgs.), *Economic Rights* (Cambridge: Cambridge University Press, 1992).

[73] Ver, por exemplo, "Some Causes and Consequences...", *ibid.*; Richard Epstein, "Toward a Revitalization of the Contract Clause" (1980) 51 U Chic. L Rev. 732; Bernard H. Siegan, "Constitutional Protection of Property and Economic Rights" (1992) 29 San Diego L Rev. 161.

[74] Observar: "Resurrecting Economic Rights: The Doctrine of Economic Due Process Reconsidered" (1990) 103 Harv. L Rev. 1363; John Hart Ely, *Democracy and Distrust* (Cambridge, Mass.: Harvard University Press, 1980), 14-5; R. Dworkin, *Law's Empire Distrust* (Cambridge, Mass.: Harvard University Press, 1986), 389; R. Bork, *The Tempting of America* (Nova York: Free Press, 1990), 46-9.

mais de dez horas por dia em uma padaria, se essa fosse a vontade deles. Contudo, a liberdade que a Corte protegeu – de se firmarem contratos de emprego nos termos, quaisquer que sejam, definidos pelos talentos do interessado – vale muito mais para os fortes e os dotados de tino comercial do que para os relativamente fracos e vulneráveis à exploração. Comparada às oportunidades criadas pelo princípio da proporcionalidade e pela regra da distribuição equitativa, a liberdade de contrato garantida por *Lochner* é em grande medida formal e vazia, além de perversa em termos distributivos para com aqueles que mais precisam dela[75].

A liberdade de contrato, além de conferir ao direito ao trabalho uma proteção menos relevante do que uma abordagem que leve em conta a proporcionalidade e a distribuição equitativa, também é profundamente antidemocrática. Em *Lochner*, a Corte adotou a posição de que o povo de Nova York não tinha autoridade, por meio de seus representantes eleitos, para aprovar uma legislação trabalhista que estabelecesse um máximo de horas e/ou um salário mínimo para os tipos comuns de trabalho. Segundo a Corte, as leis trabalhistas não eram capazes de promover a saúde, a segurança, a ética nem o bem-estar da sociedade e, portanto, não estavam incluídas nos poderes legislativos legítimos do Estado. Para boa parte dos que fizeram comentários críticos sobre o caso, o grande mal de *Lochner* foi passar por cima do princípio da separação dos poderes e ignorar os limites da autoridade da Corte.

Definir o direito ao trabalho como o direito à distribuição equitativa de oportunidades é muito mais eficaz para proteger a liberdade e respeitar a democracia do que a ideia de *Lochner* de garantir a mera liberdade de contrato. Isso também poderia ex-

---

[75] Cass Sunstein, "Lochner's Legacy", 87 Colum. L Rev. (1987) 873; "Naked Preferences and the Constitution", Colum. L Rev. (1984) 1689.

plicar melhor a decisão do caso. Se a Corte tivesse analisado a lei trabalhista de Nova York quanto à parcialidade envolvida em restringir as horas de trabalho em algumas padarias e ao mesmo tempo permitir que outras funcionassem durante quanto tempo bem entendessem, provavelmente teria alcançado o mesmo resultado sem macular tão gravemente o princípio da separação dos poderes. De acordo com os fatos apresentados à Corte, quase a metade das padarias do estado, o que incluía os estabelecimentos maiores, sindicalizados, não era afetada pela lei[76]. Em grande medida, os efeitos da lei recaíam sobre as padarias menores, geridas por famílias, muitas das quais acabaram por fechar as portas. Como Lochner argumentou em sua petição, a lei era altamente discriminadora porque limitava as horas dos trabalhadores de algumas padarias e permitia que em outras, "entre essas muitas que [eram] concorrentes, [...] os empregados trabalhassem durante quanto tempo os patrões desejassem"[77]. O grande número de isenções previstas na lei também dava a entender que as horas excessivas não representavam ameaça maior à saúde dos empregados em padarias do que em qualquer outro tipo de trabalho. Além disso, se lhe fosse possível demonstrar que os artigos de lei relacionados que controlavam a ventilação, a drenagem, a limpeza e a inspeção eram meios eficazes de garantir que as padarias fossem ambientes de trabalho saudáveis, a Corte poderia ter determinado que o limite de horas de trabalho também era desnecessário – gratuito.

Defender a decisão de *Lochner* como uma aplicação adequada do princípio da proporcionalidade e da distribuição equitativa

---

[76] Richard A. Epstein, "The Mistakes of 1937" (1988) Geo. Mason UL Rev. 5; Observar: "Resurrecting Economic Rights"; Norman Karlin, "Back to the Future: From Nollan to Lochner" (1988) 17 South Western UL Rev. 627.

[77] *Lochner* vs. *Nova York*, 48.

lança sobre o caso uma luz muito mais favorável. Essa defesa incorpora o entendimento dos críticos de esquerda, contrários à tendência antidemocrática do julgado, e dos críticos de direita, consternados com a atual posição da Corte de se recusar a proteger um aspecto tão importante da liberdade humana. Esse é o argumento em que os advogados de Lochner mais insistiram quando compareceram diante do tribunal; se o argumento tivesse sido aceito, os norte-americanos teriam, ao fazer negócios no mercado, liberdade equivalente à de que gozam em matéria de participação política e de expressão. Reabilitar *Lochner* seria um acontecimento jurisprudencial de proporções quase miraculosas. Seria o equivalente jurídico de ressuscitar Lázaro dentre os mortos. Talvez até fosse suficiente para converter outros estudiosos do direito, a exemplo de Sunstein e Davis. Entretanto, por mais impressionante que seja, uma explicação do direito ao trabalho fundada na distribuição equitativa é apenas uma parte da história da imposição judicial dos direitos sociais e econômicos, e, em alguns aspectos, é a menos importante. O fato é que, na maioria desses casos, a decisão do tribunal se limitou a estabelecer restrições sobre os tipos de leis que os governos podiam aprovar e, por conseguinte, não trata diretamente das preocupações conceituais, normativas e institucionais que questionam a integridade da onda mais recente de direitos positivos sociais e econômicos.

3.2 O direito à satisfação das necessidades da vida

A tese de que o governo tem o dever positivo de garantir a satisfação das necessidades básicas da vida de todos sob a sua jurisdição tem sido proposta aos tribunais há mais de 25 anos, e há mais de dez constitui elemento regular de sua pauta de casos. A jurisprudência é rica no que se refere à intensidade e à diversidade das reivindicações apresentadas. Os casos contam histórias de pessoas que vivem em situações difíceis. Os moradores de rua de Bombaim insistem que têm o direito de erguer cabanas nas calçadas da cidade a fim de morar a uma distância razoável do local de trabalho[78]. As gestantes soropositivas para HIV querem acesso a uma droga que diminua significativamente as chances de o feto infectar-se com o vírus[79]. Os homens que sofrem de insuficiência renal em Durban, na África do Sul, e em Whangarei, na Nova Zelândia, afirmam que seus respectivos governos têm o dever constitucional de lhes assegurar o tratamento de hemodiálise, necessário para a sobrevivência[80]. Os deficientes auditivos da costa oeste do Canadá exigem que os hospitais públicos tenham, em seu quadro de funcionários, intérpretes da linguagem de sinais para poderem entender o que lhes acontece nas consultas e no atendimento médico[81]. Em todo o mundo, alunos e pais de alunos têm litigado principalmente o acesso a todos os níveis de educação pública, bem como financiamento para escolas de grupos linguísticos e religiosos especiais[82]. As leis relativas à assistência social pública foram combatidas no Canadá e nos Estados Unidos por serem consideradas discriminatórias, e na Hungria o Tribunal Constitucional foi chamado a impedir a reestruturação maciça do sistema de assistência social no contexto da transição para a economia de mercado[83].

Embora hoje a maioria das Constituições contenha dispositivos que garantem alguns conjuntos de direitos sociais e econômicos, é raro que o modo particular com que eles são redigidos no

---

[78] *Olga Tellis* vs. *Prefeitura Municipal de Bombaim*, AIR 1986 SC 180.
[79] *Treatment Action Campaign* vs. *África do Sul*.
[80] *Soobramoney* vs. *Ministro da Saúde (Kwazulu-Natal)* [1998] 1 SA 765; (1997) 4 BHRC 308; *Shortland* vs. *Northland Health* (1998) 1 NZLR 433.
[81] *Eldridge* vs. *Procurador-Geral da Colúmbia Britânica*.
[82] Ver texto que acompanha as notas 101-7 e a seguir, no cap. 5, seção 5.
[83] Ver texto que acompanha as notas 108-13.

texto constitucional seja o fator crucial ou determinante na resolução dos casos[84]. Mesmo quando a linguagem do texto é contundente e categórica, jamais se entende que estipule garantia absoluta e imutável. No Japão, por exemplo, a Suprema Corte rejeitou a alegação de que o compromisso irrestrito do artigo 26 de sua Constituição, de que a "educação obrigatória deve ser gratuita", significa que os pais podem insistir que o governo pague tudo, inclusive os livros didáticos e o material escolar[85]. Da mesma forma, o preceito amplo do artigo 27 da Constituição da África do Sul, pelo qual "a ninguém se recusará tratamento médico emergencial", não foi suficiente para garantir que Thiagraj Soobramoney (ou qualquer outra pessoa que estivesse enfrentando a iminência da morte por insuficiência renal) recebesse tratamento por hemodiálise[86]. Na verdade, em ambos os casos, as reivindicações não foram atendidas porque não respondiam ao princípio da proporcionalidade.

Não somente não existe um conjunto de palavras mágicas capazes de garantir satisfação em todos os casos, mas também se verifica, pelas estratégias interpretativas preferidas pela maioria dos tribunais, que não é essencial incluir numa Constituição cláusulas específicas de diretos sociais e econômicos. Assim como os tribunais puderam inferir o direito ao trabalho a partir das garantias fundamentais de vida e liberdade, o fato de uma Constituição calar-se quanto aos direitos sociais e econômicos não será necessariamente fato determinante para a resolução de um caso. Tudo

---

[84] A relativa irrelevância de como os textos constitucionais são de fato redigidos não passou despercebida para quem conhece a jurisprudência. Ver, por exemplo, Dennis Davis, Patrick Macklem e Guy Mundlak, "Social Rights, Social Citizenship..."; David Currie, "Positive and Negative Constitutional Rights" (1986) 53 U Chic. L Rev. 864.
[85] *Kato* vs. *Japão* 18 Minshü 2 p. 343, 26/2/64, traduzido e parcialmente reproduzido em Itoh e Beer, *Constitutional Case Law of Japan* 1960-1970.
[86] *Soobramoney* vs. *Ministro da Saúde*, §§ 19, 26, 28-9.

de que precisa qualquer juiz propenso a interpretar o texto constitucional de modo que se façam cumprir seus objetivos e valores predominantes são os direitos tradicionais da primeira geração: o direitos à igualdade e à liberdade. Com efeito, na Índia o "direito à vida" se mostrou mais importante como fonte de reivindicações de direitos positivos contra o governo do que como proteção contra a pena de morte. Assim, ao mesmo tempo em que decidiu que a pena capital em si não acarreta violação do direito à vida[87], a Suprema Corte indiana também afirmou que essa garantia acarreta logicamente "a satisfação das necessidades fundamentais da vida [...] [entre elas] [...] alimentação, vestuário e abrigo convenientes, e condições para ler, escrever e expressar-se de diversas formas..."[88]. Além disso, considerou que o direto à vida inclui o direto a um meio de subsistência[89], a um ambiente saudável e seguro[90], bem como a garantia de acesso à educação primária[91].

Os juízes de Déli sem dúvida estão entre os que mais se praticam o método exegético que atribui o máximo valor aos propósitos predominantes e mais elevados da Constituição, mas não são absolutamente os únicos. O Tribunal Constitucional da Hungria também entende que o direito à vida impõe ao governo o dever de manter "a base natural da vida humana", o que inclui um meio

---

[87] *Bachan Singh* vs. *Estado de Punjab*, AIR 1980 SC 898, 1980 2 SCC 684; cf. *Mithu* vs. *Estado de Punjab* AIR 1983 SC 473.

[88] *Frances C. Mullen* vs. *Administrador, Território da União de Déli*, AIR 1981 SC 746 § 7. Ver também *Prefeitura Municipal de Ahmedabed* vs. *Gulab Khan* AIR 1997 SC 152.

[89] *Olga Tellis* vs. *Prefeitura Municipal de Bombaim*.

[90] Ver, por exemplo, *Fórum sobre o Bem-estar Social dos Cidadãos de Vellore* vs. *Índia*, AIR 1996 SC 2715; *Centro de Pesquisa e Educação do Consumidor* vs. *Índia*, AIR 1995 SC 922; *Subash Kunar* vs. *Estado de Bihar*, AIR 1991 SC 420; ver também *Narmada Bachao Andolan* vs. *Índia*, AIR 2000 SC 3751.

[91] *Unni Krishnan* vs. *Estado de Andhra Pradesh*.

ambiente saudável⁹². Até agora, a Suprema Corte do Canadá tem se esquivado de uma definição tão veemente da cláusula de "vida e liberdade" de sua Carta de Direitos⁹³, mas em duas importantes decisões fez uso equivalente da garantia de igualdade e não discriminação, expressa em termos muito contundentes. Em um dos casos, a Corte invocou o princípio da igualdade para sustentar o direito dos cidadãos de terceira idade de reivindicar os benefícios do seguro-desemprego quando demitidos⁹⁴. No outro, apoiou a reivindicação dos deficientes auditivos por serviços de linguagem de sinais quando recebem tratamento em hospitais públicos⁹⁵. Até a Suprema Corte dos Estados Unidos saiu em auxílio dos pobres e menos favorecidos usando os direitos da "primeira geração". É muito famosa a decisão em que essa Corte se baseou na cláusula de igualdade de proteção, da Décima Quarta Emenda, para acabar com a educação segregada e, em seguida, reconheceu o direito dos filhos de imigrantes ilegais de frequentar escolas públicas⁹⁶. Também atendeu as reivindicações dos beneficiários da Previdência Social tratando a assistência social como um direito à propriedade e criando a partir do nada um direito constitucional à mobilidade⁹⁷.

Muito mais importante que as palavras e a excelência do texto é a justiça distributiva envolvida no pedido do requerente. Tenha a demanda o objetivo de obter assistência médica, educação ou simples dinheiro, o fator decisivo é a pertinência da reivindicação em relação ao princípio da proporcionalidade e à ideia de

---

⁹² *Da proteção ambiental*, Decisão 28/1994, 20/5/94, traduzido e reproduzido em L Sólyom e G. Brunner (orgs.), *Constitutional Judiciary in a New Democracy*.
⁹³ Ver *Gosselin* vs. *Quebec* (2003), 221 DLR (4º) 257.
⁹⁴ *Comissão de Emprego e Imigração do Canadá* vs. *Tétreault-Gadoury* 81 DLR (4º) 359 (1991).
⁹⁵ *Eldridge* vs. *Procurador-Geral da Colúmbia Britânica*.
⁹⁶ N. 13 acima.
⁹⁷ *Shapiro* vs. *Thompson*.

distribuição equitativa, e não se ela é reconhecida de forma explícita no texto da lei. Às vezes, como em *Grootboom*, o foco está no modo pelo qual é distribuído o serviço ou a assistência reivindicado. Em outros casos, o ponto decisivo é a proporção entre os que reivindicam o direito constitucional a determinada assistência do Estado e os que serão obrigados a arcar com os custos dessa assistência. Quando os tribunais tendem a ser favoráveis a determinada reivindicação de direitos sociais e econômicos, não é raro considerarem que a lei submetida a seu controle de constitucionalidade deixa a desejar em ambos os aspectos. Os dois critérios de distribuição equitativa se destacam em duas decisões tomadas, quase uma depois da outra, pelas supremas cortes do Canadá e da África do Sul, o que exemplifica os tipos de reivindicações que os cidadãos podem fazer ao governo a fim de recuperar a saúde. No primeiro, *Eldridge* vs. *Procurador-Geral da Colúmbia Britânica*[98], a Suprema Corte do Canadá considerou que os governos provinciais têm obrigação de financiar serviços de interpretação de linguagem de sinais em hospitais públicos. No segundo, *Soobramoney* vs. *Ministro da Saúde*[99] (Kwazulu-Natal), todos os membros do Tribunal Constitucional da África do Sul concordaram que ninguém tem direito a receber do Estado o tratamento de hemodiálise, mesmo que a falta desse procedimento implique a morte do cidadão.

Eldridge também foi uma decisão unânime, o que é notável numa Corte em que sempre existiu muita divergência de pontos de vista acerca de o que a igualdade significa[100]. Em *Eldridge*, en-

---

[98] (1997) 151 DLR (4º) 577.
[99] [1998] 1 SA 765.
[100] Para uma introdução à abordagem tradicional da Suprema Corte do Canadá sobre a igualdade, ver D. Beatty, "Canadian Constitutional Law in a Nutshell" (1998) 36 Alta L Rev. 605.

tretanto, os nove juízes consideraram que a ausência de intérprete era, do ponto de vista distributivo, uma atitude perversa em ambos os sentidos. Comparados aos pacientes capazes de se comunicar e compreender o diagnóstico e o tratamento de sua própria doença, os deficientes auditivos recebiam um padrão de assistência médica significativamente inferior. Os que já eram desfavorecidos obtinham menos (em termos da qualidade da assistência médica que recebiam do Estado) do que os que não eram. Da perspectiva dos surdos, tratava-se de um caso explícito de discriminação, de desrespeito a seu direito à igualdade de benefício e proteção da lei. Comparados à posição do Estado e dos que seriam obrigados a pagar por um serviço extra, a proporcionalidade era igualmente evidente. De um lado, encontravam-se os pacientes para quem a deficiência de comunicação e a interpretação errada poderiam significar a incorreta interpretação do diagnóstico e tratamento inadequado. De outro, havia um custo anual aos contribuintes de 150 mil dólares ou 0,0025% do total investido pelo governo em saúde pública.

Em *Soobramoney*, essa relação numérica era quase exatamente oposta. Ao contrário da quantia relativamente insignificante implicada no caso canadense, uma decisão que concedesse a todos os cidadãos com insuficiência renal aguda o direito de receber a hemodiálise como "tratamento emergencial" teria tornado muito difícil, senão impossível, para o governo sul-africano cumprir a obrigação de prover serviços básicos de assistência médica à população em geral. Segundo o Tribunal, ninguém tem direito absoluto e irrestrito a um tratamento médico dispendioso, mesmo correndo risco de vida, porque num mundo com recursos limitados, esse direito significaria que muitas outras pessoas dependentes do governo no que concerne à sua saúde e bem-estar ficariam desprovidas até dos serviços e cuidados mais básicos.

Embora não tenha pedido nada mais que o necessário para ter a vida preservada, Soobramoney não obteve êxito, pois o que ele acreditava ser um direito seu era na verdade, assim como a reivindicação de qualquer "monstro de utilidade", muito mais do que a sua parte na distribuição equitativa.

Os mesmos critérios – proporcionalidade e distribuição equitativa – figuram com destaque nos casos em que os tribunais tiveram de julgar a pretensão de exigir do governo o fornecimento de educação aos cidadãos e não cidadãos residentes no país (inclusive a filhos de imigrantes ilegais). Quando os requerentes conseguem demonstrar que não receberam o mesmo tratamento que outros em circunstâncias semelhantes ou mesmo mais prósperas, é quase certeza de causa ganha. Também são vitoriosos quando conseguem provar que a educação que exigem não implica custos substanciais financeiros nem de outra ordem ao Estado. Se, contudo, não conseguirem demonstrar nenhuma dessas iniquidades distributivas, é muito mais provável que não obtenham êxito mesmo quando a garantia constitucional é absoluta e irrestrita, como em *Kato* vs. *Japão*[101].

Dois julgados memoráveis da Suprema Corte dos Estados Unidos, que abriram as escolas públicas para negros e filhos de imigrantes ilegais, ilustram as duas medidas de equidade que os juízes empregam quando decidem se o Estado tem ou não a responsabilidade de fornecer educação a quantos vivem dentro de seu território. *Brown* vs. *Conselho de Educação*[102], talvez a decisão mais importante já proferida pela Suprema Corte dos Estados Unidos, trata exclusivamente da distribuição equitativa. As escolas separadas para brancos e negros eram desiguais porque, por

---

[101] 18 Minshü 2 p. 343, 26/2/64.
[102] (1954) 357 Us 483.

mais semelhantes que fossem no edifício, nos livros e nos professores que fazem do aprendizado um prazer, os negros recebiam uma educação de qualidade inferior. As escolas segregadas davam menos a quem mais precisava. Atacando sistematicamente a autoestima das crianças negras, essas escolas jamais poderiam equiparar-se à educação proporcionada pelas escolas para brancos ou integradas. Os sistemas de educação baseados na segregação racial são injustos, iníquos e incompatíveis com a garantia constitucional de igualdade, porque as escolas criadas por eles são sociedades de castas, e as diferenças na qualidade da educação oferecida são perversas do ponto de vista distributivo.

Quase trinta anos depois de prolatar sua decisão em *Brown* vs. *Conselho de Educação*, a Corte abriu as portas das salas de aula para os filhos de imigrantes ilegais. A razão que a Corte deu para isso implicava um cálculo de distribuição equitativa diferente do que motivara sua decisão em *Brown*. Em vez de equiparar os direitos educacionais das crianças "sem documentação" aos das legalmente residentes no país, em *Plyler* vs. *Doe*[103] a Corte se concentrou no fato de que conceder a essas crianças a mesma educação proporcionada às demais faria imensa diferença na vida delas, ao passo que não implicaria praticamente nenhum ônus aos outros cidadãos. De um lado, a Corte considerava a escola pública uma instituição cívica essencial. Isto é, excluir uma criança da escola pública é presságio de uma vida inteira de analfabetismo e privação. Do outro lado, a Corte observou que toda redistribuição de fundos necessária para educar as crianças antes excluídas significava uma redução tão "proporcionalmente pequena" dos recursos gastos com cada criança que não causaria "impacto significativo" na qualidade da educação a elas oferecida. Negar às pessoas

---

[103] (1981) 457 US 202.

oportunidades de ensino tão essenciais, que para elas têm enorme importância, mas pouquíssima para os que já têm acesso a essas oportunidades, é a própria antítese da distribuição equitativa.

No mundo inteiro, muitos juízes se sentiram atraídos pela ideia de que o direito à educação pública é direito à distribuição equitativa dos recursos investidos na formação e desenvolvimento do "capital humano" da sociedade. A Suprema Corte do Canadá adotou o que se chama de "abordagem de escala móvel" para definir as formas e a medida em que as minorias linguísticas poderiam controlar a educação de seus filhos, e insistiu que recebessem financiamento proporcional ao concedido pelo Estado ao grupo linguístico majoritário[104]. O Tribunal Constitucional da Alemanha rejeitou explicitamente a ideia de que "o direito de escolher livremente [...] o local de formação" imponha o "dever de fornecer o local desejado de educação em qualquer momento a todo candidato", mas favoreceu o direito à distribuição equitativa[105]. "[T]odo cidadão habilitado para os estudos universitários", afirmou a Corte, tem o direito de "compartilhar igualmente das oportunidades oferecidas". Com base nesse entendimento, o Tribunal declarou inconstitucionais as leis que impunham cotas rígidas e limites numéricos absolutos ao número de alunos que podiam ingressar nos vários programas porque, em suas palavras, essas restrições "provocam a desigualdade gritante em que uma classe de candidatos recebe tudo e a outra não recebe nada".

A Suprema Corte da Índia também trata o direito ao ensino segundo as medidas da distribuição equitativa, e na verdade levou mais longe que qualquer outro tribunal do mundo a lógica desse entendimento. Numa série longa (mas nem um pouco uni-

---

[104] *Mahe* vs. *Alberta* (1990) 68 DLR (4º) 69.
[105] *Caso do Numerus Clausus* (1972) 3 BVerfGE 303, parcialmente traduzido e reproduzido em Kommers, *Constitutional Jurisprudence of Germany*.

forme) de casos, a Corte aprovou a "reserva" de um número limitado de vagas aos alunos provindos dos segmentos mais desfavorecidos da sociedade nas instituições pós-secundárias, que não seriam tão acessíveis não fosse essa medida[106]. Mais recentemente, em *Unni Krishnan* vs. *Estado de Andhra Pradesh*[107], liderada por B. P. Jeevan Reddy, a maioria dos juízes de uma turma de cinco decidiu que todas as crianças indianas têm o direito de receber educação primária nos primeiros catorze anos de vida e fundamentou explicitamente a sua decisão no argumento da distribuição equitativa. A Corte citou a obra do cientista social sueco Gunnar Myrdal, em particular sua crítica ao fato de que, embora gastasse proporcionalmente muito menos com educação do que outras democracias constitucionais, a Índia destinava uma parte desproporcional de seus gastos às instituições de ensino de segundo e terceiro graus. No que diz respeito à distribuição dos escassos recursos da sociedade, a Corte considerou que dar mais aos que já têm configura "inversão de prioridades". Da mesma maneira que o programa de moradia da África do Sul não provia nada aos mais necessitados, o tratamento dispensado pela Índia à educação de seu povo violava os direitos dos "segmentos mais fracos da sociedade", pois destinava muito mais verba para as instituições secundárias e pós-secundárias de qualidade mais elevada, frequentadas pelos filhos dos "estratos mais altos" e "poderosos politicamente", do que para a educação primária, que se destina igualmente a alunos ricos e pobres.

Poderíamos acrescentar à lista outros casos em que os direitos sociais e econômicos foram reivindicados como direito à dis-

---

[106] Ver, por exemplo, *Balaji* vs *Estado de Mysore*, AIR 1963 SC 649; *Chitra Gosh* vs. *Índia*, AIR 1970 SC 35; *D. N. Chanchala* vs. *Estado de Mysore*, AIR 1971 SC 1762; *União dos estudantes do A.I.I.M.S.* vs. *A.I.I.M.S*, AIR 2001 SC 3262.
[107] AIR 1993 SC 2178.

tribuição equitativa. Reivindicações importantes de assistência social e ajuda financeira, por exemplo, foram analisadas dessa maneira. Mais uma vez, em casos desse tipo, normalmente os juízes concentram a atenção na forma como os requerentes são tratados em comparação com outros a quem o governo fornece assistência, e, no geral, na despesa que o atendimento da reivindicação significaria. Tanto a Suprema Corte dos Estados Unidos quanto a do Canadá prolataram decisões importantes nesse sentido, considerando inconstitucionais, respectivamente, leis de assistência social que restringiam ou negavam benefícios aos cidadãos em virtude de seu tempo de residência no estado e de sua idade. Os juízes canadenses avaliaram explicitamente à luz do princípio da proporcionalidade a inelegibilidade dos cidadãos com mais de 65 anos aos benefícios regulares do seguro-desemprego e consideraram isso uma falha da lei. Mesmo tendo em vista que a lei visava prevenir os possíveis problemas decorrentes de reivindicações fraudulentas feitas por pessoas já aposentadas e não à procura de emprego, a Corte considerou que a exclusão absoluta de todos com mais de 65 anos era mais drástica e mais grave do que o necessário[108]. Embora "proporcionalidade" e "distribuição equitativa" não façam parte do vocabulário convencional do direito constitucional norte-americano, a insistência da Corte no direito dos residentes recentes aos mesmos benefícios assistenciais concedidos aos que moram há muito tempo em determinado estado se baseia na mesma ideia[109]. A necessidade, e não o tempo de residência, é o critério correto para a distribuição. A Corte afirmou que se o propósito da diferenciação era economizar dinheiro e evitar a criação de grandes déficits de orça-

---

[108] *Comissão de Emprego e Imigração do Canadá* vs. *Tétreault-Gadoury*.
[109] *Saenz* vs. *Roe*; *Shapiro* vs. *Thompson*.

mento, seria mais justo reduzir o benefício de cada um em 72 centavos de dólar por mês do que fazer os residentes recentes arcarem com todo o ônus.

Assim que começou a exercer o poder de controle de constitucionalidade, o Tribunal Constitucional da Hungria tomou uma série de decisões particularmente sugestivas a favor dos direitos dos que se valem dos programas sociais para sua segurança física e emocional[110]. Em meia dúzia de acórdãos, os juízes de Budapeste declararam inconstitucionais várias partes de um maciço pacote de austeridade (localmente conhecido como as "leis de Bokros", nome do ministro da Fazenda que as formulou), aprovado pelo governo húngaro, que reestruturava radicalmente (e reduzia de forma drástica) o antigo sistema comunista de assistência social e direitos previdenciários a fim de evitar a falência do país e, em última instância, facilitar a transição para a economia de mercado. A anulação de leis que tinham como objetivo uma rígida reforma estrutural e econômica e que haviam sido aprovadas com a insistência dos credores do país, entre eles o Fundo Monetário Internacional (FMI), é sem dúvida uma das defesas mais ousadas e polêmicas dos direitos de bem-estar social e previdenciários já proferidas até hoje[111].

O cerne da decisão se baseia num princípio que o Tribunal denominou "segurança jurídica", que acrescenta um lado temporal à ideia de distribuição equitativa. O que mais incomodou o Tribunal não foi tanto a assistência ter sido reduzida e ter seu pagamento vinculado à comprovação da necessidade em vez do

---

[110] *Dos benefícios da seguridade social.*
[111] Para conhecer uma crítica incisiva da decisão do Tribunal, ver Andras Sajo, "How the Rule of Law Killed Hungarian Welfare Reforms" (1996) 5 East European Constitutional Review 31. Cf. S. Zifzak, "Adjudicating Social Rights: Lessons From the Hungarian Constitutional Experience" (1998) 4 East European Rights Review 53.

direito, mas a introdução demasiado rápida das reformas, "praticamente da noite para o dia" e "sem nenhuma transição". A injustiça estava mais na pressa do que no conteúdo da mudança. Segundo o Tribunal, o princípio da segurança jurídica garantia aos afetados pelas reformas um intervalo de tempo para se ajustarem às novas condições. No que dizia respeito a benefícios como o auxílio-gravidez e o auxílio-maternidade, por exemplo, que seriam concedidos por um período fixo e relativamente curto no futuro imediato, o Tribunal exigiu que o governo assistisse as mulheres que já tinham, àquela altura, a expectativa legítima e justificada de recebê-los. O Tribunal, entretanto, reconheceu que a longo prazo o governo tinha o direito de emendar todo o sistema de seguridade e previdência social, inclusive os fundamentos jurídicos dos direitos e os fatos que lhes dão origem. O Tribunal decidiu que, ao buscar seus objetivos e reestruturar as relações jurídicas do Estado, o governo estava errado em ignorar o transtorno que as pessoas enfrentam quando perdem os sistemas de apoio que antes as sustentavam.

    Por mais radicais que os casos Bokros tenham sido, não são categoricamente diferentes das outras decisões favoráveis aos direitos sociais e econômicos. Ao englobar um aspecto temporal na ideia da distribuição equitativa, o tribunal húngaro seguiu um caminho traçado por outros tribunais que defenderam de modo semelhante os direitos assistenciais. A Suprema Corte dos Estados Unidos, por exemplo, avançou na mesma direção quando decidiu que os beneficiários da assistência social não podiam ter o benefício cortado sumariamente sem aviso prévio nem a oportunidade de apresentar suas razões[112]. A Suprema Corte da Índia agiu pelo mesmo motivo quando se recusou a permitir que a ci-

---

[112] *Goldberg* vs. *Kelly*.

dade de Bombaim removesse antes do fim da estação de monções os moradores de favelas e de rua que haviam erguido abrigos ilegalmente nas ruas e calçadas próximas aos seus locais de trabalho, a fim de minimizar as privações que seriam causadas pelo despejo imediato[113]. O princípio de que o Estado tem para com os beneficiários de um serviço público o dever de dar um aviso prévio razoável da intenção de encerrar esse serviço também está consolidado na jurisprudência do Tribunal Constitucional da África do Sul[114].

Os casos Bokros vêm corroborar um padrão jurisprudencial dominante: em geral, os tribunais não definem os direitos sociais e econômicos como direitos categóricos e incondicionais, exceto no que se refere aos níveis de subsistência mínima. Quando os tribunais aceitam as petições dos que alegam ter o direito constitucional à assistência do Estado, não fazem isso por acharem que existe um conjunto de direitos centrais e fundamentais que todos poderiam reivindicar. Eles respondem positivamente quando se demonstra que o governo não agiu com justiça na prestação de serviços ao público e na distribuição das riquezas do Estado.

4. A justiça da distribuição equitativa

Se acrescentarmos os casos Brokos e outros relativos ao bem-estar social àqueles em que os tribunais ordenaram o governo a fornecer educação, assistência médica e cuidados gerais a seus cidadãos, teremos um impressionante corpo de jurisprudência. Os casos não são demasiado numerosos, mas abrangem uma grande variedade de tipos de reivindicações que, em conjunto, falam com uma veemência que não pode ser ignorada. Um dos traços mais notáveis desse corpo de pareceres judiciais é seu cará-

---

[113] *Olga Tellis vs. Prefeitura Municipal de Bombaim.*
[114] *Premiê, Mpumalanga vs. Comitê Executivo* [1999] 2 AS 91 (CC).

ter completamente global. Embora não haja muitas remissões explícitas entre os tribunais, no mundo todo os juízes convergiram para um entendimento e um método comuns de avaliar os pedidos de assistência por parte do Estado. A ideia de distribuição equitativa e o princípio da proporcionalidade pelo qual ela se expressa são princípios universais que transcendem culturas jurídicas e tradições políticas radicalmente diversas. São responsáveis pela resolução de praticamente todos os casos em que os tribunais reagiram positivamente para proteger a assistência pública e o bem-estar geral, bem como por muitos outros, como *Soobramoney*, que obtiveram resposta negativa. Por certo, nenhuma outra concepção de direitos sociais e econômicos se encaixa tão bem nos casos concretos.

Não é de admirar a atração mundial que a teoria dos direitos positivos baseada na distribuição equitativa exerce. Até Fried argumentou longamente em favor da distribuição equitativa[115]. A distribuição equitativa garante que os governos respeitem os princípios básicos de equidade na repartição de suas riquezas. O direito à distribuição equitativa também resolve diretamente todas as preocupações conceituais, normativas e institucionais que envolvem a legalização de algo que, no decorrer da história, sempre foi entendido como questão de moralidade pessoal e caridade privada; resolve também as dúvidas que cercam o fato de a definição e aplicação desse direito serem confiados ao único poder do governo que não é eleito e não deve explicações ao público. Para os que acreditam que os direitos positivos e negativos são conceitos diferentes, os casos demonstram que todos os direitos são idênticos quanto aos deveres e obrigações que criam. Para os liberais e os democratas preocupados com a ameaça que os direi-

---

[115] C. Fried, *Right & Wrong*, cap. 5.

tos sociais e econômicos representam simultaneamente à liberdade e aos poderes legislativos do povo, os casos evidenciam que as reivindicações bem-sucedidas são ponderadas com precisão para assegurar que não interfiram de forma considerável na soberania do povo de conformar o caráter público de sua sociedade nem na liberdade dos contribuintes que acabam pagando as contas. Do ponto de vista institucional, contra os que pensam que as questões de justiça distributiva são inerentemente policêntricas e ultrapassam a capacidade decisiva dos juízes de direito, os casos mostram que os tribunais avaliam as alegações fatuais de distribuição injusta à luz dos princípios neutros de igualdade e proporcionalidade, o que as torna perfeitamente adequadas à apreciação judicial. Mesmo do ponto de vista linguístico, os casos remetem os grandes temas morais da pobreza e da desassistência de volta aos seus inícios históricos, traduzindo a retórica dos direitos num vocabulário dos deveres que os governos têm de cumprir sempre que procurarem impor sua filosofia pela autoridade coercitiva da lei.

No âmbito conceitual, a doutrina dos direitos sociais e econômicos e a jurisprudência que protege os direitos políticos e civis são do mesmo tipo. Ambas se baseiam no princípio da proporcionalidade para distinguir as reivindicações legítimas das ilegítimas, e ambas impõem as mesmas obrigações – positivas e negativas – ao governo. Em suas decisões sobre os direitos sociais e econômicos, os tribunais não exigem dos governos nada conceitualmente diferente do que lhes ordenaram quando protegeram os direitos políticos e civis tradicionais. Embora a imposição judicial dos direitos sociais e econômicos na verdade obrigue os governos a aprovar leis e fazer gastos contra sua vontade, os tribunais fazem exigências semelhantes sempre que aplicam os direitos políticos e civis. Para cumprir seu dever constitucional de respeitar os direitos de seus cidadãos, não basta aos governos simplesmente não interferir. Vimos já no Capítulo 2, por exemplo, a Suprema Corte do Japão[116] e o Tribunal Constitucional da Alemanha[117] decidirem que o Estado tem a obrigação de fazer tudo o que for necessário para garantir que os grupos religiosos demonstrem tolerância e respeito uns para com os outros. Para os alemães, a ideia de que os direitos tradicionais, como a liberdade religiosa, por exemplo, dão origem a deveres negativos e positivos (de tolerar e de proteger) está presente em toda a doutrina. Assim, por exemplo, entende-se que o direito de escolher a própria profissão impõe ao Estado o dever de criar estabelecimentos de ensino onde tal direito possa ser concretizado[118]. Da mesma forma, a garantia da liberdade de expressão e de imprensa carrega consigo a obrigação de assegurar que as leis que instituem o sistema de comunicação garantam que todo o leque de opiniões da sociedade seja ouvido[119]. Numa de suas decisões mais notáveis, o Tribunal alemão declarou a inconstitucionalidade da lei do aborto do país porque não estava convencido de que ela propiciava mecanismos de dissuasão suficientemente fortes capazes de assegurar a devida proteção da vida humana[120]. Para os juízes da Alemanha, os direitos humanos garantidos na Constituição e nos tratados internacionais pressupõem que seja aprovada e aplicada toda e qualquer lei necessária para assegurar que eles sejam respeitados. Incluir direitos humanos em textos constitucionais e

---

[116] *Japão vs. Nakaya (Caso da entronização da alma do soldado)* 1988, traduzido e reproduzido em Beer e Itoh, *Constitutional Case Law of Japan* 1970-1990.

[117] *Caso do crucifixo na sala de aula II* (1995) 93 BVerfGE 1, traduzido e reproduzido em Kommers, *Constitutional Jurisprudence of Germany*.

[118] *Numerus Clausus*.

[119] *Casos da televisão* (1961, 1981), parcialmente traduzido e reproduzido em Kommers, *Constitutional Jurisprudence of Germany*, 404-15.

[120] *Caso do aborto I* (1975) 39 BVerfGE 1, parcialmente traduzido e reproduzido em Kommers, *Constitutional Jurisprudence of Germany*. Ver também 9 John Marshall Journal of Practice and Procedure (1975) 551.

tratados internacionais seria um gesto irracional e cínico se ao mesmo tempo não se exigisse que o Estado estipule as leis e crie a estrutura judiciária (isto é, a polícia e os tribunais) das quais depende a existência desses direitos.

Os juízes de Estrasburgo foram particularmente enfáticos quanto aos deveres positivos vinculados aos direitos tradicionais da primeira geração. Para que os Estados-membros cumpram sua obrigação de impedir que toda e qualquer pessoa seja submetida a "tratamento desumano e degradante", por exemplo, o Tribunal determinou que os governos promulguem leis que confiram às crianças proteção eficiente contra abusos físicos e sexuais[121]. Também decidiu que os Estados devem empreender ações positivas e fornecer toda a proteção policial necessária para permitir que as pessoas exerçam seus direitos fundamentais de associação, expressão e reunião legítima[122]. Os governos foram orientados a tomar medidas eficazes contra a poluição industrial a fim de cumprir sua obrigação de respeitar a família e a vida privada de seus cidadãos[123]. Embora sejam direitos civis e políticos tradicionais da primeira geração, eles exigem mais dos Estados do que a mera obrigação negativa de não interferência e tolerância. É preciso aprovar e aplicar a legislação protetora, e muito dinheiro tem de ser investido. Com efeito, numa decisão importante, o Tribunal exigiu que o governo irlandês providenciasse assistência jurídica gratuita a uma mulher que desejava a separação legal do marido, embora o texto da Convenção reconheça esse direito apenas em processos criminais e não obstante o fato

---

[121] *E* vs. *Reino Unido* (2003) 36 EHRR 519; *Z* vs. *Reino Unido* (2002) 34 EHRR 97; *A* vs. *Reino Unido* (1998) 27 EHRR 611; *X e Y* vs. *Holanda* (1986) 8 EHRR 235; ver também *Stubbings* vs. *Reino Unido* (1996) 23 EHRR 213.

[122] *Plataforma "Ärtze für das Leben"* vs. *Áustria* 139 ECHR (Série A) (1988) 1.

[123] *Guerra* vs. *Itália* (1998) 26 EHRR 359; *Lopez Ostra* vs. *Espanha* (1995) 20 EHRR 277.

de que, ao assinar a Convenção, o governo irlandês haja se recusado expressamente a assumir obrigações desse tipo[124].

O dever dos governos de fornecer algum meio de assistência jurídica às pessoas implicadas no sistema judiciário do Estado é amplamente reconhecido pelos tribunais de todo o mundo. Além do Tribunal Europeu de Direitos Humanos, o Tribunal Constitucional da Alemanha[125], o Tribunal Federal da Suíça[126] e as Supremas Cortes da Índia[127] e do Canadá[128], e até a dos Estados Unidos[129], entenderam que as garantias tradicionais (da primeira geração) de igualdade e do devido processo legal incluem a obrigação positiva de fornecer assistência jurídica para quem não tem condições de pagar e precisa dela. Embora existam diferenças de opinião acerca das circunstâncias e da extensão em que o dever vincula o Estado[130], há concordância quase universal de que os deveres positivos constituem parte essencial dos direitos civis da primeira geração, mesmo quando expressos de forma negativa e com o objetivo puramente defensivo de limitar a possibilidade da interferência do Estado[131]. Uma vez que as Consti-

---

[124] *Airey* vs. *Irlanda* (1979) 2 EHRR 305.

[125] [1967] 22 BVerfGE 83, parcialmente traduzido e reproduzido em M. Capelletti e W. Cohen, *Comparative Constitutional Law* (Nova York: Bobbs Merrill, 1979).

[126] Decisão de 9 de julho de 1952 (BGE 78 I 193).

[127] Ver, por exemplo, *Hoskot* vs. *Estado de Maharashtra*, AIR 1978 SC 1548; *Khatoon* vs. *Bihar*, AIR 1979 SC 1360; *Dwivedi* vs. *Índia*, AIR 1983 SC 624; *Barse* vs. *Estado de Maharashtra*, AIR 1983 SC 378; *Suk Das* vs. *Território da União de Arunachal Pradesh*, AIR 1986 SC 991.

[128] *J. G.* vs. *Bova Brunswick* (Min. da Saúde e Serviços Sociais) (1999) 177 DLR (4º) 124.

[129] Por exemplo, *Gideon* vs. *Wainwright* (1963) 372 US 335; *Miranda* vs. *Arizona* (1966) 384 US 436; *Vitek* vs. *Jones* 445 US (1980) 480.

[130] Cf. *J. G.* vs. *Nova Brunswick* e *Lassiter* vs. *Dept. Serviços Sociais* (1981) 452 US 18.

[131] Uma exceção notável ao amplo consenso é o eminente acadêmico e jurista norte-americano Richard Posner. Na qualidade de juiz, Posner escreveu de maneira contundente contra o reconhecimento de todos os direitos positivos. Ver, por exemplo, *Bowers* vs. *DeVito* (1982) 686 F (2d) 616 618, "A Constituição é uma carta de liber-

tuições dependem da criação de instituições e serviços como, por exemplo, os tribunais e a polícia, pode-se muito bem afirmar, como Holmes e Sunstein, que em aspectos importantes todos os direitos são positivos[132].

Ao mesmo tempo em que determinaram aos governos cuidar da saúde, educação e bem-estar geral do povo, preservando uma unidade conceitual com os direitos políticos e civis da primeira geração, os juízes também demonstraram grande sensibilidade assegurando que não fossem restringidos indevidamente nem os poderes democráticos do povo nem a liberdade de cidadão algum. Os governos receberam amplo poder discricionário para definir as áreas da política social e econômica em que se concentrarão e os objetivos predominantes que buscarão realizar. Em nenhum dos casos se determinou aos governos quanto deveriam gastar. Os deveres impostos pelos tribunais na aplicação dos direitos sociais e econômicos estabelecem somente os padrões distributivos da política governamental, não as decisões sobre se devem ou não investir recursos, em quais projetos, nem quanto. O mesmo se verifica com relação à liberdade individual. Quando os tribunais ordenam que os governos prestem atendimento e assistência ao povo, o montante de dinheiro e recursos envolvidos é, em geral, comparativamente pequeno. *Eldridge* e *Plyler* são exemplos de casos em que muitas pessoas conquistaram uma condição bem melhor a um custo relativamente baixo. A perda de liberdade daqueles cujos impostos serão usados para pagar contas extras

---

dades negativas [...] não exige que [...] o governo [...] forneça serviços, mesmo um serviço tão elementar como a manutenção da lei e da ordem..." Ver também seus votos em *Jackson vs. Cidade de Joliet* (1983) 715 F (2d) 1200, e *DeShaney vs. Departamento de Serviços Sociais do Condado de Winnebago* (1987) 812 F (2d) 298.
[132] S. Holmes e C. Sunstein, *The Cost of Rights: Why Liberty Depends on Taxes* (Nova York: Norton, 1999) 48; ver também Sunstein, *The Partial Constitution* (Cambridge, Mass.: Harvard University Press, 1993), 69-75.

pode ser medida em termos dos minutos e horas da vida deles. Nesses casos, não é justo dizer que os tribunais legitimaram o "trabalho forçado" ou permitiram que alguns indivíduos fossem "sacrificados" em benefício de outros.

A coerência conceitual, a força normativa e a aceitação universal tornam a teoria da distribuição equitativa dos direitos sociais e econômicos muito atraente. O que a deixa praticamente irresistível é o fato de que funciona. O controle judicial consiste, mesmo nos termos de Fuller, em aplicar o princípio da igualdade ou da proporcionalidade a um conjunto definido de fatos, e é isso que os juízes melhor sabem fazer. Para verificar a constitucionalidade das leis e demais atos oficiais à luz de um princípio de justiça básico e amplamente aceito, os juízes não têm por que se envolver em filosofia moral elevada, investigações históricas profundas nem em nenhuma outra linha de pesquisa intelectual fundada em outras disciplinas além do direito. Tampouco precisam preocupar-se com outras distribuições injustas e arbitrárias que podem constituir objeto de outros casos, uma vez que todos os casos constitucionais se concentram em leis ou atos específicos empreendidos pelo Estado.

Examinar os programas do governo para garantir que não tratam alguns cidadãos pior do que a outros que estejam em situação semelhante ou até melhor é uma tarefa idealmente adequada ao controle judicial. Quando as disputas em torno da distribuição equitativa são resolvidas pelo princípio da proporcionalidade, ajustam-se como uma luva ao modelo de Fuller. Os casos examinam a justiça distributiva dos padrões de gastos de programas específicos, e não o modo com que se estabelecem as prioridades orçamentárias entre as diferentes áreas da política social. Todos aqueles cujos interesses sejam afetados por determinada lei subordinada ao controle judicial de constitucionalidade podem ser situados em um dos lados opostos da discussão e incorporados num único caso. A análise corresponde ao papel tradicional dos tribunais de solucionar disputas entre particulares, de decidir o que é justo numa controvérsia entre duas (ou mais) partes concorrentes. Os casos demonstram que os princípios são claros, conhecidos e passíveis de aplicação imparcial e objetiva. Quando se analisam de acordo com o princípio da proporcionalidade, é possível dizer, como disseram os juízes, que o fato de o governo indiano não ter garantido educação fundamental a todas as suas crianças; ou de o governo sul-africano não ter distribuído da maneira mais ampla possível as drogas antirretrovirais que inibem a transmissão do HIV da mãe para o filho; ou de o sistema de saúde do Canadá não ter fornecido serviço de interpretação de linguagem de sinais para os deficientes auditivos; ou de o sistema previdenciário norte-americano não ter tratado igualmente tanto aos antigos quanto aos novos residentes – que todas essas situações, enfim, são perversas do ponto de vista distributivo.

5. O direito da distribuição equitativa

Embora a doutrina comparativa que se tem escrito sobre o direito das pessoas de reivindicar a assistência governamental ainda seja muito nova, em todos os aspectos trata-se de um início muito bom. Poucos julgados podem considerar-se perfeitos, mas, em conjunto, eles estendem consideravelmente o alcance da ação governamental à qual se aplica o princípio da proporcionalidade. Constituem mais um capítulo importante da concepção pragmática do controle judicial de constitucionalidade. Os casos mostram que o princípio e o método são tão eficazes na solução de questões concernentes ao alcance da responsabilidade do governo pela satisfação das necessidades básicas para uma vida humana decente quanto na identificação da liberdade e do espaço que os Estados devem respeitar para garantir verdadeiramente a liberdade de todos. Nos poucos casos em que os tribunais não responderam positivamente a uma reivindicação por distribuição equitativa, jamais foi porque o princípio tenha se mostrado falho. Quando os tribunais dão o selo de aprovação a atos e leis perversos no aspecto distributivo, muitas vezes cometem os mesmos erros que os levam a negligenciar casos de discriminação sexual e intolerância à liberdade religiosa.

Às vezes, a distribuição equitativa não figura em determinado caso porque o tribunal considera que o governo não é responsável, de fato e de direito, pela situação da pessoa que reivindica assistência. Invariavelmente, esses casos são deficientes pelos mesmos tipos de imprecisões empíricas e erros interpretativos que prejudicam a jurisprudência sobre discriminação sexual e liberdade religiosa, discutidos nos dois capítulos precedentes. Em outras ocasiões, os juízes foram convencidos por argumentos sobre democracia e separação de poderes e, indiferentes à supremacia da Constituição, abandonaram o princípio da proporcionalidade em favor de um padrão mais fraco e mais concessivo de controle de constitucionalidade. Em ambos os casos, a injustiça que permanece sem remédio é mais uma vez produto de erro humano, não de uma falha da lei.

Até hoje, poucos juízes convocados para determinar que o governo providenciasse algum benefício econômico ou serviço social tiveram dificuldades para avaliar os fatos. Isso acontece eventualmente e, quando acontece, a injustiça resultante exige correção imediata, como, por exemplo, no caso do direito das pessoas a se casarem com indivíduos do mesmo sexo. Sem dúvida, um dos exemplos mais famigerados de decisões com esse tipo de falha foi a do Tribunal Europeu de Direitos Humanos, que declarou constitucional uma lei belga segundo a qual toda educação deve ser ministrada na língua da maioria, tanto na parte francesa do país quanto na parte flamenga: francês na região da Valônia e flamengo na de Flandres, onde a herança linguística é holandesa[133]. Exceto em Bruxelas e seus arredores, praticamente não se permitia nenhuma educação na língua da minoria. O Tribunal reconheceu que, pela lei, algumas crianças cuja língua materna não era a mesma da região onde moravam teriam de deixar a família e/ou viajar longas distâncias para encontrar uma escola em que o ensino fosse ministrado na língua delas. Até concordou que as consequências em alguns casos individuais poderiam ser "drásticas". Apesar disso, decidiu que não havia violação do artigo 8º da Convenção, que garante a todos o respeito à "vida privada e familiar", pois, segundo justificou, se as crianças fossem separadas da família a fim de receber educação na sua língua materna, a responsabilidade seria de seus pais, pela escolha, não dos termos da lei. Contrariando os fatos, transformou os que mais sofriam com o regime da língua territorial nos autores de seu próprio infortúnio e ignorou completamente a lei que declarava ilegal toda educação na língua da minoria. Opondo-se a todos os preceitos da justiça, pronunciou um julgamento que contemplava apenas a metade da situação.

O mesmo argumento foi apresentado certa vez à Suprema Corte do Canadá num caso (*Adler*) em que vários grupos religiosos alegavam que o Estado tinha obrigação de financiar suas escolas, uma vez que elas cumpriam os devidos padrões educacionais, mas nem de longe foi aceito[134]. Embora a maioria da Corte tenha decidido que o pedido não tinha bons fundamentos, apenas um juiz, John Sopinka, explicou que quaisquer ônus e injus-

---
[133] Caso das *Línguas belgas na educação*, ECHR, 23 de julho de 1968, 1 EHRR 252.
[134] *Adler* vs. *Ontário* (1996) 140 DLR (4º) 385.

tiças (de ter de arcar com todas as despesas da educação dos filhos) que os grupos religiosos eram obrigados a suportar resultavam de suas escolhas espirituais, e não de uma imposição do Estado. Lançando mão da mesma lógica que convenceu o Tribunal Europeu de Direitos Humanos, Sopinka considerou que o governo não fizera nada para impedir que cidadão algum matriculasse o filho nas escolas públicas locais. Nenhum outro magistrado considerou o argumento persuasivo, e as duas únicas mulheres da Corte, Beverly McLachlin e Claire L'Heureux-Dubé, explicaram por quê. Para McLachlin, o problema era uma simples questão de lógica. Caso se pudesse refutar uma acusação de discriminação dizendo que o discriminado escolheu sua religião (ou língua) e, por isso deve assumir a responsabilidade pelas consequências, jamais se poderia deter a discriminação. Para L'Heureux-Dubé, a própria ideia de que as pessoas escolhem sua religião é implausível. Da perspectiva dos requerentes, assegurar que seus filhos recebessem uma educação compatível com suas convicções religiosas era um imperativo moral, não algo sobre o qual tivessem algum controle.

O erro e a injustiça de "culpar a vítima" e absolver o Estado de toda responsabilidade fica particularmente claro em casos como *Adler*[135] e *Línguas belgas na educação*, em que a legitimidade da política do governo está em jogo. São menos evidentes quando se procura responsabilizar o governo pela passividade; quando o Estado na verdade não fez nada para prejudicar os direitos da vítima nem para interferir nesses direitos. Mas ainda assim eles existem. Consideremos o caso de Joshua DeShaney, que foi tão gravemente espancado e abusado pelo pai que sofreu retardamen-

---

[135] A decisão da Suprema Corte depois foi considerada violação do Artigo 26 do Pacto Internacional de Direitos Civis e Políticos pelo Comitê de Diretos Humanos da ONU em *Waldman* vs. *Canadá*, 5/19/99 Comunicação nº 694/1996.

to profundo e permanente[136]. À primeira vista, parece que a Suprema Corte dos Estados Unidos estava certa em concluir que se tratava de um caso em que o Estado não era de forma alguma responsável pela tragédia da vida de Joshua. Afinal, tinha sido o pai, e não um funcionário qualquer do Estado, que cometera a agressão. Depois de refletir um pouco, entretanto, é evidente que, não obstante o Estado não ter praticado as agressões, estava profundamente implicado no destino de Joshua. O pai de Joshua só pôde abusar dele assim porque o Departamento de Serviço Social do Estado não o afastou de sua casa, apesar de ter poderes para isso. Embora os assistentes sociais do Estado estivessem cientes do ambiente ameaçador em que o garoto vivia, permitiram que o pai mantivesse a custódia dele. Se tivessem sido mais diligentes no trabalho, Joshua ainda poderia ter esperança de uma vida normal, em vez do futuro triste e trágico que terá de suportar.

O Estado tampouco pode fugir à responsabilidade argumentando que, por mais incorreta que tenha sido a atuação de seus servidores no caso de Joshua, eles não fizeram nada para pô-lo numa situação pior do que ele estaria se o Estado não tivesse feito nenhuma intervenção. Apesar de ser verdade que o Estado não agravou a situação de Joshua, esse fato não é pertinente à resolução do caso. Quando se trata de direito constitucional, o fato crucial é o que o estado de Wisconsin realmente fez. Esse estado havia instituído um extenso programa de serviços sociais, e a Corte foi chamada a submeter ao controle de constitucionalidade certas questões sobre a operação desse programa. Basear-se no fato de que o Estado não prejudicou mais o garoto do que se não se tives-

---

[136] *DeShaney* vs. *Departamento de Serviço Social do Condado de Winnebago* (1988) 489 US 189.

se envolvido é pôr contrafatos no lugar da realidade. É uma tentativa declarada e muito grave de reescrever os fatos do caso.

Uma vez que esse estado se incumbiu de prestar serviços sociais, seu dever de respeitar as prescrições e os princípios constitucionais está subentendido. No que diz respeito ao direito constitucional, a decisão de criar um Departamento de Serviço Social foi um ato do estado que automaticamente pôs em jogo todos os princípios do direito superior, inclusive a proporcionalidade[137]. Agir de maneira injusta (deixar de dar a devida atenção ao caso de Joshua) é juridicamente pior do que não agir. É um ato de abuso de autoridade, não apenas de omissão, pelo qual se deve responder num tribunal. Assim como Irene Grootboom e os sem-teto de maneira mais geral, Joshua DeShaney e as vítimas de violência têm o direito de figurar no topo da lista de prioridades do Estado. Sem garantia de segurança física, Joshua, assim como Irene Grootboom, não tinha vida, liberdade nem autonomia em nenhum sentido positivo. Quando deixou de responsabilizar o Estado por não proteger aqueles cujo direito à vida e à liberdade corria sério risco, a Corte agravou a injustiça que Joshua era obrigado a sofrer e abdicou da responsabilidade de garantir que todos os aspectos da Constituição sejam plenamente respeitados e aplicados.

Até hoje, decisões de casos como *DeShaney* e *Línguas belgas na educação*, em que os tribunais não reconhecem o envolvimento do Estado na violação de direitos individuais, têm sido a exceção e não a regra[138]. Na maior parte das vezes, há duas razões

---

[137] A ideia de que a ação do Estado deve conformar-se ao princípio da proporcionalidade mesmo quando nenhum outro direito constitucional (ou convencional) estiver em jogo é bem-aceita no direito europeu. A abordagem do Tribunal Constitucional de Direitos Humanos é discutida por Nicolas Bratza no voto que escreveu em *Fretté* vs. *França*, <http://hudoc.echr.coe.int\>.

[138] Ver, porém, *Harris* vs. *McRae* (1980) 448 US 297, em que a Corte confirmou a validade, pela maioria simples de 5 : 4, de uma lei federal de assistência médica

possíveis para os tribunais confirmarem leis distributivamente perversas. Ou defendem a ideia de que as garantias constitucionais que eles têm autoridade para aplicar não incluem direitos positivos de nenhuma espécie, ou acham que devem condescender com os poderes Legislativo e Executivo quando se trata de formular políticas sociais e econômicas e decidir como devem ser gastos os recursos do Estado. A essa altura de nossa investigação no mundo real do controle judicial de constitucionalidade, não deveria surpreender que uma grande porcentagem dos juízes que pensam assim é de norte-americanos. Para cada decisão em que defendeu os direitos sociais e econômicos dos norte-americanos menos privilegiados, como *Brown* vs. *Conselho de Educação*, *Plyler* vs. *Doe* e *Saenz* vs. *Roe*, a Suprema Corte dos Estados Unidos também prolatou decisões que confirmaram a validade de sistemas educacionais que favoreciam os ricos em detrimento dos pobres[139] e de leis assistenciais que excluíam crianças que, num critério de pura necessidade, teriam direito à ajuda do Estado[140]. Quando a Suprema Corte norte-americana confirma a constitucionalidade de leis distributivamente injustas, em geral explica que a Constituição dos Estados Unidos trata da liberdade negativa de não sofrer tratamento coercivo ou arbitrário por parte do governo, e não de direitos positivos à ajuda e assistência do Estado. A Corte segue invariavelmente sua prática padrão de invocar a linguagem, a história ou suas próprias interpretações anteriores do texto a fim de justificar sua má vontade de intervir. Quando pode, faz uso das três justificativas, como em *DeShaney*.

---

que negava o financiamento de abortos terapêuticos com o argumento de que o governo não fizera nada para agravar a situação de mulheres indigentes impossibilitadas de pagar.

[139] *San Antonio Independent School District* vs. *Rodriguez* (1972) 411 US 1.

[140] *Dandridge* vs. *Williams* (1969) 397 US 471.

Apesar de particularmente familiares entre os norte-americanos, os argumentos históricos, doutrinários e institucionais não são desconhecidos em outras partes do mundo. Muitos magistrados, como os da Suprema Corte do Canadá[141], da Irlanda[142] e do Japão[143], por exemplo, compartilharam a convicção de que a interferência do Judiciário nas prerrogativas do Legislativo é imprópria quando estão em jogo questões de política social e econômica. Nesses três países, a suprema corte adotou padrões muito mais brandos e mais transigentes de controle de constitucionalidade nos casos que envolviam grandes somas de dinheiro. No extremo, o juiz-presidente da Suprema Corte da Irlanda, Thomas Aloysius Finlay, declarou certa vez que os tribunais são instituições "completamente inadequadas" para decidir se os governos distribuíram seus recursos injustamente[144].

De vez em quando, os argumentos históricos – de que o texto constitucional ou o tratado pertinente jamais fora interpretado de modo que se imponha ao governo a obrigação positiva de fornecer serviços públicos específicos – também convenceram juízes fora dos Estados Unidos. Na decisão do caso das *Línguas belgas na educação*[145], por exemplo, o Tribunal Europeu de Direitos Humanos considerou que as intenções daqueles que assinaram o primeiro protocolo da Convenção Europeia de 1952 eram decisivas. Além de negar o envolvimento do Estado no transtorno causado à vida familiar das pessoas, o Tribunal afirmou enfaticamente que as reivindicações de assistência do governo às escolas

---

[141] *Irwin Toy Ltd.* vs. *Procurador-Geral de. Quebec* (1989) 58 DLR (4º) 577.
[142] *Mhicmhathúna* vs. *Irlanda* [1995] ILRM 69, *Re Emprego, Projeto de lei de igualdade no emprego* [1997] 2 IR 321 (SC).
[143] *Indústrias Marushin* vs. *Japão*; *Sumiyoshi* vs. *Hiroshima*.
[144] *Mhicmhathúna* vs. *Irlanda*.
[145] ECHR 23 de julho de 1968, 1 EHRR 252.

de língua minoritária não poderiam ter êxito porque a finalidade específica do protocolo era apenas garantir a todos igual acesso às oportunidades de ensino fornecidas em cada Estado, quaisquer que fossem. O protocolo jamais pretendeu obrigar todos os governos da Europa a seguir um padrão comum de educação de minorias, que na época nem sequer existia.

Os argumentos históricos, doutrinários e institucionais tradicionalmente apresentados pelos tribunais quando afirmam que as Constituições não impõem ao Estado o dever afirmativo de assistir os necessitados nem de distribuir de forma equitativa os seus recursos nos parecem bem familiares. Afinal, são os mesmos que vimos os juízes invocarem quando declararam que *gays* e lésbicas não têm direitos de proteção contra a discriminação iguais aos dos heterossexuais, ou que os cidadãos religiosos têm menos direitos em espaços públicos do que aqueles cuja orientação de vida é secular. Sabemos que o raciocínio fundado na interpretação originalista, em casos anteriores e no decoro institucional, não poderia justificar os resultados desses casos. Tampouco adianta, como verificamos, quando direitos sociais e econômicos estão em jogo.

Os argumentos baseados nos precedentes podem ser descartados de imediato. Seria repetitivo explicar novamente por que o raciocínio baseado nos precedentes ou é redundante ou simplesmente inconstitucional quando se discutem casos constitucionais no tribunal superior de um país[146]. A jurisprudência não pode ter mais força no controle de constitucionalidade de direitos sociais e econômicos do que a que exerce na resolução de direitos da primeira geração. Em ambos os casos, se uma decisão anterior é considerada conflitante com a Constituição, esta deve logicamente prevalecer em razão de sua supremacia. Qualquer que seja a

---

[146] Ver discussão no Capítulo 3, pp. 87-91.

questão substantiva, o precedente jamais pode justificar que se conceda menor proteção a um requerente do que a Constituição ou a convenção lhe garantem. Na verdade, vimos que nem mesmo os precedentes que satisfazem o critério da legitimidade constitucional jamais podem constituir a fonte primeira de autoridade. Na melhor das hipóteses, são sempre secundários e derivados. Os precedentes que têm alguma autoridade só a têm porque são compatíveis com um princípio mais fundamental da Constituição e lhe dão expressão. Sem o princípio, o precedente por si só nunca pode ser decisivo.

Embora a argumentação baseada em precedentes contrária ao reconhecimento de direitos sociais e econômicos sofra da mesma fatal contradição que afeta toda leitura jurisprudencial dos direitos constitucionais, os argumentos que se baseiam na terminologia e na história do texto aqui parecem sem dúvida mais sólidos do que quando empregados para esclarecer outras partes da Constituição. As Constituições inspiradas na Declaração de Direitos norte-americana, expressas inteiramente na negativa, parecem nitidamente incapazes de originar obrigações positivas por parte do Estado. ("O Congresso não fará lei [...] tampouco nenhum estado privará qualquer pessoa de sua vida, liberdade...") Além disso, enquanto os argumentos históricos sobre o entendimento original dos direitos da primeira geração eram cheios de lacunas e obscuridades, resta pouca dúvida de que muitas Constituições, entre elas a alemã e a norte-americana, tenham sido escritas com o nítido entendimento de que não se garantia nenhum direito social e econômico. Diferentemente dos casos de discriminação sexual, em que o texto da Constituição e a intenção a ele subjacente caminham em direções opostas, quando se trata de questões sobre os direitos sociais e econômicos, o texto constitucional reflete com muita precisão o pensamento que o fez ser redigido do jeito que foi.

Ainda que o estilo negativo de um texto como a Declaração de Direitos dos Estados Unidos pareça definitivo, ele não é e jamais poderia sê-lo. O que quer que pareçam implicar os termos quando lidos de uma ótica literal e/ou histórica, sua lógica insiste que todos os direitos constitucionais geram inevitável e indispensavelmente tanto deveres negativos de não interferência quanto deveres positivos de proteção efetiva. Mesmo num Estado minimalista, cuja atividade praticamente se resume a garantir a ordem e a segurança, a previsão dos direitos civis e políticos mais elementares na Constituição impõe ao governo o dever de promulgar e aplicar as leis necessárias para assegurar a eficácia deles. Sem as leis que tornam em atos ilícitos a agressão, a invasão de propriedade e a turbação, não poderia existir nenhuma segurança da pessoa nem da propriedade privada. É o reconhecimento dessas leis e sua aplicação que distingue os direitos jurídicos das reivindicações fundadas na moral. Os direitos constitucionais que não podem ser exigidos em juízo, como os Princípios Orientadores da Constituição da Índia, por exemplo, são exigências morais, não direitos jurídicos. A lógica dos direitos constitucionais equivalerem a garantias jurídicas implica que eles exigem muita atenção e investimento do governo. A polícia, os tribunais e os códigos de conduta são as instituições mais essenciais que os direitos tradicionais de primeira geração, inclusive os escritos na negativa, pressupõem. A exigibilidade jurídica implica, no mínimo, uma estrutura judicial eficiente, capaz de garantir que o texto da lei corresponda aos fatos da vida real.

Estrutura judicial eficiente significa que se deve indicar um número suficiente de juízes independentes[147], estabelecer proce-

---

[147] Ver, por exemplo, *R.* vs. *Askov* (1990) 2 SCR 1199.

dimentos justos[148] e fornecer assistência jurídica[149] para garantir que o processo de controle judicial de constitucionalidade e o julgamento dos direitos das pessoas se realizem em condições equilibradas, justas. Como vimos, a assistência jurídica gratuita é um direito constitucional reconhecido em todo o mundo. O fato de não ser mencionado num texto não significa que ele não exista. A participação efetiva é tão essencial à integridade do sistema jurídico quanto o abrigo de emergência é para os programas governamentais destinados a garantir moradia adequada. Qualquer um que se veja obrigado a lutar por seus direitos num tribunal sem o auxílio de um profissional com formação em direito enfrentará imensa desvantagem. Embora o tipo de assistência que as pessoas têm o direito de esperar possa variar de acordo com as complexidades e os recursos de cada sistema jurídico, quando os direitos mais fundamentais de alguém (à vida, liberdade e segurança pessoal) estão em jogo, sua reivindicação de assistência merece a mais alta prioridade.

A lógica pela qual o Estado é obrigado a fornecer os meios para o cidadão reivindicar seus direitos quando ameaçados por terceiros também insiste que o governo seja proativo em evitar as violações antes que elas ocorram. Mesmo que a finalidade principal de um direito seja proteger as pessoas contra a interferência arbitrária do Estado em sua vida, os remédios destinados a corrigir a violação de um direito depois do fato dificilmente serão suficientes. A menos que os custos sejam proibitivos, prevenir é sempre melhor que remediar. Especialmente quando um aspecto fundamental da vida ou da liberdade de alguém está em jogo, os Estados deverão ser considerados parcialmente responsáveis se

---

[148] Ver, por exemplo, *Singh* vs. *Ministro do Emprego e da Imigração* (1985) 1SCR 177.
[149] Notas 124-30 deste capítulo.

as leis que eles promulgam permitirem que os direitos e liberdades individuais sejam violados impunemente. O direito de não ser submetido a tratamento desumano nem degradante ou o de ter a vida familiar e privada respeitada traz em si a garantia da proteção do Estado, na forma de repressão eficaz contra violações graves dessas garantias[150]. Não há dúvida de que os governos interferem na liberdade religiosa quando permitem que ela seja violada na rotina diária da vida da sociedade elaborando um ordenamento jurídico tolerante com esses abusos. A jurisprudência nos ensina que um regime jurídico que permite a violação indiscriminada dos direitos constitucionais por qualquer um que age na qualidade de particular e não oficial está exercendo de fato e de direito a violação concreta da obrigação básica de não interferência do Estado.

Como já vimos, poucos juízes parecem contestar a noção de que todos os direitos, até as liberdades negativas, necessariamente geram deveres positivos de proteção e aplicação da lei. Na prática, no século XXI, o século do Estado de bem-estar social, para a maioria dos juízes já não se trata de saber se o governo tem ou não o dever de agir, mas se a sua ação foi longe demais ou se foi insuficiente. Num mundo em que todo espaço está sujeito a normas(s) jurídica(s), isso é quase sempre apenas uma questão da qualidade da intervenção do Estado, e não de saber se houve ou deveria haver alguma intervenção.

Sem dúvida, a Suprema Corte da Índia entendeu melhor que a maioria dos tribunais que a distinção entre direitos positivos e negativos é falsa e enganosa. Mais que a maioria dos juízes, os magistrados dessa Corte seguiram o método lógico de interpretação do texto constitucional. Com base na premissa de que "aquilo

---

[150] *E.* vs. *Reino Unido*; *Z.* vs. *Reino Unido*; *A.* vs. *Reino Unido*.

sem o qual não é possível viver [...] deve ser considerado parte inalienável do direito à vida"[151], os magistrados de Nova Déli inferiram o direito aos meios de subsistência, à educação, à saúde e à segurança de sua população trabalhadora a partir de um texto constitucional que foi redigido como uma garantia de não interferência[152]. Entretanto, embora os indianos tenham sido pioneiros na defesa de um amplo escopo de obrigações positivas que o Estado deve cumprir para satisfazer seus compromissos constitucionais de não interferência na vida e na liberdade de seu povo, encontramos em todo o mundo juízes com concepções semelhantes e chegando a conclusões análogas.

Em questões ambientais, por exemplo, os juristas europeus foram particularmente atentos a essa relação. Em mais de uma ocasião, o Tribunal Europeu de Direitos Humanos não hesitou em decidir que há interferência nos direitos de privacidade e vida familiar dos cidadãos quando os governos permitem que o ambiente em que essas pessoas vivem seja envenenado pela poluição industrial[153]. Numa decisão análoga, László Sólyom, o primeiro presidente do Tribunal Constitucional da Hungria, ressaltou que, embora a Constituição húngara não comprometa explicitamente o Estado a garantir que o país mantenha o meio ambiente saudável, a obrigação pode ser depreendida diretamente do direito fundamental à vida. Assim como fizeram os alemães vinte anos antes[154], os húngaros adotaram a posição de que o Estado tem a obrigação de "garantir as condições materiais necessárias para

---

[151] *Olga Tellis* vs. *Prefeitura Municipal de Bombaim*, § 32.
[152] Notas 88-91 deste capítulo.
[153] Nota 123 deste capítulo.
[154] *Caso do controle de ruído de avião* (1981), parcialmente traduzido e reproduzido em Kommers, *Constitutional Jurisprudence of Germany*, 128-31.

implementar o direito à vida humana"[155]. Para esses três tribunais, o meio ambiente seguro e limpo é precondição para o respeito do direito à vida tanto quanto as leis que criminalizam a inflicção intencional de dano, e o Estado tem obrigação de prover as duas coisas.

Até nos Estados Unidos, a distinção entre direitos positivos e direitos negativos já foi parcialmente eliminada. Há muito tempo os juízes de Washington dizem que o direito ao devido processo legal – um direito de não interferência – pode exigir que o Estado forneça assistência judiciária gratuita[156]. A ideia de que o governo tem a obrigação de proteger os direitos individuais contra o abuso de terceiros particulares também é bem conhecida no direito constitucional norte-americano[157]. Com efeito, quando a restrição imposta pelo Estado à vida e à liberdade de uma pessoa é fato comprovado, a Suprema Corte dos Estados Unidos decidiu que o governo é responsável por atender a suas necessidades básicas, o que inclui alimentação, vestuário e assistência médica[158]. Embora a Declaração de Direitos norte-americana seja única e exclusivamente um catálogo de prescrições contra a interferência do governo num conjunto básico de liberdades negativas, ninguém duvida de que quando o Estado condena alguém à prisão, é obrigado a, no mínimo, satisfazer as necessidades básicas de vida dessa pessoa.

A jurisprudência comparativa que os tribunais produziram obrigando os governos a fornecer o necessário para as pessoas viverem com dignidade desmente a alegação de que os direitos

---

[155] *Da proteção ambiental*, Decisão 28/94, 20/5/94, traduzido e relatado em Sólyom e Brunner, *Constitutional Judiciary in a New Democracy*.

[156] Ver, por exemplo, *Johnson* vs. *Zerbst* (1938) 304 US 458; *Gideon* vs. *Wainwright*; *Miranda* vs. *Arizona*.

[157] *Shelley* vs. *Kraemer* (1948) 334 US 1.

[158] *Youngberg* vs. *Romeo* (1982) 457 US 307; *Estelle* vs. *Gamble* (1976) 429 US 97.

negativos de não interferência não geram deveres afirmativos de prover ao bem-estar material e espiritual das pessoas. Demonstra que no direito todos os direitos são, em graus variados, positivos, e que a distinção entre atos e omissões do governo é falsa e enganosa. Ainda assim, e apesar da responsabilidade factual e jurídica do Estado pelos aspectos mais fundamentais de saúde, educação e bem-estar de seu povo, alguns não estarão dispostos a aceitar a conclusão de que isso leva inevitavelmente à imposição integral de uma ampla variedade de direitos sociais e econômicos. Como observamos, há muitos juízes pelo mundo afora para quem o caráter social e econômico de uma sociedade deve ser decidido pelos poderes eleitos do governo, não pelos tribunais. Para a maioria dos juízes que compartilham dessa opinião, confiar aos tribunais a jurisdição sobre a política social e econômica é inaceitável porque significa um rompimento radical com o princípio de separação e distinção entre o Poder Judiciário e os poderes eleitos do governo, bem como uma séria limitação à soberania do povo de se governar democraticamente.

Os debates sobre o papel que os tribunais devem desempenhar na economia e na estrutura de governo de um Estado são essenciais na ciência e na filosofia política. No entanto, não têm lugar na teoria nem na prática do direito. Embora o hábito de anuir aos poderes eleitos do governo em questões de política social e econômica tenha atraído muitos juízes, ele não se sustenta em nenhum texto e implica uma violação flagrante do princípio da supremacia constitucional. Ser condescendente significa não cumprir sua função. Equivale a conferir a leis que não satisfazem o critério da distribuição equitativa a legitimidade que jamais terão. Quando os tribunais alegam que há sólidas razões políticas e práticas para não aplicar com rigor as garantias amplas de igualdade e liberdade em matéria de política social e econômica, arrogam-se uma autoridade que não possuem. Em lugar de adotar e aplicar os termos da Constituição, como a sua própria lógica exige, arrogam-se o poder de reescrever e emendar o texto.

A lógica que define as Constituições como a lei suprema de um sistema jurídico significa que todas as leis e atividades do governo devem sujeitar-se ao mesmo padrão de controle de constitucionalidade. Ninguém, nem lei alguma pode se isentar. Não há argumentos históricos, doutrinários nem institucionais capazes de questionar ou neutralizar a supremacia da Lei Fundamental. A tarefa do juiz é garantir que ninguém seja privado da igual proteção da lei, não importa o que possam ter pensado os que redigiram a Constituição ou a aplicaram numa época remota, nem as características pessoais daqueles que buscam a proteção do tribunal, nem o objeto de sua reivindicação. A lição inevitável e irredutível da jurisprudência é que os juízes agem de forma inconstitucional quando confirmam a validade de leis que eles sabem ser incapazes de satisfazer o critério da distribuição equitativa e os princípios de proporcionalidade e igualdade.

Qualquer padrão de controle judicial de constitucionalidade menos exigente que o princípio da proporcionalidade não será somente um critério ilegítimo de validade constitucional; será também inadequado na prática. Ainda que se coadunassem com a supremacia da Constituição, os princípios que empregam critérios mais fracos e mais transigentes se baseiam na falta de compreensão de como de fato funcionam a ideia de distribuição equitativa e o princípio da proporcionalidade. A anuência aos poderes eleitos seria pertinente se os tribunais fossem procurados para decidir as áreas de política social que os governos deveriam privilegiar ou o montante de dinheiro a ser investido. Não é disso, entretanto, que trata a imposição judicial de direitos sociais e econômicos, como a jurisprudência universal demonstra. Quando o

Judiciário insiste que o governo distribua seus recursos com justiça e de maneira que se respeitem os princípios básicos da proporcionalidade, dá ao povo plena liberdade de escolher os aspectos da vida comunitária que receberão prioridade e quanto será investido no total. Assim como a Grécia e a Roma clássicas investiam seus recursos na construção de templos, teatros e banhos públicos, os Estados modernos podem promover a saúde e o bem-estar de seu povo construindo casas, hospitais e escolas. À exceção de propósitos preconceituosos e discriminadores, os tribunais sempre anuíram aos valores e objetivos escolhidos pelo povo e seus representantes eleitos. Questões como a de saber se o Estado deve financiar um sistema de saúde abrangente ou a educação pós-secundária, e em que medida deve financiá-los, são reservadas à decisão dos políticos e do povo.

Para verificar se a política governamental respeita o direito à distribuição equitativa, os juízes precisam aplicar o mesmo princípio e seguir o mesmo padrão de raciocínio que utilizam quando abordam direitos civis e políticos tradicionais da primeira geração. Se neste caso é errado anuir, também será igualmente errado transigir no controle judicial de constitucionalidade de direitos sociais e econômicos. Em ambos os grupos de casos, o caráter e a magnitude das disputas submetidas a julgamento são os mesmos. A balança da justiça – e o princípio pelo qual ela é aferida – jamais muda. Assim como observamos Aharon Barak recusar-se a entrar num debate entre as comunidades ortodoxa e secular de Jerusalém quanto à possibilidade do fechamento de outras ruas no futuro[159], a atenção do juiz diante da alegação de que o quinhão de alguém num programa do governo não é justo concentra-se exclusivamente nas leis e políticas consideradas distributi-

---

[159] Ver Capítulo 2, nota 54.

vamente perversas naquele caso específico. Cada área da despesa pública deve ser objeto de um caso específico próprio. Há decisões sobre como se distribuem os recursos destinados à saúde, à educação ou à moradia, mas não sobre como se relacionam os financiamentos desses três campos.

O fato de toda Constituição munida de uma declaração de direitos consolidada exigir que os juízes avaliem as reivindicações de assistência social e econômica por parte do Estado precisamente do mesmo modo pelo qual julgam os casos que envolvem direitos civis e políticos deixa entrever que o princípio da proporcionalidade pode sustentar por si só uma teoria abrangente e coerente do controle judicial de constitucionalidade. Do ponto de vista do direto constitucional, os casos demonstram que, ao contrário do que pensavam muitos filósofos e líderes políticos, liberdade, igualdade e fraternidade significam todas a mesma coisa. Garantir que todos os cidadãos autorizados a exercer os poderes do Estado ajam com moderação e respeito pelos outros é a função única e exclusiva que os juízes têm autoridade e competência para desempenhar.

A ideia de que todo o direito constitucional pode ser reduzido a um único princípio ou estrutura de análise é tão discrepante com a noção convencional de controle de constitucionalidade que precisamos fazer uma pausa para retomar o fôlego. Para avaliar sua credibilidade, precisamos saber se essa ideia preenche os critérios que as teorias constitucionais devem satisfazer. Por exemplo, a proporcionalidade atende os critérios de princípio neutro que satisfariam a Herbert Wechsler ou a Robert Bork? Como ela se comporta com relação aos critérios gêmeos de adequação e justiça propostos Dworkin? Qual é o valor moral profundo que a fundamenta? Também temos de avaliar qual a importância da proporcionalidade no modelo de controle judicial de constitucionalidade nas diferentes partes do mundo. Como ela funciona, por exemplo, nos Estados Unidos, onde, como vimos, o termo é menos conhecido e seu método é empregado apenas de maneira irregular? Trata-se de um princípio universal do direito constitucional capaz de prosperar tanto nos Estados Unidos quanto em qualquer outro lugar?

Antes de analisar outros casos, devemos atentar a essas questões. Precisamos nos afastar para ter a perspectiva do quadro mais amplo que os casos expuseram. É necessário adotar uma orientação mais teórica com relação ao princípio da proporcionalidade, análoga à postura que assumimos no início do livro. Passamos um bom tempo examinando de dentro o princípio da proporcionalidade e como ele funciona na prática. Agora vamos analisá-lo de fora e conduzir nossa investigação de volta ao ponto de partida.

5

PROPORCIONALIDADE

1. Proporcionalidade e paradoxo

No final do século XX e início do XXI, as democracias constitucionais, em que os tribunais julgam as decisões tomadas pelos representantes eleitos do povo ainda permanecem bastante anômalas, e suas políticas continuam infectadas por um paradoxo que parece não ter solução. Por um lado, essa forma de governo despontou em todo o mundo como importante modelo de estruturação dos poderes do Estado. Em todas as épocas e em todos os lugares em que as pessoas se libertaram dos grilhões de regimes arbitrários e injustos, na maioria das vezes elas acabaram adotando o modelo norte-americano de democracia constitucional, no qual os juízes exercem a função de guardiães dos direitos humanos fundamentais. As declarações de direitos constitucionais e internacionais foram adotadas pela maior parte dos países da Europa e das Américas e fixaram raízes na Ásia e na África, bem como no Oriente Médio. Alguns diriam que isso é um exemplo da globalização de uma boa ideia.

Por outro lado, essa "judicialização da política" se deu sem que houvesse uma teoria satisfatória capaz de explicar por que se deve confiar tanto poder a um pequeno grupo de profissionais do direito não eleitos pelo povo e praticamente sem nenhuma responsabilidade de prestar contas a ninguém além deles mesmos. A extraordinária globalização do controle judicial de constitucionalidade ocorreu apesar de ainda não ter sido proposta nenhuma justificativa adequada para conferir tanto poder aos juízes. Como vimos no primeiro capítulo, várias teorias foram apresentadas, mas nenhuma conseguiu compatibilizar a autoridade dos juízes de impedir os políticos de agir segundo as plataformas que os elegeram, de um lado, com os nossos conceitos essenciais de democracia e de autonomia do povo para controlar seu próprio destino, de outro.

Para resolver esse paradoxo, empreendemos uma extensa análise, embora nada exaustiva, do que os juízes faziam enquanto os teóricos detratavam o trabalho uns dos outros. Ainda há muita jurisprudência a ser lida, mas nos três últimos capítulos descobrimos algo. Não obstante o assassínio mútuo de ideias entre os teóricos, os juízes de todo o mundo convergiram num método de análise que lhes permite avaliar o trabalho dos ramos políticos do governo a partir de uma perspectiva comum e sem considerar suas próprias filosofias políticas e morais. Mal prestando atenção aos "sumos sacerdotes" do direito constitucional (e mal sendo objeto da atenção destes), e não sem divergências entre seus próprios integrantes, o Judiciário construiu um modelo operacional do controle judicial de constitucionalidade, modelo esse fundado quase inteiramente no princípio da proporcionalidade e usado para decidir se os representantes eleitos do povo e seus agentes estão agindo corretamente ou não. Em todas as áreas da regulamentação governamental, seja qual for a natureza do direito ou da liberdade supostamente violado e quaisquer que sejam as características pessoais de quem apresenta o caso, este modelo (que podemos chamar de modelo dos juízes) sustenta sempre o mesmo critério: as leis – na verdade, todo ato praticado em nome do

Estado ou com a sua autorização explícita ou tácita – devem respeitar o princípio básico da proporcionalidade na forma de lidar com os diferentes interesses ou valores que elas afetam. Quer estejam diante de uma reclamação relativa à liberdade religiosa, quer à discriminação sexual, quer ao sustento material fornecido pelo Estado, na maioria das vezes os juízes resolveram os casos procurando realizar a avaliação mais precisa possível do que realmente significa para aqueles a quem mais afeta a ação do Estado questionada. Quando corretamente aplicada, a proporcionalidade exige que os juízes avaliem a legitimidade de qualquer que seja a lei, disposição ou norma que têm diante de si tanto do ponto de vista dos que mais se beneficiam quanto dos que mais podem perder com ela.

A ideia de que o controle judicial de constitucionalidade pode se reduzir à aplicação do princípio da proporcionalidade talvez pareça absurda para muitos, senão tola e até retrógrada. Cheira a retrocesso a uma "jurisprudência mecânica" desabonada há quase cem anos[1]. Uma teoria fundada no princípio da proporcionalidade tem pouca semelhança com o entendimento comum de que o controle de constitucionalidade é um procedimento em que os juízes protegem os direitos constitucionais elementares da pessoa desenvolvendo ou elucidando um texto fundamental. Implica muito pouca interpretação e torna quase irrelevante o próprio conceito de direitos. Consegue virar de cabeça para baixo grande parte da opinião geral.

Entretanto, quanto mais tomamos conhecimento do modo com que os juízes chegam às suas decisões, mais ganha crédito a teoria do controle de constitucionalidade organizado em torno do princípio de proporcionalidade. A jurisprudência que os tri-

---

[1] R. Pound, "Mechanical Jurisprudence" (1908) 8 Colum L Rev. 605.

bunais escreveram sobre liberdade religiosa, discriminação sexual e direitos sociais e econômicos demonstrou que os juízes encontraram um modo de definir o próprio papel no governo da comunidade que de fato faz bastante sentido. Com o princípio da proporcionalidade, os juízes podem resolver conflitos entre maiorias e minorias mantendo igual respeito por ambas. Com esse princípio é possível chegar a uma justificativa convincente para confiar ao Judiciário o poder de fiscalizar o Legislativo e o Executivo. Fazer da proporcionalidade o critério decisivo de verificação da constitucionalidade de uma lei ou de qualquer outro ato do Estado garante a separação entre as atribuições do Judiciário e as dos poderes eleitos do governo e soluciona o paradoxo que há tanto tempo perturba as democracias constitucionais. Portanto, a construção de uma teoria do controle judicial de constitucionalidade em torno do princípio da proporcionalidade, satisfaz os principais critérios necessários para demonstrar a integridade daquele. Tal teoria qualifica-se tanto como um "princípio neutro", segundo a famosa expressão de Herbert Wechsler[2], quanto cumpre os critérios de "adequação" e "valor" de Ronald Dworkin[3].

2. A neutralidade da proporcionalidade

De todos os critérios que uma teoria do controle judicial de constitucionalidade deve satisfazer, nenhum é mais difícil que a exigência de neutralidade. Como vimos no primeiro capítulo, esse critério é tão rigoroso que até agora nenhuma teoria foi capaz de satisfazê-lo em todos os aspectos. Considera-se que mes-

---

[2] H. Wechsler, "Toward Neutral Principles of Constitutional Law" (1959) 73 Harvard L Rev. 1.
[3] R. Dworkin, *Law's Empire* (Cambridge, Mass.: Harvard University Press, 1986), cap. 6; *Freedom's Law* (Cambridge, Mass.: Harvard University Press, 1996), cap. 1; *Life's Dominion* (Nova York: Vintage Books, 1994), 111.

mo a Suprema Corte dos Estados Unidos em seu melhor momento, quando ordenou o fim da segregação nas escolas públicas do país, não atendeu às expectativas que ela própria se colocara. A crítica contundente de Herbert Wechsler à decisão da Corte em *Brown* vs. *Conselho de Educação*[4] é exemplo de quanto pode ser rígida a exigência de neutralidade. Para Wechsler, a neutralidade significa que os critérios empregados por uma teoria para saber se os atos do governo são ou não constitucionais obrigatoriamente "são estruturados e verificados como exercício da razão, e não meramente como ato de veleidade ou vontade". Para ele, a neutralidade exige que o processo de controle judicial de constitucionalidade seja "genuinamente fundado em princípios, apoiado, a cada passo envolvido no decurso de um julgamento, em análise e em razões que transcendem o resultado imediato". Embora considerasse que as escolas segregadas eram moralmente injustas, argumentou que a Corte não apresentou razão fundada em princípios para explicar por que o direito de associação dos negros deveria sobrepujar o dos brancos, nem que sua decisão fosse algo mais que a "avaliação *ad hoc* de um órgão de poder puro e simples"[5].

Em tempos mais recentes, Robert Bork insistiu na lógica de que os juízes devem fundamentar suas decisões na aplicação imparcial de princípios neutros e enfatizou que estes têm de ser não somente derivados, mas também definidos de maneira neutra[6]. Para evitar que a Corte seja um "órgão de poder puro e simples", assinala Bork, os princípios não apenas devem ser aplicáveis "de maneira coerente e independente da simpatia ou falta de simpatia

---

[4] (1954) 347 US 483.
[5] Wechsler, "Toward Neutral Principles of Constitutional Law", 11-5, 32-5; ver também A. Bickel, "The Original Understanding and the Segregation Decision" (1953) 69 Harv. L Rev. 1.
[6] R. Bork, *The Tempting of America* (Nova York: Free Press, 1990), 151.

[do juiz] pelas partes perante ele", mas também devem estar explícitos ou subentendidos no texto constitucional e ser expressos num "nível de generalidade que [...] os termos, a estrutura e a história da Constituição francamente apoiem"[7]. Os princípios neutros devem ser extraídos da Constituição e formulados de modo que se possam aplicar regular e coerentemente. Para conciliar a democracia e o controle judicial de constitucionalidade com base em princípios, a teoria deve demonstrar neutralidade nos três aspectos.

A jurisprudência que os tribunais criaram ao resolver disputas sobre liberdade religiosa, discriminação sexual e direitos sociais e econômicos evidencia que a proporcionalidade é certamente mais neutra do que qualquer uma das teorias examinadas no Capítulo 1. O conjunto de casos com que deparamos ao longo dos três últimos capítulos comprova a imparcialidade do princípio em todos os aspectos exigidos. O fato de todos os grande tribunais aptos a realizar o controle de constitucionalidade das decisões dos poderes eleitos do governo terem empregado o seu método pragmático de análise, ainda que com vários graus de comprometimento e muitas vezes com nomes diferentes, atesta a integridade de sua derivação. A proporcionalidade é um critério universal de constitucionalidade. É parte essencial e inevitável de todo texto constitucional. Mesmo a Suprema Corte dos Estados Unidos se fundamenta num critério muito semelhante ao da proporcionalidade quando submete a ação do Estado a um "exame rigoroso" segundo a Primeira, a Quinta e a Décima Quarta Emendas, embora só aplique o padrão às leis que fazem distinção com base em classificações suspeitas (raça, por exemplo) ou denegam os direitos que a Corte considera fundamentais (por exemplo, ir e vir, votar, privacidade)[8].

---

[7] Ibid., 150.
[8] L. Tribe, *American Constitutional Law*, 2ª ed. (Nova York: Foundation Press, 1987), cap. 6: 6-13.

Tribunais diferentes ressaltaram diferentes expressões e traços estruturais dos textos em questão para explicar como extraíram o princípio. Para o Tribunal Constitucional da Alemanha, a proporcionalidade é um princípio consagrado cujas raízes se fixam no próprio "Estado de direito"[9]. No Canadá[10], em Israel[11] e na África do Sul[12], a proporcionalidade está incorporada nos valores do pluralismo e da tolerância, subjacentes ao entendimento mais elementar de "democracia". O Tribunal Europeu de Direitos Humanos descobriu a proporcionalidade nas normas da Convenção contra a discriminação e a desigualdade[13]. Os juízes do Japão e os da Hungria encontraram o princípio nos direitos específicos à religião[14] e à expressão[15], que são garantidos separada e incondicionalmente; e a Alta Corte da Austrália extraiu o princípio de um direito de expressão política que nem sequer é mencionado no texto[16].

---

[9] N. Emilou, *The Principle of Proportionality in European Law* (Dordrecht: Kluwer, 1996), cap. 2; D. Kommers, *The Constitutional Jurisprudence of the Federal Republic of Germany*, 2ª ed. (Durham, NC: Duke University Press, 1997), 46.

[10] *Regina* vs. *Oakes* (1986) 26 DLR (4º) 200.

[11] *Lior Horev* vs. *Ministério das Comunicações/Transportes*, abril de 1997, traduzido e reproduzido em parte em P. Gewirtz (org.), *Global Constitutionalism* (New Haven: Yale Law School, 1997).

[12] *S* vs. *Makwanyane* [1995] 3 SA 391 (Const. Ct.); ver também D. van Wyk, J. Dugard, B. de Villiers, D. Davis (orgs.), *Rights and Constitutionalism* (Cape Town: Juta, 1994).

[13] *Línguas belgas na educação* (1968) 1 EHRR 252 § 10; *Marckx* vs. *Bélgica* (1979) 2 EHRR 330, § 33; *Rasmussen* vs. *Dinamarca* (1985) 7 EHRR 371 § 38, e ver, em geral, P. van Dijk e G. J. H. van Hoof, *Theory and Practice of the European Convention on Human Rights* (Antuérpia: Kluwer, 1984).

[14] *Kakunaga* vs. *Sekigushi* (1977), *Caso da cerimônia xintoísta de lançamento da pedra fundamental*, parcialmente traduzido e reproduzido em L. Beer e H. Itoh, *The Constitutional Case Law of Japan, 1970-1990* (Seattle: University of Washington Press, 1996).

[15] Decisão 30/1992, 26 de maio de 1992, sobre a Liberdade de Expressão em L. Sólyom e G. Brunner, *Constitutional Judiciary in a New Democracy* (Ann Arbor: University of Michigan Press, 2000), 229-38.

[16] *Australian Capital Television Ltd.* vs. *Comunidade Britânica* (1992) 66 ALJR 695; *Nationwide News P/L* vs. *Wills* (1992) 66 ALJR 658, e ver, em geral, B. Fitzgerald, *Proporcionality and the Australian Constitution* (1993) 12 U Tasmania L Rev. 263.

O fato é que a proporcionalidade é parte integrante e indispensável de toda Constituição que subordina aos princípios do direito o sistema de governo por ela criado (Estado de direito). É constitutiva de sua estrutura[17], parte essencial de toda Constituição em virtude de seu *status* de lei suprema de um Estado nacional[18]. Uma Constituição desprovida de um princípio que permita a resolução de casos de conflito de direitos seria incoerente: não faria o menor sentido. Como deixou claro a crítica de Wechsler a *Brown* vs. *Conselho de Educação*, sem um conjunto de princípios que concilie os interesses e valores conflitantes em todo litígio concreto, as Constituições rapidamente ficariam incrustadas numa jurisprudência confusa e contraditória e o próprio Judiciário se transformaria num dos "órgãos de poder puro e simples" cuja atividade lhe caberia coibir. A ideia de que possa existir uma Constituição sem nenhum padrão de proporcionalidade é uma impossibilidade lógica. Esse padrão serve como princípio de otimização que faz com que cada Constituição seja a melhor dentro de suas possibilidades[19].

Para a doutrina, a legitimidade da derivação do princípio de proporcionalidade está acima de qualquer suspeita ou dúvida. Investigando as origens do princípio por trás da letra, os juízes descobriram que a proporcionalidade permeia todo texto constitucional. Tomadas em conjunto, suas decisões também demonstram a neutralidade de sua definição. Embora, como vimos, receba vários nomes diferentes, "razoabilidade" na Índia[20] e no Japão, "to-

---

[17] Sobre o caráter lógico dos argumentos estruturais no direito constitucional, ver Philip Bobbit, *Constitutional Fate* (Nova York: Oxford University Press, 1982), cap. 6.
[18] Emilou, *The Principle of Proportionality*, 47.
[19] R. Alexy, "Rights, Legal Reasoning and Rational Discourse" (1992) 5 Ratio Juris 143; "Jurgen Habermas's Theory of Legal Discourse" (1996) 17 Cardozo L Rev. 1027, 1030-1.
[20] Embora a Suprema Corte da Índia tenha incluído a ideia de proporcionalidade em suas primeiras definições de razoabilidade, no final do século pelo menos

lerância" em Israel, "análise estrita" ou "exame rigoroso" (*strict scrutiny*) nos Estados Unidos, seu significado é sempre o mesmo. A jurisprudência demonstra que a proporcionalidade pode ser e normalmente é formulada no nível mais alto de generalidade que o texto ou a estrutura da Constituição logicamente permitem. Ainda que comumente decomposta em três princípios distintos – verificação da "razoabilidade" (adequação), da "necessidade" e da "proporcionalidade" no sentido "mais estrito"[21] –, os dois primeiros são na verdade apenas aplicações claras e fáceis do terceiro. Os testes de razoabilidade (adequação) e "necessidade" distinguem casos em que, de fato, não é possível identificar razões legítimas de nenhuma espécie para justificar o que foi feito. As leis que não atendem ao critério de necessidade constituem infrações gratuitas dos direitos constitucionais individuais por serem mais amplas e mais onerosas do que deveriam. Não há razão (razoabilidade) nem interesse (legitimidade) para não procurar uma alternativa menos restritiva e menos draconiana que realize todos os objetivos do governo e ao mesmo tempo mitigue o ônus ou a discriminação impostos àqueles a quem essas leis afetam de modo adverso. Seja qual for a definição e não obstante as formulações, trata-se sempre da moderação e do respeito mútuo. Como princípio geral, a proporcionalidade exige que os governos e suas autoridades tenham razões mais fortes e mais convincentes para decisões que infligem ônus pesados e desvantagens aos cidadãos do que para as infrações de direitos e liberdades que não são tão graves ou penosas.

---

dois membros da Corte já não tinham tanta certeza da vinculação. Ver *Estado de Madras* vs. *A. H. Row*, AIR 1952 SC 196, 200; cf. *Índia* vs. *Ganayutham*, AIR 1997 SC 3387, p. 125.

[21] Emilou, *The Principle of Proportionality*, cap. 2. Ver também J. Jowell e A. Lester, "Proportionality Neither Novel Nor Dangerous", em J. Jowell e D. Oliver (orgs.), *New Directions in Judicial Review* (Londres: Stevens, 1988), 53.

Quer seja compreendido como critério tríplice, quer como avaliação geral do grau de justiça com que os governos conciliam os interesses e valores conflitantes do público, a maioria dos juízes define seu alcance no mais amplo grau de generalidade possível, a fim de abarcar qualquer mandado ou decreto sustentado pela força coercitiva da lei. A legislação, os regulamentos, as ordens executivas, as normas administrativas e as leis locais estão todos sujeitos ao padrão de equidade e imparcialidade estabelecido pela proporcionalidade. O mesmo também se verifica na maioria dos lugares, na maioria das vezes, para as próprias declarações e decisões dos tribunais[22].

2.1 Proporcionalidade e direito privado

Alguns juízes lutam com a ideia de que a jurisprudência por eles criada e suas soluções de disputas entre particulares devam subordinar-se e conformar-se aos padrões mais altos da Constituição, inclusive o princípio de proporcionalidade. A Suprema Corte do Canadá e o Tribunal Constitucional da África do Sul (seguindo a orientação de Ottawa) produziram importantes decisões defendendo que o "direito privado" não é tão estreitamente vinculado às exigências da proporcionalidade quanto outras áreas do direito. Nesses dois países, concedeu-se ao direito privado uma espécie de imunidade parcial[23]. Na África do Sul, a decisão do Tribunal foi automaticamente anulada logo em seguida, quando se decidiu fazer referência específica ao Judiciário na versão final da

---

[22] A. Barak, "Constitutional Human Rights & Private Law" (1996) 3 Review of Constitutional Studies 218; A. Clapham, *Human Rights in the Private Sphere* (Oxford: Oxford University Press, 1994).

[23] *Retail, Wholesale and Department Store Union, Local* 580 *et al.* vs. *Dolphin Delivery* (1986) 33 DLR (4°) 174; *Du Plessis* vs. *De Klerk* [1996] 2 SA 850 (Const. Ct.); ver também *Khumalo* vs. *Holomisa* [2002] 5 SA 401.

primeira Constituição democrática do país[24]. No Canadá, entretanto, os juízes continuam insistindo que podem aperfeiçoar as normas do *common law*, como, por exemplo, as que se referem à difamação ou à invasão de propriedade, sem ter de satisfazer os mesmos critérios que as autoridades dos poderes Legislativo e Executivo[25]. Os canadenses ainda acreditam que o direito privado é especial e distinto.

A posição dos juízes canadenses está em completo desacordo com a opinião predominante no resto do mundo e não faz o menor sentido lógico nem prático. Simplesmente porque qualquer aspecto do sistema jurídico que se coloque além do alcance da Constituição arruína a supremacia da lei fundamental. Uma vez que apenas uma lei pode ser soberana, tudo o mais que possui força legal deve subordinar-se a ela. A lógica da supremacia da Constituição é inescapável. Nenhuma espécie de lei pode ter a mesma importância que ela, e todos os poderes do Estado são obrigados a observá-la por causa de sua superioridade no ordenamento jurídico. Até a Suprema Corte dos Estados Unidos reconheceu que, quando os juízes decidem impor a aplicação de um acordo privado entre duas pessoas que discriminaram uma terceira, a ordem deles se classifica como ação empreendida em nome do Estado e com a força do Estado[26]. Se alguma norma do direito privado (contratos, propriedade, responsabilidade civil etc.) criada judicialmente não puder satisfazer o princípio da proporcionalidade, não há nenhum meio lógico capaz de salvá-la.

---

[24] A seção 8ª da Constituição sul-africana afirma explicitamente que o Judiciário lhe é subordinado e que as regras do *common law* devem conformar-se à seção 36, que estabelece o princípio da proporcionalidade. Ver A. P. Blaustein e G. H. Flanz, *Constitutions of the Countries of the World* (com folhas removíveis) (Dobbs Ferry, NY: Oceana).

[25] Ver, por exemplo, *Hill* vs. *Igreja da Cientologia* (1995) 126 DLR (4º) 129.

[26] *Shelley* vs. *Kraemer* (1947) 334 US 1.

É mais que incoerente isentar da obrigação de se conformar ao princípio da proporcionalidade as normas que os juízes criam para disciplinar as interações entre particulares. Essa isenção não apenas subverte a relação hierárquica entre leis superiores e subordinadas como também ameaça os valores da privacidade e da autonomia individual, que ela mesma pretenderia promover. Aqueles que negam a lógica da supremacia da Constituição às vezes argumentam que, se as elaborações judiciais nas áreas do direito privado tivessem de atender ao princípio da proporcionalidade, não seria possível garantir nenhum espaço de liberdade e autonomia individual imune à interferência do Estado. A preocupação deles é de que ninguém poderia negar ingresso em sua casa a pessoas cujas práticas culturais, crenças religiosas ou orientação sexual etc. o ofendessem. Tampouco, alegam, ninguém poderia fazer distinção sexual entre os filhos quando repartisse seus bens[27].

De fato, o princípio da proporcionalidade é aferido de um modo que o torna extremamente sensível aos espaços e valores individuais que as pessoas mais prezam. O direito de operar discriminação ao distribuir a propriedade privada, por exemplo, é mais forte quando diz respeito a lugares e objetos mais privados e mais individuais e mais fraco quando se trata de algo comumente acessível ao público em geral. Os regimes de propriedade e con-

---

[27] Gerald Gunther, *Cases and Materials on Individual Rights in Constitutional Law*, 3ª ed. (Nova York: Foundation Press, 1981): "uma aplicação ampla de *Shelley* não deixaria nenhuma escolha privada imune às restrições constitucionais", 622; Aharon Barak, "Constitutional Human Rights and Private Law", 230-1: "Se aplicarmos as disposições constitucionais também às relações entre particulares, perceberemos que as Constituições não apenas concedem, mas também negam direitos – uma vez que o direito de um particular é a obrigação de outro". Ver também L. E. Weinrib e E. J. Weinrib, "Constitutional Values and Private Law in Canada", *in* D. Friedmann e D. Barak-Erez (orgs.), *Human Rights and Private Law* (Oxford: Hart Publishing, 2001), e Katherine Swinton, "Application of the Canadian Charter of Rights and Freedoms", *in* W. Tarnopolsky e Gerald Beaudoin, *The Canadian Charter of Rights and Freedoms – Commentary* (Toronto: Carswell, 1982).

trato bem-proporcionados reconhecem o direito pessoal de alguém se recusar a alugar um cômodo a uma pessoa de etnia, religião ou orientação sexual diferente da sua se esse cômodo estiver em sua própria casa, mas não se estiver num amplo complexo de apartamentos[28].

Os aspectos mais íntimos e mais privados da vida do indivíduo correm maior risco quando a lei que institui as regras não está sujeita ao princípio da proporcionalidade. Quando os juízes não precisam demonstrar que as normas que conceberam para resolver conflitos interpessoais obedecem ao critério da proporcionalidade, a liberdade e a autonomia recebem proteção seletiva e muitos são prejudicados. Deixados por conta própria, os tribunais anglo-americanos, por exemplo, criaram um conjunto de normas de *common law* referentes a contratos e responsabilidade civil para regular as relações entre trabalhadores e empregadores, normas essas que sacrificaram consideravelmente os direitos e liberdades dos primeiros em favor do desejo de lucro dos últimos. Criaram-se doutrinas que impunham imensas desvantagens aos trabalhadores toda vez que estes empreendiam greve ou qualquer outra ação coletiva contra seus empregadores e, ao mesmo tempo, tornavam quase impossível reivindicar indenização quando eram prejudicados ou ficavam doentes por trabalhar em ambientes contaminados e arriscados[29]. Com efeito, para alguns, durante o século XIX e no início do XX, todo o *common law* nos Estados Unidos foi transfigurado para favorecer o bem-estar e a prosperidade da classe dominante[30].

---

[28] A. Barak, "Constitutional Human Rights", 273-4.
[29] I. Christie, *The Liability of Strikes in Tort* (Toronto: Carswell, 1967). T. Ison, *The Forensic Lottery* (Londres: Staples Press, 1967); P. S. Atiyah, *Accidents, Compensation and the Law* (Londres: Weidenfeld and Nicolson, 1975).
[30] M. Horwitz, *The Transformation of American Law* (Cambridge, Mass.: Harvard University Press, 1977).

A maior parte dos juízes que analisou a relação entre direito privado e direito constitucional entendeu que o princípio da proporcionalidade é parte essencial de todos os textos constitucionais e instrumentos internacionais de direitos humanos. Esses juízes também reconhecem que, como princípio mais importante desses textos, a proporcionalidade deve ser definida num nível de generalidade que abranja e discipline todo o direito. Para satisfazer os critérios mais elevados de neutralidade que diferenciam a boa teoria constitucional da ruim, a proporcionalidade não pode ser definida de modo mais estreito ou limitado. Quando seis juízes da Suprema Corte do Canadá decidiram que o princípio só poderia ser aplicado de modo muito restrito às leis do *common law*, arrogaram para si o poder de restringir a supremacia da Constituição, poder esse que não tinham a menor autoridade para reivindicar.

2.2 Proporcionalidade e ponto de vista

Mesmo com imperfeições, a jurisprudência não deixa dúvidas quanto à neutralidade da origem e da definição da proporcionalidade. O princípio também mostra que tem capacidade de satisfazer o critério de neutralidade de Herbert Wechsler no modo pelo qual é aplicado. Conforme já observamos, se aplicado corretamente, os tribunais julgam as proporcionalidades relativas a um caso do ponto de vista dos mais afetados pela lei ou ato do Estado submetidos ao controle judicial de constitucionalidade. Os julgamentos baseiam-se em conclusões relativas à avaliação que as próprias partes fazem da importância da iniciativa ou decisão do governo submetida ao tribunal. Aplicada dessa forma, a proporcionalidade oferece aos juízes um critério claro e objetivo para distinguir entre as ações coercitivas do Estado legítimas e as ilegítimas. Quando os juízes se concentram nos fatos, suas afinidades pessoais com as partes jamais influenciam o julgamento.

Essa foi a importante lição extraída do debate entre Kate O'Reagan e Albie Sachs em *Lawrence, Negal e Solberg* vs. *O Estado* sobre o peso que deveria ser atribuído ao interesse público de controlar o consumo de bebidas alcoólicas, debate esse travado ao decidirem sobre a constitucionalidade de uma lei que restringia a venda dessas bebidas aos domingos[31]. Ainda que a maioria das pessoas talvez se identifique com a intuição de Sachs, de atribuir valor elevadíssimo a qualquer empenho de reduzir o atroz sofrimento humano causado pelo consumo excessivo de álcool, o fato de o Estado permitir a venda de bebidas alcoólicas em feriados não cristãos, ocasião em que o consumo alcoólico era igualmente elevado, demonstrava que ele não levava as consequências tão a sério quanto afirmava. Quando convinha a seus propósitos, o Estado permitia de boa vontade que as pessoas comprassem a quantidade de bebidas alcoólicas que lhes aprouvesse, sem se preocupar com o custo social desse fato.

Solberg jamais será noticiado como um caso memorável, como *Brown* vs. *Conselho de Educação* ou *Grootboom*[32], que penetram a alma e a história de uma nação. Contudo, no aspecto jurisprudencial, a lição que ensina – de que os juízes faltam com seu dever de aplicar com neutralidade as leis do direito constitucional quando fundamentam as suas decisões nas próprias opiniões sobre os valores conflitantes em jogo – é valiosa. Esse caso identifica um ponto de vista a partir do qual os juízes podem observar qualquer caso com imparcialidade. Assim como a balança da justiça, os juízes não têm voz acerca do valor daquilo que se coloca em cada um dos pratos. Ao exercer o controle de constitucionalidade para averiguar a legitimidade das leis que crimi-

---

[31] (1997) 2 SA 1176; ver Capítulo 2, 62-4.
[32] *Brown* vs. *Conselho de Educação*; *Grootboom* vs. *República da África do Sul* [2001] 1 SA 46; (2000) 11 BCLR 1165.

nalizam o aborto, por exemplo, nas quais de fato estão em jogo questões de vida e morte, o princípio da proporcionalidade ensina aos juízes que eles não têm autoridade para adivinhar o que uma sociedade pensa sobre o significado filosófico e espiritual da vida. É responsabilidade do povo, como decidiu o Tribunal Constitucional da Hungria, definir o valor da vida pré-natal[33]. Para manter a neutralidade, os juízes devem respeitar o fato de que as diversas sociedades podem atribuir, e atribuem, graus de valor muito diferentes à vida do feto. A verdade é que a vida fetal é mais sagrada para aqueles que procuram levar a vida de acordo com os preceitos básicos da Igreja Católica do que para os darwinistas, que se guiam pelo entendimento mais secular e mais científico. Os juízes perdem a neutralidade quando alegam conhecer melhor a sacralidade da vida humana do que a sociedade a que pertencem. O caráter moral da sociedade deve ser definido por ela mesma. Às vezes, como em *Solberg*, quando parece que o bem-estar geral pode ser aprimorado pela imposição dos próprios pontos de vista do juiz, uma transgressão como a de Albie Sachs pode parecer desculpável ou mesmo digna de aplauso. Entretanto, a lição aprendida com os casos de aborto é que nenhum juiz jamais terá o direito de arrogar-se o poder de definir quais devem ser as escolhas morais da sociedade.

O requisito de que as regras e os princípios do direito constitucional sejam aplicados de forma neutra não é mera exigência negativa que veta sua aplicação seletiva e irregular. Não significa somente não tomar partido. A neutralidade também implica reconhecer que, em qualquer caso, o que é justo e o que é corretamente proporcional é próprio de cada sociedade. Diferente do

---

[33] *Da regulamentação do aborto*, Decisão 64/1991, 17/12/91, em Sólyom e Brunner, *Constitutional Judiciary*, 178-99.

conceito de direito, a justiça é um ideal local, não universal[34]. As proporcionalidades variam diretamente com o peso e o valor que as pessoas atribuem aos interesses envolvidos. Assim, no caso do aborto, podem-se justificar leis mais restritivas na Irlanda, onde a fé religiosa do povo dá infinito valor à vida humana desde o momento da concepção, do que no Japão, onde a questão moral acerca da vida e da morte do feto é entendida de maneira muito diferente. Embora as mulheres japonesas tenham maior liberdade para controlar seu destino reprodutivo do que as irlandesas, não há razão para afirmar que os políticos de Dublin agiram injustamente ou abusaram dos poderes do Estado. Uma vez que os efeitos de um aborto são muito mais profundos para o feto (a morte) do que para a mãe (exceto em situações de risco de vida), nos Estados em que ambos têm o mesmo valor do ponto de vista moral os direitos do nascituro devem prevalecer. Quando todos os interesses envolvidos são avaliados à luz do princípio da proporcionalidade, os resultados em ambos os casos são corretos. Quando os tribunais assumem o ponto de vista das partes no julgamento de qualquer caso, nenhuma filosofia em particular nem concepção moral alguma têm privilégio sobre qualquer outra. Aplicada com isenção, a proporcionalidade é um princípio moral passível de se utilizar em qualquer parte do mundo. Num planeta cada vez menor, ele é acertadamente multicultural. Promove a integração entre o real e o ideal, entre o local e o universal, uma vez que une um princípio fundamental de justiça distributiva com o entendimento que cada sociedade tem de si mesma.

Conquanto respeite o direito de toda sociedade de definir por si mesma o seu caráter coletivo, a proporcionalidade não permite

---

[34] Cf. J. Habermas, *Between Facts & Norms* (Cambridge, Mass.: MIT, 1996), 60, 153-4, 256; Michael Walzer, *Spheres of Justice* (Nova York: Basic Books, 1983); "Philosophy and Democracy" (1981) 9 Political Theory, 391.

aos juízes simplesmente anuir, sem questionamento, a tudo o que o Estado afirma ser importante para sua identidade. Em muitos casos, inclusive naqueles que submeteram ao controle judicial de constitucionalidade leis que proíbem as mulheres de interromper a gravidez, os fatos que comprovam a importância da lei para aqueles a quem ela mais afeta são claros e inequívocos, e não uma questão de debate ou interpretação. Ninguém duvida da sinceridade nem da veemência com que os católicos irlandeses postulam a sacralidade da vida do feto. Às vezes, entretanto, visto que as partes podem envolver-se demais num caso e tendem a exagerar nas reivindicações, é necessário que o tribunal faça sua própria avaliação da importância da lei em questão tanto para seus defensores como para seus detratores. Lembremo-nos do que ocorreu quando as autoridades militares de Israel e a academia militar do estado norte-americano da Virgínia alegaram que a formação de mulheres pilotos ou a admissão delas em academias militares que empregam métodos físicos e psicológicos destinados a homens comprometeria a segurança do país e/ou a missão da instituição. Nem Israel nem a Virgínia indicaram provas sólidas e factuais que justificassem seus temores. Em ambos os casos, os tribunais superiores dos respectivos países intervieram e, com base na experiência de outros lugares do mundo e de outras academias de mesma natureza, concluíram que dar às mulheres as mesmas oportunidades de formação e carreira nas Forças Armadas não era tão perigoso quanto alegavam aqueles que defendiam a exclusão delas[35].

3. A lógica da proporcionalidade

Verificar a legitimidade das leis através do prisma da proporcionalidade gera um modelo de análise em torno do qual é possí-

---

[35] *Miller* vs. *Ministro da Defesa* [1998] 32 Isr. L Rev. 157; *Estados Unidos* vs. *Virgínia* (1996) 518 US 515.

vel construir uma teoria robusta do controle judicial de constitucionalidade. Aplicada com imparcialidade, a proporcionalidade permite resolver, com base na razão e em argumentos sensatos, disputas sobre os limites da atividade legislativa legítima. Possibilita a comparação e a avaliação racional e justa de interesses e ideias, valores e fatos radicalmente diversos. Permite que se façam juízos sobre modos de pensar muito diferentes, sem termo de comparação, como razão e fé[36]. Fornece um padrão de medida pelo qual se podem comparar elementos tão distintos quanto extensão e massa[37]. Passando por um amplo espectro de casos, em que se abordam problemas complexos e controversos de liberdade religiosa, igualdade entre os sexos e direitos sociais e econômicos, observamos que a proporcionalidade é capaz de resolver conflitos entre valores morais fundamentalmente antagônicos demonstrando igual consideração e respeito por todos os envolvidos.

Um número surpreendente desses casos acabou mostrando-se relativamente fácil, porque envolvia aquilo que o jurista norte-americano David Luban denominou "ponderações entre o grande e o pequeno"[38]. Admitir mulheres em academias militares[39], oferecer serviços de tradução de língua de sinais em hospitais públicos[40], pedir aos motoristas que façam um desvio de dois minutos em sua trajetória nas horas de oração[41], fornecer drogas antir-

---

[36] Cf. Albie Sachs, *Christian Educational South Africa* vs. *Ministro da Educação* [2000] 4 SA 757; *Lawrence, Negal e Solberg*, § 171.
[37] Cf. Antonin Scalia em *Bendix Autolite Corp.* vs. *Midwesco Enterprises Inc* (1988) 486 US 888, 897, argumentando a impossibilidade de afirmar se o comprimento de determinada linha é maior que o peso de certa rocha.
[38] David Luban, "Incommensurable Values, Rational Choice and Moral Absolutes" (1990) 38 Cleveland St. L Rev 65, 75. Cf. Cass Sunstein, "Incommensurability and Valuation in Law" (1994) 92 Mich L Rev. 779.
[39] *Estados Unidos* vs. *Virgínia*.
[40] *Eldridge* vs. *Procurador-Geral da Colúmbia Britânica* (1997) 151 DLR (4º) 577.
[41] *Lior Horev* vs. *Ministério das Comunicações/Transportes*.

retrovirais a mulheres grávidas soropositivas para HIV[42] eram todos casos desse tipo. Mesmo quando os dois lados de um caso são mais equilibrados e mais difíceis de decidir, o método de análise é o mesmo. Em qualquer caso, a proporcionalidade transforma o processo de controle judicial de constitucionalidade num exercício relativamente simples de raciocínio lógico ou silogístico. O tribunal parte da premissa maior de que toda lei tem de ser proporcional para ser constitucional. A premissa menor é sua decisão de que determinada lei ou ato do governo é ou não proporcional. A conclusão é de que no primeiro caso a lei é constitucional, mas no segundo, não.

Segundo esse modelo de controle judicial de constitucionalidade, é na formulação da premissa menor, quando os fatos e detalhes do comportamento do governo são analisados e investigados, que se concentra todo o trabalho árduo. Uma vez estabelecida a premissa maior (interpretativa), ela pode ser (e normalmente é) tida como verdadeira. Os juízes não precisam se apoiar na história, na semântica nem na filosofia para saber se o ato do Estado respeita a Constituição ou não. Com base no modelo da proporcionalidade, a prática diária do controle judicial de constitucionalidade não tem nada a ver com a solução de enigmas de exegese. Não se trata de definir o alcance da Constituição, nem de saber se determinado caso (por exemplo, o consumo de peiote) se enquadra nos parâmetros de uma categoria mais ampla (a liberdade religiosa). Como Habermas enfatiza, trata-se apenas de um processo puro e simples de aplicação de regra ou norma. Trata-se única e exclusivamente da proporcionalidade. Uma vez que toda lei restringe a liberdade e/ou faz algum tipo de discriminação en-

---

[42] *Treatment Action Campaign* vs. *África do Sul (Min. da Saúde)* [2002] 5 SA 721 (CC).

tre os cidadãos e que, como a jurisprudência demonstra, a proporcionalidade é aquilo que os direitos fundamentais de liberdade, igualdade e fraternidade efetivamente garantem, ela estabelece o padrão que toda lei, todo ato de governo, deve satisfazer.

Por concentrar-se nos aspectos específicos de cada ato de governo, a proporcionalidade transforma em questões de fato problemas que na filosofia moral constituem questões de valor. Estimula uma espécie característica de discurso que, nos termos de Habermas, opera numa zona intermediária entre o fato e a norma. Quando se decide se uma lei sobre aborto ou discriminação sexual, ou moradia, ou assistência médica é ou não constitucional, tudo gira em torno de fatos. Saber se o Estado tem legitimidade para punir a mulher que interrompe a gravidez ou para dispensar tratamento diferente às pessoas em virtude de religião ou sexo, ou ainda para negar recursos de sobrevivência a seus cidadãos, depende inteiramente dos aspectos factuais de cada caso. Leis rigorosas relativas ao aborto podem justificar-se em sociedades como a Irlanda, por exemplo, cujas tradições religiosas atribuem o mesmo valor tanto à vida intrauterina quanto à extrauterina. Algumas formas de discriminação toleráveis em casa não podem ser praticadas em espaço público. Os recursos que cada indivíduo pode reivindicar do Estado com legitimidade variam diretamente com a riqueza de cada Estado e o número de necessitados.

Habermas e outros pensadores consideraram o fio de raciocínio que os juízes seguem quando ponderam os atos de governo à luz do princípio da proporcionalidade como um discurso especial de aplicação de regra ou norma[43]. Com efeito, é um exemplo

---

[43] J. Habermas, *Between Facts & Norms*, 217-9, 265-6. Ver também R. Alexy, "Rights, Legal Reasoning and Rational Discourse"; "Justification and Application of Norms", 6 Ratio Juris (1993) 157; e, em geral, *A Theory of Legal Argumentation* (Oxford: Clarendon, 1989).

particularmente eficiente de um método de análise conhecido como "casuística", que envolve a aplicação de princípios éticos a casos de obrigações conflitantes ressaltando as distinções factuais de cada uma. A proporcionalidade proporciona à casuística seu melhor desempenho[44]. Sua supremacia, como parte de toda Constituição, significa que não há exceções nem princípios conflitantes capazes de limitar sua abrangência. Jamais pode haver questão alguma sobre a legitimidade ou a extensão de sua aplicação a qualquer disputa referente à autoridade do Estado para agir. Todos os casos se resolvem sempre com base no mesmo princípio universal, aplicado a um conjunto particular de fatos.

O raciocínio jurídico sobre os direitos humanos é nitidamente oposto ao modo como os economistas e os filósofos pensam nessas questões. Nenhum cálculo utilitarista ou matemático pode determinar se os direitos de alguém foram violados. Não se trata de somar ou subtrair as preferências das pessoas. Tampouco se trata de um processo em que os fatores são catalogados, quantificados e sopesados uns em relação aos outros. Os argumentos hipotéticos também não têm função nenhuma, pois presumem os fatos realmente cruciais em vez de os avaliar. Na verdade, quando os juízes se baseiam no princípio da proporcionalidade para estruturar seu raciocínio, o conceito de direitos desaparece. A proporcionalidade transforma o significado dos direitos, que passam de declarações de verdades eternas àquilo que o defensor dos direitos humanos Michael Ignatieff denominou de "discurso que favorece o julgamento de um conflito". No direito, eles são apenas

---

[44] A casuística, como método geral de argumentação, foi objeto de críticas variadas. Cf. A. R. Jonsen e S. Toulmin, *The Abuse of Casuistry: A History of Moral Reasoning* (Berkeley: University of California Press, 1988); C. Sunstein, *Legal Reasoning and Political Conflict* (Nova York: Oxford University Press, 1996), cap. 5; R. Posner, *Overcoming Law* (Cambridge, Mass: Harvard University Press, 1995); *Problematics of Moral and Legal Theory* (Cambridge, Mass.: Harvard University Press, 1999).

"pontos de referência [...] comuns [...] que podem ajudar as partes litigantes a deliberar juntas"[45]. Quando se levam em conta os direitos numa análise organizada em torno do princípio da proporcionalidade, eles não têm nenhuma força especial como trunfos[46]. Na verdade, não passam de floreios retóricos.

Pelo fato de não atribuir aos direitos nem aos números nenhum *status* especial, a proporcionalidade pode reivindicar para si a objetividade e a integridade que nenhum outro modelo de controle judicial de constitucionalidade é capaz de satisfazer. Ela evita a subjetividade e a incerteza que infestam tanto as interpretações quanto os cálculos de custo/benefício. A transformação dos conflitos que envolvem os interesses e ideias mais importantes das pessoas em questões de fato, em vez de problemas de interpretação[47] ou de princípio moral[48], permite ao Judiciário supervisionar a aplicação de um discurso em que a opinião de cada indivíduo acerca das medidas do Estado é igualmente valorizada e para o qual há uma resolução correta passível de verificação empírica. Ao fazer da proporcionalidade o critério máximo de legitimidade, garante-se, para tomar de empréstimo outra definição bem apropriada de Ignatieff, "que os indivíduos tenham o mesmo poder deliberativo e seus pontos de vista tenham direito a ser ouvidos respeitosamente em todas as discussões morais sobre como os critérios universais devem ser aplicados em cada situação"[49].

---

[45] Michael Ignatieff, *Human Rights* (Princeton: Princeton University Press, 2001), 20.
[46] Cf. Ronald Dworkin, *Taking Rights Seriously* (Cambridge, Mass.: Harvard University Press, 1977).
[47] Antonin Scalia, *A Matter of Interpretation* (Princeton: Princeton University Press, 1997).
[48] Ronald Dworkin, *A Matter of Principle* (Cambridge, Mass.: Harvard University Press, 1985).
[49] Michael Ignatieff, *Human Rights*, 170.

4. A justiça da proporcionalidade

Além de ter neutralidade e a capacidade de racionalidade que lhe garantem a integridade na solução de problemas bem fundamentais de cooperação social, a proporcionalidade também dá sustento a uma teoria de controle judicial de constitucionalidade que satisfaz os critérios de "adequação" e "valor" de Dworkin. Na prática, a proporcionalidade é um critério jurídico bem conhecido do Judiciário. Tem um histórico de êxitos comprovados. Entre todas as teorias que ofereceram explicações para o processo de controle judicial de constitucionalidade, o modelo da proporcionalidade é, sem dúvida alguma, o mais compatível com a prática atual. Sua compatibilidade é bem grande, se não total. Uma razão para essa adequação entre teoria e realidade, que nos autoriza a considerar a proporcionalidade uma teoria de controle judicial melhor que suas concorrentes interpretativas, é o fato de ela não exigir que os juízes dominem métodos de análise estranhos ao direito, como a pesquisa histórica ou a filosofia moral, por exemplo. As teorias concorrentes, como a interpretação originalista ou moral da Constituição, enfrentam sérias contradições práticas. Ambas exigem que os juízes dominem disciplinas e raciocínios em que não são especialistas. Um defeito fatal na teoria de Dworkin é que ela precisa de um super-herói para funcionar. Não é por acaso que seu juiz exemplar se chama Hércules, e não Antonin, Itsuo ou Kate.

A proporcionalidade não só oferece um método de controle judicial de constitucionalidade pelo qual o Judiciário já demonstrou considerável apreço, e que se vale exatamente dos pontos fortes desse poder do Estado, mas também apresenta outras credenciais igualmente convincentes. O fato de preencher os requisitos de princípio neutro não significa que a proporcionalidade seja isenta de valores. O princípio presume que todos os participantes de um debate sobre a legitimidade de uma medida levado a cabo pelo Estado ou com a aprovação deste são, pelo menos no que diz respeito ao debate, iguais entre si. Cada ponto de vista tem o mesmo peso moral na análise. Não há nenhuma resposta universal e apriorística quanto ao aborto ser assassinato, ou à legitimidade do casamento entre pessoas do mesmo sexo, por exemplo, que seja verdade no mundo inteiro. Para determinar que direitos o feto, os *gays* e os pobres podem reivindicar do Estado, toda perspectiva ética que respeite o *status* de igualdade das opiniões conflitantes tem o direito de ser analisada imparcialmente e de acordo com os fatos que a exponha em seu melhor ângulo.

Não será difícil para a maioria das sociedades abraçar a concepção normativa de igualdade subjacente ao princípio da proporcionalidade. Somente aqueles que estigmatizam os outros, considerando-os inferiores, poderiam objetar. Em todas as áreas do direito que analisamos, os casos demonstram que, quando os juízes examinam as decisões dos políticos e de seus representantes à luz do princípio da proporcionalidade, os direitos humanos são mais bem protegidos e a soberania popular é concomitantemente mais respeitada. A proporcionalidade estabelece um padrão de medida para resolver conflitos entre maiorias e minorias capaz de tratar ambas com justiça. Integra o direito e a política de modo que se maximize a autoridade de um e da outra. Formula o princípio de separação entre o Judiciário e os poderes eleitos do Estado de maneira que os três trabalhem cooperativamente para ajudar cada sociedade a ser o mais justa e equânime possível dado o fato de tratar-se de um grupo de pessoas estranhas umas às outras. Por ser capaz de estimar objetivamente a intensidade das preferências subjetivas individuais, ela garante maior liberdade e igualdade do que qualquer teoria concorrente jamais conseguiu.

Os direitos humanos são mais bem protegidos quando os tribunais são vigilantes na exigência de que os investidos do múnus público respeitem o princípio da proporcionalidade em tudo o que fazem. Nas sociedades que aplicam o princípio de forma rígida, liberdade, igualdade e fraternidade prosperam todas. A jurisprudência demonstra que nas sociedades em que o princípio da proporcionalidade predomina, há mais liberdade religiosa, menos discriminação arbitrária e mais reconhecimento da responsabilidade do Estado de garantir as condições essenciais da liberdade individual (seguridade, segurança, sustento etc.) do que nos Estados em que não predomina esse princípio. Nenhuma das teorias tradicionais oferece nada parecido com a proteção contra atos arbitrários e injustos do governo que os juízes conseguiram oferecer com o princípio da proporcionalidade. Como vimos no Capítulo 1, com raras exceções[50], os originalistas, os processualistas e os moralistas, igualmente, são em geral relutantes e/ou incapazes de criar alguma abertura para os direitos sociais e econômicos se eles não estiverem escritos explicitamente no texto[51]. As três correntes insistem que direitos positivos e direitos negativos são conceitos diferentes, embora ambos derivem do mesmo princípio ético de igual liberdade e se organizem em torno do mesmo método de análise. A todas falta o vínculo lógico entre as obrigações positivas que a garantia dos direitos tradicionais de liberdade e igualdade acarretam para o Estado e as obrigações negativas de não interferência. Por certo, nenhuma delas postulou um di-

---

[50] Das quais a mais notável é Jürgen Habermas, *Between Facts and Norms*, 123, 125, 247, 263, 415-7.

[51] Ver, por exemplo, R. Bork, "The Impossibility of Finding Welfare Rights in the Constitution" [1979] Wash. UL Rev. 695; J. Ely, *Democracy and Distrust* (Cambridge, Mass.: Harvard University Press, 1980), 162; P. Monahan, *Politics and the Constitution* (Toronto: Carswell, 1987), 126; R. Dworkin, *Freedom's Law* (Cambridge, Mass.: Harvard University Press, 1996), 11, 36.

reito à distribuição equitativa tão generoso quanto aquele derivado do princípio da proporcionalidade.

Os originalistas, processualistas e moralistas também realizam relativamente pouco quando se trata dos direitos e liberdades tradicionais, como a liberdade religiosa e o direito à não discriminação. Para as teorias processualistas de controle judicial de constitucionalidade, qualquer tipo de liberdade religiosa é uma espécie de anomalia e ou bem é reconhecida como tal, ou apenas convenientemente ignorada[52]. Da mesma forma, John Ely afirmou que os juízes que seguem uma teoria processualista do controle de constitucionalidade terão muita dificuldade para encontrar meios de dar assistência às mulheres vítimas de discriminação infligida ou tolerada pelo Estado. Para Ely, uma vez que as mulheres normalmente são a maioria da população, elas não podem alegar que são uma minoria "separada e isolada" que precisa da proteção dos tribunais. Sua superioridade numérica, acredita Ely, em geral é suficiente para garantir que elas se encarreguem de seus interesses nos processos políticos comuns[53].

Os teóricos que interpretam o texto constitucional do ponto de vista dos que participaram do ato original de criação, ou através das lentes de alguma teoria ampla de justiça política, conseguiram em geral fazer mais pelas minorias religiosas do que seus colegas que concebem a Constituição em termos puramente processuais. Em questões de igualdade e discriminação, entretanto, também esses deixam a desejar. Nos Estados Unidos, por exemplo, os originalistas se debatem com o problema da discriminação sexual[54], e mesmo Ronald Dworkin, cuja teoria professa ga-

---

[52] Ver, por exemplo, Ely, *Democracy and Distrust*, 94; Monahan, *Politics and the Constitution*, ibid.
[53] Ely, *Democracy and Distrust*, 164-70.
[54] Bork, *Tempting of America*, 326-31; cf. "Neutral Principles..." (1971) 47 Indiana LJ 1.

rantir que os Estados demonstrem igual consideração e respeito por todos, julga atraente a abordagem norte-americana favorável a conceder mais proteção a certos grupos do que a outros. Além disso, segundo a teoria de Dworkin, as vítimas de atos arbitrários e discriminatórios mas não intencionais por parte do governo não podem esperar dos tribunais nenhum tipo de apoio[55]. Assim, por exemplo, os tribunais nada podem fazer pelas mulheres excluídas da carreira profissional por não atenderem à exigência de altura e/ou peso estabelecidos por uma empresa, ainda que sejam suficientemente fortes, no caso de as restrições terem sido adotadas por conveniência administrativa e não por motivos misóginos. Somente uma teoria do controle judicial de constitucionalidade que reconheça a sinonímia entre proporcionalidade e igualdade, em que a primeira é a expressão mais plena e completa da última, tem a capacidade de tratar todas as formas de discriminação como arbitrárias e injustas, não podendo ser sancionadas pelo Poder Legislativo de nenhum Estado.

O melhor conceito jurídico de direitos só é possível quando inclui a proporcionalidade. O entendimento de que os direitos se baseiam num princípio universal de justiça distributiva, e dão expressão a esse princípio, garante que se restrinjam ao mínimo os atos arbitrários e discriminatórios do governo. A proporcionalidade concentra toda a ênfase nos deveres do Estado para com seus administrados, e não na demarcação de esferas da autonomia pessoal em que a soberania do indivíduo é absoluta e incondicional. Para muitos, a superioridade da proporcionalidade na proteção dos direitos humanos fundamentais é considerada sua maior realização. Para outros, entretanto, suas rigorosas restri-

---

[55] R. Dworkin, *Sovereign Virtue* (Cambridge, Mass.: Harvard University Press, 2000), 456-65; *A Matter of Principle* (Cambridge, Mass.: Harvard University Press, 1985), 66.

ções não seriam um bem inequívoco. Todos os que defendem os interesses do povo e os democratas apaixonados se preocupam com o grau a que se reduziria a soberania popular se os tribunais examinassem rigorosamente todos os atos do governo à luz de critérios de proporcionalidade muito rígidos. Segundo a opinião geral, há uma forte correlação entre a aplicação rigorosa dos direitos humanos fundamentais e os limites daquilo que as pessoas podem e não fazer. A impressão é de que Judiciário ativista e democracia fazem força em sentido oposto, tal como num jogo de "soma zero", em que, quando um ganha, o outro tem de perder. Os ganhos e vantagens acumulados para um advêm à custa do outro. Quando as pessoas podem reivindicar seus direitos à igualdade e à liberdade religiosa, o governo perde o poder de determinar em que elas devem crer e que aspirações podem ter.

Embora seja comum achar que os direitos interferem na soberania do povo para moldar o caráter de sua sociedade, isso não é fato, como demonstrou a jurisprudência comparativa, no caso da proporcionalidade. Talvez seja esse o traço mais notável do modelo de controle judicial de constitucionalidade estruturado em torno desse princípio, que tanta capacidade tem de garantir que os governos respeitem os direitos das pessoas sem restringir de forma grave as suas escolhas sobre o tipo de sociedade que querem criar. A proporcionalidade oferece um padrão de medida em que os direitos e a democracia, o direito e a política, ganham todos. A única política que a proporcionalidade proíbe é a do extremismo e do ódio. Não se podem aprovar leis que considerem alguns inferiores a outros. A igualdade formal da autonomia de cada indivíduo significa que todos têm os mesmos direitos. O Estado têm o mesmo dever para com todos os seus cidadãos. Tirante essa única restrição, a proporcionalidade deixa totalmente nas mãos dos indivíduos a decisão sobre seus projetos e prioridades. Uma vez comprovado que determinada lei não ameaça diretamente a isonomia dos indivíduos quanto à autoridade moral sobre suas próprias vidas, os políticos podem propor e aprovar qualquer projeto que lhes aprouver. Qualquer projeto que reconheça e aceite que todos têm, perante a lei, a mesma autoridade moral de governar-se a si mesmos satisfará o critério. O princípio da proporcionalidade considera ponto pacífico todos os objetivos benignos e avalia somente os meios pelos quais se pretende que eles sejam atingidos, bem como os efeitos dos meios propostos e as relações entre essas três coisas. Se é um ideal universal, isso se deve em grande medida ao fato de ser tão atento aos princípios locais.

Em comparação com outras teorias, a proporcionalidade deixa tanto espaço para o governo manobrar quanto qualquer outra, e muito mais que a maioria delas. Em geral, as teorias concorrentes impõem significativas limitações à soberania da vontade geral e aos poderes legisladores do Estado. Os originalistas dos Estados Unidos, por exemplo, afirmam que, salvo raros casos, os programas de ação afirmativa destinados a remediar a discriminação sistêmica são inconstitucionais porque todas as classificações raciais, qualquer que seja o seu propósito, ofendem a garantia da Décima Quarta Emenda de que todos receberão a igual proteção das leis[56]. Embora Dworkin acredite, com base na melhor interpretação moral da cláusula de igualdade de proteção, que os programas de ação afirmativa são legítimos, ele afirma que a condição jurídica de um feto, uma das principais questões morais e políticas do nosso tempo, deve ser decidida pelos tribunais, não pelo povo[57].

---

[56] Ver, por exemplo, os votos de Antonin Scalia em *Grutter* vs. *Bollinger* (2003) 539 US 306; *Richmond* vs. *J. A. Crosson Co.* (1989) 488 US 467; *Metro Broadcasting* vs. *FCC* (1990) 497 US 547; *Adarand Contractors* vs. *Pena* (1995) 515 US 200; cf. Bork, *Tempting of America*, 149-50.

[57] Dworkin, *Law's Empire*, 381-9; *Sovereign Virtue*, cap. 12; *Life's Dominion*, 164-5; *Freedom's Law*, 102-10.

Os juízes que analisam a ação afirmativa e as leis referentes ao aborto pelo prisma da proporcionalidade entendem de maneira muito diversa os direitos dos grupos vulneráveis e a condição do feto. Atribuindo ao Poder Legislativo a responsabilidade pelas decisões que expressam os valores morais da população, a proporcionalidade separa o Poder Judiciário dos poderes eleitos do Estado. Assim, por exemplo, a Suprema Corte da Índia sanciona programas de ação afirmativa aprovados com o intuito de ajudar os menos favorecidos porque esses programas apresentam o princípio da igualdade sob a luz mais favorável[58]. Da mesma forma, quando consultado para emitir parecer sobre a questão do aborto, o Tribunal Constitucional da Hungria assumiu a postura de não intervenção quanto a considerar se o feto tem os mesmos diretos constitucionais que as pessoas já nascidas. O *status* moral e jurídico do feto, decidiu o tribunal, é algo sobre o qual apenas o povo, por meio de seus representantes eleitos, pode decidir. Não se trata de uma decisão que os tribunais estão autorizados a tomar[59]. Como prescrição para o comportamento político correto do ponto de vista constitucional, a proporcionalidade diz aos aspirantes a políticos: "com moderação, praticamente tudo; em excesso, nada".

Embora pareça favorecer o princípio da proporcionalidade o fato de ele atender melhor que qualquer outro aos critérios de "adequação" e "valor" de Dworkin, alguns temem que as pretensões empíricas e morais dessa teoria deem espaço a objeções potencialmente fatais. Uma vez que a instrução para que os juízes

---

[58] É vasta a jurisprudência da Corte sobre os casos conhecidos na Índia como casos de "reserva" [de vagas ou oportunidades]. Para uma introdução, ver *Indra Sawhney vs. Índia*, AIR 1993 SC 477; AIR 2000 SC 498; *Deepak Sibal vs. Universidade de Punjab*, AIR 1989 SC 903; *Estado de Kerala vs. Thomas* (1976) SC 490; *Chitra Gosh vs. Índia*, AIR 1970 SC 35. Para uma avaliação equilibrada do trabalho da Corte, ver Marc Galanter, *Competing Equalities* (Berkeley: University of California Press, 1984).
[59] *Da regulamentação do aborto*, Decisão 64/1991.

exerçam seus poderes de controle de constitucionalidade dentro de uma estrutura criada pela proporcionalidade tem origem no modo pelo qual os tribunais de fato realizam esse trabalho, poder-se-ia afirmar que a teoria, em seu conjunto, se apoia em alicerces muito instáveis. É como tentar extrair o "dever-ser" do "ser": algo cuja impossibilidade os filósofos vêm tentando demonstrar ao mundo há séculos. Entretanto, o princípio da proporcionalidade e a teoria de controle judicial de constitucionalidade que ele propõe não são produtos de um raciocínio "naturalista". Muito embora, em *nossa* pesquisa, *nós* tenhamos descoberto o princípio embutido na jurisprudência, não foi esse o método seguido pelos tribunais. Para os juízes, a proporcionalidade é fundada nas palavras, na estrutura e nos propósitos do texto constitucional, não na jurisprudência que eles escrevem. A lição ensinada pelos casos é que a proporcionalidade é parte inalienável e imutável de toda Constituição. Ela permite, como vimos, que os direitos e a democracia prosperem ao mesmo tempo. Como guardiões da Constituição, os juízes têm o dever de assegurar que os direitos e liberdades garantidos obtenham a máxima proteção possível. Em termos lógicos, jurídicos e morais, eles não têm outra escolha[60]. A proporcionalidade tem prioridade sobre todos os modelos concorrentes porque é capaz de conciliar a democracia e os direitos de maneira que se otimizem os dois[61]. Somente a proporcionalidade pode garantir que a Constituição realize o melhor de suas possibilidades. Nenhum dos outros princípios nem ao menos chega perto.

---

[60] Ver G. Vlastos, "Justice and Equality", *in* R. Brandt, *Social Justice* (Englewood Cliffs, NJ: Prentice Hall, 1962), 31.
[61] Robert Alexy, alemão teórico do Direito, salientou em sua obra, citada na nota 19, a natureza otimizante da proporcionalidade, assim como o Tribunal Constitucional da Alemanha fez em sua definição do princípio da "concordância prática", que emprega em casos de liberdade religiosa, como vimos no Capítulo 2, 44-9.

5. A proporcionalidade e as escolas particulares

Quando é aquilatado à luz dos critérios convencionais da teoria constitucional, o modelo de atividade judicial constitucional construído pelos juízes em torno do princípio de proporcionalidade fornece um argumento muito forte em favor da prática do controle judicial de constitucionalidade. No entanto, por poderoso que seja, esse modelo pode não despertar simpatia naqueles que o consideram estranho à sua cultura política e jurídica. Nos Estados Unidos, por exemplo, o simples ato de pedir aos juízes (para não mencionar os acadêmicos do direito) que deixem de procurar interpretar um texto escrito, os fatos do passado e/ou os pareceres dos que os precederam na Corte é considerado por alguns como uma atitude francamente antiamericana. Para esses, a ideia de a Suprema Corte adotar a regra de submeter cada caso a um "exame rigoroso" equivaleria a uma revolução jurídica. O abandono súbito daquelas que são universalmente aceitas como as pedras angulares do direito constitucional dos Estados Unidos está além da imaginação jurídica dos norte-americanos.

Para superar tal ceticismo e xenofobia, há duas soluções possíveis. Podemos continuar analisando os casos internacionais na esperança de que, quanto maior nossa familiaridade com a jurisprudência comparativa, menos estranha parecerá a doutrina da proporcionalidade. A outra opção é refletir sobre o que um grupo de filósofos, acadêmicos do direito e juízes, conhecidos como pragmáticos, vem afirmando sobre o direito nos Estados Unidos nos últimos cem anos. Todo juiz que adotar uma dessas opções ou ambas de maneira conscienciosa e de boa fé deverá, mais cedo ou mais tarde, perceber que a ideia central do Estado de direito é uma ideia universal, não local.

Os que preferem aferrar-se à jurisprudência enfrentam o conhecido problema de decidir qual volume da série de casos registrados devem tirar da estante. As possibilidades são ilimitadas. Muitos dos direitos e liberdades mais importantes – expressão, associação, privacidade – permanecem inexplorados. Mesmo antes de nos lançarmos em novos territórios, há inúmeros casos particularmente interessantes que suscitam ao mesmo tempo questões de liberdade religiosa, discriminação sexual e direitos sociais e econômicos. Essa jurisprudência, que perpassa as três áreas que estudamos, está repleta de casos importantes: advogados[62] e contadores[63] que tiveram negado o direito ao trabalho em virtude de suas práticas religiosas; moças muçulmanas impedidas de frequentar escolas públicas com a cabeça coberta pelo lenço[64]; organizações religiosas que se recusam a permitir às pessoas que não compartilham da sua fé[65] ou das mesmas ideias sobre a definição do pecado[66] que trabalhem em seus hospitais ou escolas. A lista poderia estender-se indefinidamente.

Neste estágio de nossa investigação, já não há mais tempo para embarcar em outro exame importante de novos casos. Já assimilamos jurisprudência suficiente para um único volume. Entretanto, antes de fechar os livros, há um tema não extenso, mas importante – o financiamento de escolas particulares (em geral confessionais) pelo governo – que suscita questões sobre liberdade religiosa, igualdade e direitos positivos dignas de uma última e breve consideração. A responsabilidade do Estado pelo finan-

---

[62] *Prince* vs. *Presidente da Cape Law Society* [2002] 2 SA 795; [2002] 12 BHRC 1 (SACC); *Re Chichwe* [1995] 2 LRC 93 (ZSC).

[63] *Thlimmenos* vs. *Grécia* (2002) 31 EHRR 411.

[64] Ver S. Poulter, "Muslim Headscarves in School: Contrasting Legal Approaches in England and France" (1997) 17 Oxford Journal of Legal Studies 43; ver também *Sumayyah Mohammed* vs. *Moraine* [1996] 3 LRC 475 (T e THC); *X* vs. *Cantão de Genebra* 1997 BGE 123 I 296.

[65] *Corporation of Presiding Bishop of Church of Jesus Christ of Latter Day Saints* vs. *Amos* (1987) 483 US 327.

[66] *Vriend* vs. *Alberta* [1998] 1 SCR 493 ; (1998) 156 DLR (4º) 385.

ciamento da educação de indivíduos que se recusam a frequentar as escolas públicas envolve as três áreas examinadas da jurisprudência e continua sendo um tema polêmico em muitas partes do mundo. Os casos também nos permitem ver como os juízes se comportam quando as reivindicações de assistência do Estado são apresentadas em nome de uma coletividade ou de um grupo e, desse modo, proporcionam um tema adequado com o qual podemos concluir nosso estudo da jurisprudência.

A jurisprudência acerca do direito das minorias religiosas e outras de exigir assistência do Estado para a construção e o funcionamento de suas próprias escolas é, como tudo o que já vimos, rica e reveladora. Numa extremidade do espectro, o Tribunal Constitucional da Hungria decidiu que o Estado deve financiar escolas particulares "na proporção em que elas cumprem os programas do Estado"[67]. A decisão húngara, que exige a cooperação entre Igreja e Estado quando os interesses de ambos se sobrepõem, é seguida pela maioria dos Estados da Europa ocidental e central. Na Alemanha e no Japão, o financiamento do governo é considerado dever constitucional[68]. No outro extremo, a Suprema Corte dos Estados Unidos, privilegiando sua metodologia histórica e doutrinária, tem assumido tradicionalmente a posição de que não apenas a maior parte do auxílio público não é obrigatória, mas também nem sequer é permitida[69]. O Canadá, onde

---

[67] *Caso da restituição da propriedade da igreja*. Decisão 4/93 (1994) 1 EECR 57; também reproduzido em Sólyom e Brunner, *Constitutional Judiciary*, 246.
[68] John E. Coons, "Educational Choice and the Courts" (1986) 34 Am. J Comp Law 1.
[69] *Everson* vs. *Conselho de Educação*, 330 US 1, 15 (1946), por Hugo Black, "Nenhum dos dois [nem o Congresso Nacional nem o governo de um estado] pode aprovar leis que ajudem uma religião, todas as religiões ou prefiram uma religião a outra." Em tempos mais recentes, a Corte tem sido menos categórica em sua forma de pensar, e aprovaram-se várias formas de auxílio governamental que beneficiam indiretamente as escolas religiosas. Ver, por exemplo, *Agostini* vs. *Felton* (1997) 521 US 203; *Zelman* vs. *Simmons-Harris* (2002) 122 S. Ct. 2460.

é permitido oferecer assistência, mas não exigi-la, situa-se num ponto intermediário[70].

Ninguém foi mais tentado a delimitar tão nitidamente as esferas da Igreja e do Estado quanto os norte-americanos, e não é difícil perceber por quê. A abordagem húngara garante mais liberdade religiosa, mais soberania popular e, em última análise, menos política judicial no julgamento dessa questão tão controversa e difícil. A liberdade religiosa é obviamente aprimorada sempre que a regra do financiamento proporcional prevalece. Todos recebem o mesmo subsídio do governo para a educação de seus filhos. Os pais que desejam matricular seus filhos em escolas que reflitam suas ideias religiosas podem fazer isso sem ter de arcar com taxas especiais. Em compensação, os estadunidenses e muitos canadenses que acreditam que educação e religião não devem ser separadas são obrigados a sustentar um sistema escolar que lhes é ofensivo. Têm de pagar duas vezes – como uma multa – por causa da fé que professam. Primeiro, têm de arcar com todos os custos da educação de seus filhos e, além disso, têm de pagar os impostos para sustentar o sistema público secular que não podem, com a consciência limpa, utilizar[71].

A democracia e a soberania popular também são beneficiadas quando se foge ao modelo norte-americano. A norma tradicional norte-americana e as teorias tradicionais que insistem em limitar ao máximo o contato entre Igreja e Estado impõem restrições consideráveis aos tipos e ao caráter das leis que o povo pode aprovar. Em razão do modo com que a Suprema Corte dos

---

[70] *Adler* vs. *Ontário* (1996) 140 D.L.R. (4º) 385; *Waldman* vs. *Canadá*, Comitê de Direitos Humanos da ONU, Comunicação II 694/1996, 29/02/96 § 9:2.
[71] M. McConnell, "The Selective Funding Problem: Abortions and Religious Schools" (1991) 104 Harv. L Rev. 989.

Estados Unidos interpretou a Primeira Emenda, os norte-americanos não puderam moldar suas instituições públicas mais importantes de acordo com suas convicções mais profundas e cruciais. O princípio da proporcionalidade, ao contrário, dá a toda sociedade ampla liberdade para decidir com autonomia o tipo de relação entre ensino e religião que melhor se ajuste a seus valores e circunstâncias. Esse princípio também admite grande flexibilidade no plano do planejamento político. A única obrigação é garantir que todas as escolas – públicas e privadas – que seguem o currículo e apresentam os programas aprovados pelo Estado sejam financiadas com base nos mesmos critérios. Não há a exigência de que o Estado institua efetivamente escolas que atendam às convicções religiosas de suas minorias nem conceda exatamente o mesmo financiamento que oferece às suas próprias escolas não confessionais. Cada Estado também pode decidir livremente se pagará o subsídio aos estudantes e seus pais ou dará assistência direta às escolas. Ambas as opções têm suas vantagens[72]. Em última análise, cabe ao povo decidir se o que funciona melhor é um programa de direitos individuais ou um programa de direitos que podem ser exigidos pelos grupos enquanto tais. No direito constitucional não há diferença entre os dois. Qualquer que seja a escolha, a única coisa que o Estado não pode fazer é obrigar as pessoas cujas convicções religiosas diferem das da maioria a arcar com um ônus desproporcional na educação de seus filhos[73].

---

[72] M. J. Trebilcock, R. Daniels e M. Thorburn, "Government By Voucher" (2000) 80 Boston UL Rev. 205; M. McConnell, "Multiculturalism, Majoritarianism and Educational Choice..." (1991) U Chic. L Rev. 123; ver também R. Posner, *Law, Pragmatism, and Democracy* (Cambridge, Mass.: Harvard University Press, 2003), 123-4.
[73] *Caso da restituição da propriedade da Igreja.* Cf. *Adler* vs. *Ontário*, segundo o voto divergente de l'Heureux-Dubé.

O princípio do financiamento proporcional não obriga a maioria a fazer concessões no que diz respeito à ambição de promover uma cultura e um sistema de valores comuns à sociedade toda. Muito pelo contrário. Em todos os lugares em que o princípio é aplicado, admite-se que o Estado financie escolas confessionais desde que essas concordem em ministrar o mesmo currículo das escolas públicas. A lógica subjacente ao financiamento proporcional baseia-se na hipótese de que as escolas religiosas forneçam aos seus alunos uma educação consoante com os padrões estabelecidos pelo Estado. Com base no princípio da distribuição equitativa, se as escolas religiosas e seculares realizam essencialmente o mesmo trabalho, nenhuma deve receber tratamento preferencial do Estado.

A Suprema Corte da Índia teve mais oportunidades de pensar sobre os direitos educacionais das minorias religiosas e linguísticas do que a maioria dos tribunais e, apesar de estarem esses direitos explicitamente previstos no texto constitucional[74], a Corte sempre assumiu a posição de que o Estado está autorizado a estabelecer condições razoáveis para a utilização dos financiamentos que é obrigado a realizar. De acordo com os juízes de Déli, o Estado não só pode insistir que as instituições de ensino financiadas "mantenham e facilitem a excelência de seus padrões", mas também é autorizado a exigir que seus interesses de combate à intolerância e ao fanatismo na sociedade indiana se reflitam também nas políticas de admissão. Assim, por exemplo, num julgamento memorável, a Corte insistiu que, embora as minorias religiosas tenham o direito de preservar o caráter religioso de suas escolas e reservar 50% de suas vagas aos membros de

---

[74] O artigo 30 (1) prevê que todas as minorias religiosas ou linguísticas têm o direito de estabelecer e administrar instituições escolares de sua escolha, *in* Blaustein e Flanz, *Constitutions of the World*.

suas comunidades, a outra metade dos estudantes teria de provir da sociedade em geral, a fim de garantir que as escolas confessionais não constituíssem uma ameaça ao caráter secular e pluralista do Estado[75].

Se examinassem a questão do subsídio público a escolas religiosas, os economistas definiriam o financiamento proporcional como um método "Pareto-superior" de conciliar o interesse secular do Estado, de garantir que as crianças obtenham uma educação adequada, com os imperativos religiosos de grupos que procuram seguir os preceitos mais importantes de sua fé. Há muitas provas de que o financiamento proporcional é capaz de fazer tudo o que uma regra de separação rígida pode fazer, e mais um pouco. O Estado pode realizar ao mesmo tempo todos os objetivos de seu sistema de educação e apoiar a liberdade das minorias religiosas. O fato de que na Holanda, um dos países mais tolerantes e com maior nível de educação formal da Europa, mais alunos frequentam escolas particulares com financiamento público (normalmente confessionais) do que as geridas pelo Estado desmente a alegação de que os valores da sociedade só podem ser transmitidos em escolas comuns que todos são obrigados a frequentar[76]. No Canadá, não há diferenças perceptíveis nos níveis de tolerância e nos padrões de excelência entre as províncias (aproximadamente a metade) do país que têm financiamento do Estado para as escolas confessionais e as que não têm[77]. Estudos nos Estados Unidos confirmam que as escolas religiosas podem

---

[75] *St. Stephen's College* vs. *Universidade de Nova Déli* AIR 1992 SC 1630; (1991) Supp. 3 SCR 121.
[76] John E. Coons, "Educational Choice and the Courts".
[77] Aspecto enfatizado por Claire L'Heureux-Dubé em seu voto divergente em *Adler* vs. *Ontário*, e convenientemente ignorado pela maioria na decisão contrária à exigência de igual tratamento por parte do Estado no que concerne ao financiamento de suas escolas.

ser tão bem-sucedidas no empenho de obter excelência acadêmica e de inculcar valores de tolerância e respeito pelos outros quanto as escolas públicas seculares[78].

Além de dar mais apoio à liberdade religiosa e reconhecer autoridade mais ampla para a democracia do que a tentativa de cortar todos os vínculos entre Igreja e Estado, a regra de financiamento proporcional também é menos vulnerável à política judiciária. Em comparação, a abordagem dos Estados Unidos, que procura manter a maior separação possível entre Igreja e Estado, é integralmente parcial e partidária de um único ponto de vista. Privilegia os valores seculares e assimilacionistas em detrimento do anseio dos grupos religiosos por organizar suas comunidades em torno dos dogmas mais importantes de sua fé. De acordo com tudo o que observamos no Capítulo 2, a abordagem norte-americana implica que a questão da legitimidade do auxílio do Estado a escolas religiosas é respondida de acordo com a filosofia política de cada juiz.

Ao contrário, o financiamento proporcional permanece escrupulosamente neutro com relação às filosofias pedagógicas conflitantes das maiorias seculares e das minorias religiosas. Como todo dever positivo que o Estado tem para com seu povo, sua obrigação de financiar a educação pode ser derivada de qualquer direito tradicional. O financiamento proporcional decorre logicamente das garantias canônicas de liberdade e igualdade. Mesmo na Hungria, cuja Constituição prevê explicitamente a separação entre Igreja e Estado, entende-se que a liberdade religiosa não se limita a garantir a não interferência. O Tribunal Constitucional da Hungria, assim como o da Alemanha e a Suprema Corte do Japão, considera que a liberdade religiosa deve ser in-

---

[78] McConnell, "The Selective Funding Problem", 1004, 1013-4.

terpretada de modo que dê a melhor expressão a seus propósitos subjacentes. Dessa perspectiva, o Estado deixa de honrar suas obrigações constitucionais quando não garante as condições necessárias para que a liberdade religiosa tenha efeito. Como salientou László Sólyom, o primeiro presidente do Tribunal Constitucional da Hungria, não há neutralidade numa política de passividade e inatividade[79].

Recusar a dar os mesmos subsídios (proporcionais) às escolas seculares e às religiosas que cumprem os requisitos gerais estabelecidos pelo Estado é uma injustiça flagrante, indefensável. O tratamento diferencial aos dois tipos de escolas constitui séria injustiça para com os que favorecem a integração entre religião e educação, e não a separação delas. Além disso, é errado achar que as pessoas desejosas de educar seus filhos em escolas que reflitam seus valores religiosos não são discriminadas porque têm a mesma (isto é, igual) oportunidade, como todos os demais, de se beneficiar de todo e qualquer programa educacional oferecido pelo Estado. É falso dizer que a reivindicação delas – auxílio a suas escolas – é na verdade uma exigência de algo "extra"[80]. Como descrição fática da opinião que a sociedade tem sobre as escolas seculares comuns, essa afirmação simplesmente não é verdadeira. O fato é que as escolas seculares não oferecem as mesmas oportunidades para todos. Dependendo da natureza e da medida da fé religiosa do indivíduo, as escolas seculares sustentadas com o dinheiro público apresentam oportunidades radicalmente diversas. Os republicanos e os socialistas cívicos podem amá-las, mas os

---

[79] *Caso da restituição da propriedade da Igreja*; Cass Sunstein – que considera possível justificar com outros fundamentos a doutrina americana – também tende a aceitar essa conclusão. Ver Cass Sunstein, *The Partial Constitution* (Cambridge, Mass.: Harvard University Press, 1995), 307, 317, 341.
[80] W. Sadurski, *Moral Pluralism and Legal Neutrality* (Dordrecht: Kluwer, 1990), 184-5.

que acreditam que a religião deve ter papel importante na educação de seus filhos não veem as escolas seculares como um bem. Para esses, elas são ruins, algo a ser evitado a todo custo.

Afirmar que todas as pessoas recebem igual tratamento porque as escolas públicas seculares são formalmente abertas a todos é negar o respeito devido aos que consideram a religião parte importante de tudo o que fazem. Como em todos os outros casos estudados até aqui, para manter a neutralidade, os juízes devem aceitar as melhores avaliações fatuais sobre como as pessoas mais afetadas se sentem com relação à lei ou ato do Estado impugnados. Substituir a avaliação concreta dos envolvidos por uma análise única e universal das escolas seculares constitui uma intromissão ilegítima da política naquilo que pertence ao domínio do direito. Repete o erro cometido por Anthony Kennedy no primeiro caso que lemos[81]. No aspecto empírico, equivale a reescrever os fatos por atacado. Do ponto de vista moral, considera indigna de respeito a opinião daqueles que alegam não receber do Estado um tratamento justo.

Ao considerar a questão do direito da população de reivindicar a assistência do Estado para a educação de seus filhos, somos levados de volta ao ponto de partida. Quer se analise o problema do financiamento a instituições de ensino como uma questão de liberdade religiosa, quer de discriminação, quer de direitos positivos, a resposta é a mesma. Mais uma vez, observamos que os tribunais dão as melhores respostas quando tomam a proporcionalidade como critério decisivo da legitimidade da atividade do Estado e se atêm aos fatos do caso. Para alguns, isso indica que é hora de voltar à biblioteca e decidir qual volume da série de casos relatados deve-se ler em seguida. Para outros, entretanto, não é de

---

[81] *Lee* vs. *Weisman* (1992) 505 US 577, Capítulo 2, aqui, pp. 30-40.

mais casos que precisamos. Muitos acreditam que, não obstante a semelhança entre a jurisprudência de dois países, a *legitimidade* de todo sistema de julgamento, e especialmente do controle judicial de constitucionalidade, é específica de cada sociedade[82]. Estes pertencem à escola segundo a qual o modo e a substância do raciocínio jurídico em todo país variam com sua história e suas tradições particulares e não se pode esperar que abarquem ideias e conceitos estrangeiros a seu modo de pensar. Para os norte-americanos desse grupo, por mais que a jurisprudência demonstre a superioridade da proporcionalidade sobre as teorias concorrentes, ela também destaca seu caráter estranho ao modo pelo qual os norte-americanos concebem e praticam o direito constitucional. O fato de os Estados Unidos novamente se excluírem só confirma a tendência deles de achar que a proporcionalidade não tem vez no controle judicial de constitucionalidade do país.

Pensar assim é natural, e mesmo compreensível, mas, ao final, é um erro. A proporcionalidade tem mais vínculos com o direito norte-americano do que normalmente se considera. O próprio termo faz parte dos critérios canônicos da Corte quando submete ao controle de constitucionalidade os remédios legais aprovados de acordo com o parágrafo 5º da Décima Quarta Emenda[83] e quando avalia se uma pena qualquer é "cruel e não habitual" e, portanto, se viola a Oitava Emenda[84]. Ademais, a

---

[82] Ver, por exemplo, Steven Burton, *An Introduction to Law and Legal Reasoning* (Boston: Little, Brown, 1985), cap. 10. Ver também Philip Bobbitt, *Constitutional Fate* (Nova York: Oxford University Press, 1982); *Antonin Scalia em Prinz* vs. *Estados Unidos* (1997) 521 US 898, 921 n 11; *Thompson* vs. *Oklahoma* (1988) 487 US 815, 868. Cf. M. Tushnet, "The Possibilities of Comparative Constitutional Law" (1999) 108 Yale LJ 1225; Vicki Jackson, "Narratives of Federalism: of Continuities and Comparative Constitutional Experience" (2001) 51 Duke LJ 223.

[83] *Cidade de Boerne* vs. *Flores* (1997) 521 US 507.

[84] *Lockyer* vs. *Andrade* (2003) 123 S Ct. 1166; *Ewing* vs. *Califórnia* (2003) 123 S Ct. 1179.

Corte usa a mesma estrutura básica de análise sempre que submete a um "exame rigoroso" os fins, meios e efeitos de uma lei submetida ao controle de constitucionalidade[85]. A proporcionalidade é também, cada vez mais, objeto de comentário particular de juízes e acadêmicos[86]. E, talvez o mais importante, sua metodologia pragmática tem raízes profundas e distintas no passado jurídico dos Estados Unidos.

6. Proporcionalidade e pragmatismo

Como demonstrou a jurisprudência examinada neste e nos últimos três capítulos, a proporcionalidade transforma o controle judicial de constitucionalidade de um exercício interpretativo em que se atribui significado às palavras de um texto constitucional numa investigação de fatos muito bem centrada nos efeitos positivos e negativos de atos específicos do Estado. Os casos são decididos com base em seus próprios méritos, um de cada vez, e não em definições categóricas reveladas pela exegese textual. Ao orientar os juízes a realizar investigações práticas e fatuais sobre atividades específicas do Estado, a proporcionalidade reflete uma concepção pragmática do direito, que teve nos Estados Unidos uma

---

[85] Tribe, *American Constitutional Law*. O vínculo estreito entre o exame rigoroso e a proporcionalidade é especialmente evidente na jurisprudência de ação afirmativa da Corte. Ver, por exemplo, *Grutter vs. Bollinger* (2003) 123 S. Ct. 2325. A principal diferença entre os dois é que, nos âmbitos onde a proporcionalidade em geral permite aos representantes eleitos do povo determinar os objetivos e ambições de suas comunidades, o exame rigoroso restringe gravemente as metas que os legisladores podem legitimamente buscar realizar.

[86] Ver, por exemplo, *Nixon vs. Shrink Missouri Government PAC* (2000) 528 US 897, por Breyer J; Vicki Jackson, "Ambivalent Resistance and Comparative Constitutionalism: Opening up the Conversation on 'Proporcionality' Rights and Federalism" (1999) 1 U Pa. J Const. 583; P. Gerwitz e J. Cogan (orgs.), *Global Constitutionalism* (New Haven: Yale Law School, 2001), Parte IV. Ver também Richard Posner, *The Problematics of Moral and Legal Theory* (Cambridge, Mass.: Harvard University Press, 1999), 258.

história longa e influente. Na verdade, o pragmatismo pode, com justiça, ser concebido como uma tradição filosófica criada nos Estados Unidos e própria desse país. Seus juristas mais famosos, entre eles Oliver Wendell Holmes, Benjamin Cardozo e Richard Posner, se orientaram pelos princípios centrais do pragmatismo acerca de como deve ser realizada a tarefa dos juízes[87].

O método de análise que os pragmáticos propõem aos juízes é muito semelhante aos procedimentos que os tribunais seguem quando aplicam o princípio da proporcionalidade para distinguir entre os atos legítimos do poder do Estado e os ilegítimos. "Pensar nas coisas, não nas palavras" é a célebre expressão de Holmes proferida em 1899 num discurso para a Ordem dos Advogados do estado de Nova York[88]. É uma filosofia do direito cética em relação às teorias grandiosas. Pragmáticos como Holmes visam ao objetivo mais modesto de encontrar a melhor solução possível para cada caso[89]. Para John Dewey, um dos primeiros papas do pragmatismo nos Estados Unidos, a lógica do direito não é um processo que envolve conceitos formais e demonstrações rígidas, mas sim um meio de "chegar a decisões inteligentes em situações concretas"[90]. Cardozo – outro grande jurista pragmático norte-americano – certa vez escreveu que o bem-estar da sociedade é

---

[87] Robert Summers, *Instrumentalism and American Legal Theory* (Ithaca: Cornell University Press, 1982). Embora seja característico dos juristas pragmáticos refletir sobre seu entendimento do direito em escritos extrajudiciais, não há dúvida de que o mais produtivo deles é Richard Posner. Ver, por exemplo, *Law, Pragmatism and Democracy*; *Problematics of Moral and Legal Theory*, cap. 4; *Overcoming Law* (Cambridge, Mass.: Harvard University Press, 1995), cap. 19; *The Problems of Jurisprudence* (Cambridge, Mass.: Harvard University Press, 1990), cap. 15. Para uma agradável introdução à história do início do pragmatismo nos Estados Unidos, ver L. Menand, *The Metaphysical Club* (Nova York: Farrar, Straus, & Giroux, 2001).

[88] O. W. Holmes, "Law in Science and Science in Law" (1899) 12 Harv. L Rev. 443, 460.

[89] Summers, *Instrumentalism and American Legal Theory*, 45; Posner, *Law, Pragmatism and Democracy*, cap. 2.

[90] John Dewey, "Logical Method and the Law" (1925) 10 Cornell L Quarterly 17, 21.

a "razão final" do direito[91]. Para ele, o importante era a meta a ser alcançada, e não o ponto de origem.

A concepção que os pragmáticos têm acerca dos princípios jurídicos que os juízes empregam para decidir casos cai como uma luva na proporcionalidade. Dewey definiu os princípios gerais como os "meios de investigação, análise e compreensão intelectual dos fatores da situação concreta a ser resolvida"[92]. Holmes os considerava "instrumentos de investigação", "premissas intermediárias"[93] concebidas como ajudas práticas para conduzir os juízes a decisões sólidas e voltadas ao bem do interesse público. Como vimos, esse é precisamente o papel que a proporcionalidade desempenhou na defesa da liberdade religiosa, no combate e na prevenção da discriminação sexual e na garantia a todos de um grau razoável de bem-estar. Como todos os princípios jurídicos sancionados pelos pragmáticos, a proporcionalidade direciona, mas não substitui a avaliação atenta e minuciosa dos fatos[94].

Assim como o princípio da proporcionalidade pode gerar, dependendo do lugar onde a pergunta é feita, respostas muito diversas a questões como o direito das mulheres de fazer aborto, também os pragmáticos acreditam que todos os julgamentos são contextuais, contingentes e relativos às circunstâncias particulares em que se realizam. O pragmatismo, assim como a proporcionalidade, privilegia o ponto de vista daqueles que de fato constituem as partes interessadas na disputa[95]. Na prática, tanto os propósitos quanto os objetivos são avaliados em relação a seus

---

[91] Benjamin Cardozo, *The Nature of the Judicial Process* (New Haven: Yale University Press, 1921), 66.
[92] Dewey, "Logical Method and the Law", 26.
[93] Thomas Grey, "Holmes and Legal Pragmatism" (1989) 41 Stanford L Rev. 787, 819.
[94] Posner, *Law, Pragmatism and Democracy*, 75.
[95] Summers, *Instrumentalism and American Legal Theory*, Introdução; Thomas Grey, "Freestanding Legal Pragmatism" (1996) 18 Cardozo L Rev. 21, 30-3.

meios e efeitos, e não se são, de acordo com algum valor supremo qualquer, intrinsecamente bons ou maus[96].

Os juízes norte-americanos que raciocinam de forma pragmática não devem apenas ter familiaridade com o princípio da proporcionalidade e sentir-se relativamente à vontade com ele. Deve-lhes ser evidente que a teoria pragmática da atividade judicial é mais forte com o princípio da proporcionalidade do que sem ele. A proporcionalidade oferece uma resposta aos críticos que, como Dworkin, rejeitam o "mantra" do pragmatismo, de que é preciso "se concentrar nos fatos", considerando-o vazio e inútil porque não determina aos juízes quais são os fatos importantes e, por conseguinte, permite-lhes fazer o que *eles* consideram melhor[97].

Para responder à acusação de ausência de princípios, consideremos o que os pragmáticos diriam de *Lochner*[98], *Brown* vs. *Conselho de Educação*[99] e *Roe* vs. *Wade*[100] se incorporassem a proporcionalidade ao vocabulário deles. Poderiam apresentar argumentos mais sólidos e menos políticos, diferentes de todos os apresentados até hoje, sobre as três decisões consideradas de longe as mais importantes da Suprema Corte dos Estados Unidos no século XX. Em geral (mas nem sempre), as divergências de opinião entre os teóricos constitucionais quanto à qualidade das decisões da Corte sobre o direito de trabalhar, de frequentar escolas integradas e de recorrer ao aborto se distribuíram de acordo com

---

[96] Posner, *Law, Pragmatism and Democracy*; Thomas Grey, "Holmes and Legal Pragmatism", 189, 798-805. Evidentemente, em termos filosóficos, o pragmatismo avalia o comportamento humano à luz de um ideal de liberdade igual para todos.
[97] Dworkin, *Law's Empire*, cap. 5; "Reply" (1997) 29 Ariz. St. LJ 431.
[98] *Lochner* vs. *NY* (1905) 198 US 45.
[99] *Brown* vs. *Conselho de Educação*.
[100] *Roe* vs. *Wade* (1973) 410 US 113.

as linhas partidárias[101]. Liberais como Dworkin costumam detestar *Lochner*, porque esse caso diz que o povo não tem o direito de legislar sobre padrões trabalhistas básicos; e adoram *Brown* e *Roe*, porque essas decisões fomentam a emancipação dos negros e das mulheres[102]. Os conservadores, assim como os liberais (e praticamente todo o mundo), aplaudem a decisão da Corte em *Brown*, mas têm ideias diferentes sobre *Lochner* e *Roe*. Os conservadores não têm dificuldade para se identificar com a defesa dos valores de livre mercado em *Lochner*, mas acreditam que em *Roe* a Corte abusou de seus poderes ao tomar partido no debate sobre o aborto e impor seus valores ao país[103].

A proporcionalidade oferece um meio de superar o partidarismo que impregna grande parte do que foi escrito sobre essas três grandes referências do direito constitucional norte-americano. Em vez de verificar se os casos foram resolvidos de forma considerada politicamente correta, os pragmáticos, observando-os através das lentes da proporcionalidade, diriam que a Corte acertou nos três. Da perspectiva de um pragmático, em cada uma dessas ocasiões, em que o país consultou os magistrados sobre as questões mais polêmicas e mais desafiadoras do momento, a grande maioria deles se manteve fiel à Constituição e à essência do Estado de direito[104].

---

[101] Entre as exceções notáveis estão a crítica de Wechsler a *Brown* vs. *Conselho de Educação* em "Toward Neutral Principles"; o ataque de John Ely à decisão da Corte em *Roe* vs. *Wade* – "The Wages of Crying Wolf..." (1973) 82 Yale LJ 920; e a condenação de Robert Bork a *Lochner* em *Tempting of America*, 46-9, 158.

[102] Dworkin, *Law's Empire*, 374-6, 397-9; *Life's Dominion*, 102-17, 168-72; *Freedom's Law*, cap. 3.

[103] Ver, por exemplo, Richard Epstein, "Toward a Revitalization of the Contract Clause" (1980) 51 U Chic. L Rev. 732; Bernard H. Siegan, "Constitutional Protection of Property and Economic Rights", 29 San Diego L Rev. (1992) 161; Bork, *Tempting of America*, 74-84, 112-6.

[104] Ironicamente, Holmes, que redigiu um voto divergente em *Lochner* ((1904) 198 US 45), nem sempre esteve entre eles.

Tendo em mãos o princípio da proporcionalidade, os pragmáticos podem propor uma compreensão desses três casos, provavelmente os mais influentes em todo o direito constitucional norte-americano, que os contempla pelo melhor ângulo[105]. Como vimos no capítulo anterior, a proporcionalidade pode produzir a completa redenção de *Lochner*. Se se tratava, como davam a entender as provas[106], de um caso afrontoso de conluio e tráfico de influência por parte dos grandes empresários e dos trabalhadores organizados para conseguir o apoio de seus aliados políticos a fim de expulsar do mercado os concorrentes menos poderosos (politicamente), então, pelo critério da distribuição equitativa, a restrição ao número de horas que os empregados podiam trabalhar numa padaria era, com efeito, um erro muito grave. Ao contrário de outras leis trabalhistas anteriores apoiadas pela Corte, a lei submetida ao controle de constitucionalidade em *Lochner* era de fato retrógrada e perversa[107]. Independentemente de ser de esquerda ou de direita, se o ato do Poder Legislativo de Albany fora fruto de uma conspiração política, ele foi um abuso de poder que jamais deveria ter sido sancionado como lei válida.

Em *Brown* vs. *Conselho de Educação*, a proporcionalidade supre o princípio que Herbert Wechsler considerava faltar à decisão da Corte. Fornece uma base neutra sobre a qual o conflito de liberdades (de associação) de negros e brancos pode ser resolvido do modo proposto pela Corte. O erro de Wechsler foi pensar que os direitos de associação dos dois grupos eram absolutamente os

---

[105] John Hart Ely, que considera erradas as decisões de *Lochner* e *Roe*, sem dúvidas os apresenta pelo pior aspecto: ver nota 51 deste capítulo.

[106] Richard Epstein, "The Mistakes of 1937" (1988) 11 Geo. Mason UL Rev. 517.

[107] Para proveitosas discussões sobre a abordagem geral da Corte à legislação trabalhista e empregatícia, ver Epstein, *ibid.*, e David Currie, "The Constitution in the Supreme Court: The Protection of Economic Interests 1889-1910" (1985) 52 U Chic. L Rev. 324, 381-2.

mesmos. Como questão fática, do ponto de vista das partes, não eram. Precisamente em razão dos profundos males psicológicos que inflige, a segregação forçada é muito mais destrutiva para a liberdade humana do que a integração forçada. Dizer às crianças negras que não podem estudar nas mesmas escolas que os alunos brancos é uma atitude brutalmente ofensiva à dignidade e à autoestima delas, muito pior que obrigar os brancos a partilhar suas salas de aula. É possível que os segregacionistas se sintam muito ofendidos por terem de se misturar a pessoas com quem não querem ter nenhum tipo de contato, mas a estatura e o *status* deles na sociedade não é diminuído com essa integração forçada. Embora a decisão da Corte de acabar com a segregação nas escolas públicas dos Estados Unidos "com toda a rapidez e prudência" favorecesse o direito (positivo) de associação dos afro-americanos em detrimento dos direitos (negativos) dos brancos que se opunham a toda e qualquer espécie de convivência inter-racial, o princípio da proporcionalidade explica de forma racional e justa por que as liberdades conflitantes tinham de ser assim priorizadas. Enquanto *Plessy* vs. *Ferguson*[108], precedente desbancado por *Brown*, rejeitava a alegação de que a segregação era aviltante para os negros, argumentando que isso só se verificaria se eles preferissem considerá-la por esse ângulo (um exemplo muito antigo de tribunal "culpando a vítima"), a proporcionalidade entende que é justamente porque os negros tinham essa reação que tinham o direito de ganhar a causa.

    Roe vs. *Wade*, a terceira decisão crucial do século XX, é considerada por muitos a pior que a Suprema Corte dos Estados Unidos já proferiu. Para esses críticos, quando a Corte decidiu que o Estado deve respeitar a liberdade de a mulher decidir interromper

---

[108] (1896) 163 US 537, 551.

a gravidez, pelo menos nos primeiros meses após a concepção, consentiu no assassínio em massa de crianças ainda não nascidas. Mesmo entre os que gostaram do resultado, alguns condenam o julgamento por considerá-lo mais produto de política judicial que de exigência da lei[109]. Observada através das lentes da proporcionalidade, entretanto, a solução "trimestral" da Corte se mostra como uma avaliação isenta e imparcial das ideias conflitantes acerca da vida que colidiam no caso. As evidências fatuais destacadas pela Corte demonstraram que nenhum estado dos Estados Unidos jamais reconhecera que o feto tem os mesmos direitos e a mesma condição jurídica das pessoas já nascidas. Em grande parte da história dos Estados Unidos, o aborto foi legal e, mesmo quando ilegal, nunca recebeu punição tão severa quanto a que se aplica em caso de homicídio. Tampouco, como assinalou William Douglas, nenhum estado emitiu atestado de óbito para fetos de aborto espontâneo, mesmo quando eram plenamente desenvolvidos e capazes de sobreviver[110].

Diante da evidência incontestedeque a vida do feto jamais recebera o mesmo *status* jurídico de uma pessoa nascida, a Corte agiria errado se impusesse às mulheres sua definição própria e mais rígida de vida humana. Ao definir o significado de vida de acordo com o desenvolvimento biológico do feto, a solução do trimestre mantém ao coerência do Estado com seus próprios padrões. Quando o feto está muito longe de ser aquilo que o Estado trata como uma pessoa humana no sentido jurídico, quando se encontra ainda num estado puramente vegetativo e insensível a todo sentimento, a vida da mulher, para quem um filho indesejado pode resultar em grande sofrimento (inclusive a morte) para

---

[109] Ely, "The Wages of Crying Wolf...".
[110] *Doe vs. Bolton* (1973) 410 US 179, 218.

ela mesma e para a criança, tem prioridade. No outro extremo da gestação, quando apenas alguns dias separam um ato de aborto do infanticídio, o Estado tem todo o direito de tratar como criminoso um comportamento tão desrespeitoso e ofensivo para com a vida humana. A mulher que não age nos primeiros momentos da gravidez, quando os seus interesses têm prioridade, não tem motivos para reclamar. No início, ela detém pleno controle de seu corpo e, quanto mais tempo demora para interromper a gravidez, mais difícil se torna sustentar o argumento da falta de recursos materiais e da infelicidade permanente acarretada pelo nascimento do bebê.

Ao contrário de sua tendência natural, em *Roe* vs. *Wade* a Corte resistiu às soluções categóricas, do tipo tudo ou nada. Assim como a Suprema Corte do Canadá[111] e o Tribunal Constitucional da Hungria[112], não tomou partido acerca da dificílima questão moral de quando se inicia a vida. Ao contrário, concentrou-se nas circunstâncias fáticas e jurídicas do feto e da mulher que não quer dar à luz, e procurou demonstrar igual respeito por ambos. Esse raciocínio permitiu que a Corte propusesse uma solução fiel ao próprio entendimento que o país tinha do problema. Verificado à luz do princípio da proporcionalidade, *Roe* vs. *Wade* acertou. Num país que jamais tratou o feto como dotado do mesmo *status* moral que as pessoas nascidas, nenhum governo tem o direito de obrigar uma mulher a dar à luz uma criança indesejada.

A teoria da proporcionalidade na decisão da Suprema Corte em *Roe* vs. *Wade*, assim como seu entendimento de *Lochner* e *Brown*, é tão norte-americana quanto a torta de maçã. Demonstra que o princípio faz parte do Estado de direito nos Estados Unidos

---

[111] *R.* vs. *Morgentaler* (1988) 44 DLR (4º) 385.
[112] *Da regulamentação do aborto*.

tanto quanto em qualquer outro lugar do mundo. Mostra que, nos momentos realmente importantes da atividade judicial constitucional no século passado, a Suprema Corte dos Estados Unidos prolatou decisões que satisfazem os critérios mais rigorosos de justiça e legitimidade constitucional. Quaisquer que sejam os outros equívocos que possa ter cometido, ou por mais fracas que tenham sido as justificativas para suas decisões, nos momentos mais importantes a Suprema Corte sem dúvida agiu acertadamente.

Os juristas norte-americanos, com sua inclinação para o pragmatismo, deveriam adotar o princípio da proporcionalidade incondicionalmente e sem reservas. A proporcionalidade maximiza as possibilidades do pragmatismo. Ao dirigir os juízes para as provas que melhor descrevem a avaliação que as próprias partes fazem acerca de sua situação, a proporcionalidade motiva aqueles que têm simpatia por um dos lados a ouvir o outro com mais atenção[113]. A proporcionalidade permite aos juízes pragmáticos alcançar um nível de objetividade e imparcialidade maior do que o que obtiveram até aqui[114]. Virar as costas conscientemente para o critério que todas as outras democracias constitucionais consideram o mais importante para distinguir entre leis constitucionais e inconstitucionais seria incoerente com o compromisso pragmático de encontrar a melhor solução em todos os casos e, como se não bastasse, seria antipatriótico. Sempre que um tribunal decide que o governo não precisa provar que os propósitos e efeitos daquilo que propõe fazer são equilibrados e proporcionais, possibilita que alguns ajam de maneira arbitrária e

---

[113] Thomas C. Grey, "What Good is Legal Pragmatism?", *in* M; Brint e W. Weaver (orgs.), *Pragmatism in Law and Society* (Boulder, Colo.: Westview, 1991), cap. 1.
[114] Para uma crítica da teoria pragmática contemporânea, ver Stanley Fish, "Almost Pragmatism: The Jurisprudence of Richard Posner, Richard Rorty and Ronald Dworkin", *in* Brint e Weaver (orgs.), *ibid.*, cap. 3.

abusiva para com outros. Restringindo a área da vida social em que o direito impera, o tribunal rompe com a tradição de Thomas Paine e com o espírito da revolução[115]. Trai uma tradição jurídica em que os mais altos juízes em geral têm demonstrado intensa vigilância toda vez que estão em jogo as liberdades essenciais de trabalhar, procriar e não ser alvo de odiosa discriminação. Num momento em que a maioria dos norte-americanos acredita que o lema "a força faz o direito" é um axioma válido para a resolução de conflitos[116], somente o juiz pragmático pode garantir que o Estado de direito sempre seja soberano na terra que primeiro lhe prestou homenagem.

---

[115] Thomas Paine, *Common Sense, in* B. Kurlick (org.), *Political Writings*, rev. student edn. (Cambridge: Cambridge University Press, 2000), 27-8.
[116] Na verdade, para alguns, a fonte suprema de todo direito. Ver, por exemplo, Posner, *Law, Pragmatism and Democracy*, 260-1.

ÍNDICE REMISSIVO

A

Aborto 7, 10, 13, 29, 53-6, 60, 264, 304-6, 309, 313, 319, 334, 338-40
Ação afirmativa 146-7, 257 n. 106, 319, 85
África do Sul, Tribunal Constitucional da
   direito ao trabalho 235
   direito privado 298
   direitos sociais e econômicos 217, 230-4, 249, 253
   discriminação sexual 175-7
   gays e lésbicas 179, 183
   leis de descanso religioso semanal 113-6
   proporcionalidade 113-8, 295
Aids – HIV 217, 248, 269, 308
Alemanha, Tribunal Constitucional da
   aborto 264
   assistência jurídica 266
   deveres positivos 264-5
   direito ao trabalho 237-40, 264
   discriminação sexual 150-1
   educação 256, 264
   liberdade religiosa 82-9
   proporcionalidade 81-8, 295
   proteção ambiental 283 n. 155
   sodomia 141-2, 179, 185, 194
Anuência do Judiciário aos poderes eleitos do governo
   discriminação sexual 157-60
   fins/meios 77, 112, 135, 167-8, 305-6, 318-9
   originalistas 9-14
   política social e econômica 241-7, 267, 275-7, 284-8
   processualistas 33-7
   proporcionalidade 167, 305, 316-9
   segurança nacional 151, 160-2
Argumento da reação em cadeia 106, 125-6, 159-60, 174-5, 285-6, 311
Assistência jurídica, ver Direitos
Assistência médica, ver Direitos
Austrália, Alta Corte da 295

B

Barak, Aharon 107 n. 50, 105-9, 134, 286, 298 n. 22, 165 n. 28
Bem-estar social, ver Direitos
Blackstone, William 2, 4
Bobbit, Philip 99 n. 48, 163 n. 53, 166

n. 59, 188, 189 n. 100, 296 n. 17,
331 n. 82
Bork, Robert 12 n. 22, 13 nn. 24-6,
19-24, 148 n. 23, 162 n. 47, 52,
244 n. 74, 287, 293, 315 n. 54, 318
n. 56, 336 n. 101
Bundesverfassungsgericht, ver
Alemanha, Tribunal
Constitucional da

C

Canadá, Suprema Corte do
aborto 340
anuência aos poderes eleitos do
governo 111-3, 276
assistência jurídica 265, 280
assistência médica 217
assistência social 248-51, 258
comércio aos domingos 109-113
direito ao trabalho 236, 239
direito privado 298-302
direitos dos *gays* 142, 180-1, 186,
195-7, 209
discriminação sexual 140, 174
educação 256, 271-2, 323-4
proporcionalidade 295
Cardozo, Benjamin 162 n. 47, 333
Casamento entre pessoas do mesmo
sexo, ver *Gays* e lésbicas
Casuística 310
Chaskalson, Arthur 114-6
Cingapura, Tribunal Recursal de 117
n. 61, 130 n. 78

D

Davis, Dennis 228-33
Dewey, John 87 n. 33, 333
Direito privado, disputa entre
particulares 281-4, 298-302
Direitos 214, 218-24
aborto, ver Aborto

assistência jurídica 265-6
assistência médica 7, 215-7, 224-9,
248-9, 251-3
bem-estar social 215-8, 224-5,
248-9, 257-63, 274-5
casamento 7, 31-3, 141-2, 180-93,
313
como deveres 220-2, 231-4,
263-70, 273-5, 278-84, 316-7
educação 215, 224-6, 248-51,
254-7, 270-5
igualdade, ver Discriminação
ir e vir 105-8, 236
isenções religiosas 68-104, 108-13,
121-2
meio ambiente 250-1, 282-3
moradia 7, 215-7, 224-6, 229-33
oração nas escolas 69-104
proporcionalidade 210-3, 310-1,
316-7
que podem ser exigidos por um
grupo 321-33, 325-7
trabalho 233-47, 249-51
vida 249-51, 274, 282-3
Direitos positivos, ver Direitos,
como deveres; Direitos sociais e
econômicos
Direitos sociais e econômicos 6-7,
12-3, 37, 39-45, 53-5, 131, 213-4,
219-34
textos constitucionais 215-8,
223-4
ver também Direitos, educação,
meio ambiente, assistência
médica, moradia, vida, bem-estar
social
Discriminação
de *gays* e lésbicas 14, 18-9, 53-4,
140-4, 179-80; adoção 142, 179,
183, 199, 200 n. 119; casamento
31, 142, 180-193, 207-8; serviço

militar 204-5; sodomia 141-4;
  benefícios do casamento 180-7
  idade 142, 258
  mulheres 19, 44, 148-9, 315-6;
    cidadania 131, 149, 155; serviço
    militar 139, 151-3; escolha da
    profissão 139-140, 150, 153-4,
    166
  religião 17, 114, 126, 234
Dworkin, Ronald 17, 31, 45-61
  aborto 53-5, 60, 67, 318
  analogias 201 n. 121
  controle judicial de
    constitucionalidade 5, 46-60, 71,
    74, 312
  direitos dos *gays* 53-5
  direitos sociais e econômicos 53,
    244 n. 74, 314
  discriminação sexual 315-6
  liberdade religiosa 67-8
  Lochner 335-7
  pena de morte 53-55
  pragmatismo 134 n. 84, 335
  precedentes 49-59, 162 n. 52, 163
    n. 55
  teoria constitucional 46-8

E
Educação, ver Direitos
Ely, John Hart 27-45, 57
  aborto 29
  direitos sociais e econômicos 43 n.
    98, 213, 244 n. 74, 314
  discriminação sexual 28-9, 44, 314
  religião 30, 67, 314
Escolas confessionais, financiamento
  público para 7, 322-30
Escolas particulares 321-31
Estados Unidos da América,
  Suprema Corte dos

aborto 56, 274-5 n. 138, 338-9
assistência jurídica 166, 283
bem-estar social 216-8, 248-51,
  258-60, 273-5
direito ao trabalho 242-7
direito privado 299
discriminação sexual 139, 152,
  155, 159-60, 173, 306
educação 218, 251, 254-5, 275, 323
exame rigoroso 144, 159, 294-7,
  332
gays e lésbicas 54-7, 141-2, 144-5,
  179-89
isenções religiosas 68-79, 90-102,
  110-1
leis de fechamento do comércio
  aos domingos 111
método interpretativo 68-79
oração nas escolas 68-79, 90-102
pragmatismo 88-9, 130
proporcionalidade 294, 331-2
trabalho 235-6, 242-7

F
Finlay, Thomas Aloysius 276
Fish, Stanley 52 n. 128, 89, 341 n. 114
Frankfurter, Felix 76-9, 162 n. 47
Fried, Charles 219 n. 18, 221-3, 262
Fuller, Lon 225-6, 268

G
Gays e lésbicas
  benefícios trabalhistas 179-91,
    193-6
  casamento entre pessoas do
    mesmo sexo 7, 31-3, 141-2,
    180-93, 207-8, 313
  direito de adoção 142, 179, 183
  discriminação, ver Discriminação
  leis de sodomia, ver Sodomia
  serviço militar 204-6

Ginsburg, Ruth Bader 22 n. 42
Goldstone, Richard 175-7
Gonthier, Charles 195-7

H

Habermas, Jürgen 30 n. 61, 38-43, 47-8, 63, 87 n. 33, 308-9
Holmes, Oliver Wendell 8, 23, 131, 333-4, 336 n. 104
Hungria, Tribunal Constitucional da
  aborto 304, 319, 340
  casamento entre pessoas do mesmo sexo 142, 180-1, 188-91
  direito ao trabalho 235-8
  direitos sociais e econômicos 217-8, 248, 259-60
  financiamento público para escolas confessionais 323, 328-9
  proporcionalidade 395
  proteção ambiental 250-1, 282-3
  sodomia 182

I

Igualdade
  ação afirmativa 147, 257 n. 106, 318, 332 n. 85
  discriminação, ver Discriminação
  princípio formal 107, 175, 185-6
  textos constitucionais 147-8, 198-9
Índia, Suprema Corte da
  ação afirmativa 319
  assistência jurídica 266
  direito à vida 250, 281-2
  direito ao trabalho 238-9, 250, 260-1
  discriminação sexual 153-6, 172-73
  educação 218, 256-7, 326-7
  proporcionalidade 296
Interpretação originalista, ver Originalismo
Irlanda, Suprema Corte da
  anuência aos poderes eleitos do governo 276
  comércio aos domingos 109-10
  direito ao trabalho 234-6
  direitos dos *gays* 141-2, 179, 186-9, 194
Israel, Suprema Corte de
  direitos dos *gays* 102, 180
  discriminação sexual 152-3, 169-70, 306
  leis de descanso religioso semanal 104-8
  proporcionalidade 105-8, 295-7

J

Japão, Suprema Corte do
  anuência aos poderes eleitos do governo 242 n. 67, 276
  direito ao trabalho 237-8, 242 n. 67
  discriminação sexual 150-1
  educação 249, 254
  liberdade religiosa 118-31, 264 n. 116
  proporcionalidade 123-8, 295-6
Jeevan Reddy, B. P. 257

K

Kedmi, Yaakov 160, 166, 169-70
Kennedy, Anthony 70, 95-6, 101, 114, 125, 132, 210 n. 134, 330

L

L'Heureux-Dubé, Claire 272, 327 n. 77
Liberdade religiosa
  África do Sul 113-7
  Alemanha 80-90, 94, 97-8
  Canadá 103 n. 51, 109-13
  Estados Unidos 21, 68-80, 88-101
  financiamento público para escolas confessionais 75, 117-8, 322-31

Irlanda 109-10
isenções religiosas 68-104, 108-13,
  121-2
Japão 123-9
leis de descanso religioso semanal
  104-17
oração nas escolas 69-104
proselitismo 117-8, 130
Tribunal Europeu de Direitos
  Humanos 118-22

M

Mandela, Nelson 175-6
Marshall, John 4, 10, 165
McConnell, Michael 14 n. 27, 52 n.
  130, 53 n. 131, 55, 58-60, 68 n. 9,
  93 n. 44, 96 n. 46, 324 n. 71, 325 n.
  72, 328 n. 78
McLachlin, Beverly 272
Meio ambiente, ver Direitos
Mokgoro, Yvonne 114, 176-7
Monahan, Patrick 30 n. 61, 36-44, 213
Mulheres, ver Discriminação,
  mulheres

N

Nova Zelândia, Tribunal Recursal da
  assistência médica 248
  direitos dos *gays* 142, 180-1, 187,
    191
  liberdade religiosa 103 nn. 51-2,
    117 n. 62

O

O'Connor, Sandra Day 69-75, 77, 88,
  99 n. 49, 210 n. 134
O'Higgins, Thomas Francis 194-7
O'Reagan, Kate 114-6, 121, 134, 176,
  203
Oração nas escolas, ver Liberdade
  religiosa

Organização das Nações Unidas,
  Comitê de Direitos Humanos
  179-83, 236, 272 n. 135
Originalismo
  ação afirmativa 318
  assistência jurídica 265-6
  direitos sociais e econômicos 13,
    277-9, 314
  discriminação sexual 13, 17-22,
    24-6, 315
  gays e lésbicas 10-2, 187, 195-200
  liberdade religiosa 70-3, 97-9,
    124-5, 314
  método de raciocínio 8-27, 163,
    312-3
  pena de morte 13-4, 24

P

Paine, Thomas 4 n. 6, 216, 342
Pena de morte 13, 24, 53-5, 250
Poligamia 73, 189, 201-3
Posner, Richard 9 n. 17, 22 n. 42, 26
  n. 53, 29 n. 58, 133 n. 83, 104 n. 99,
  201 n. 121, 115 n. 130, 266 n. 131,
  310 n. 44, 333
Pragmatismo
  África do Sul 113-7
  Alemanha 81-9
  argumento da reação em cadeia
    106, 125-6, 159-60, 174-5,
    285-6, 311
  atividade judicial 168-171, 301-6,
    334-41
  Estados Unidos 87-9, 130,
    332-42
  Irlanda 109-10
  Israel 104-9
  Japão 124-9
  ponderação 134, 167-9, 310-1
  Tribunal Europeu de Direitos
    Humanos 118 n. 64, 119-22

Precedentes 53-9, 68-76, 82, 98-100, 158-66, 211, 275-8
Proporcionalidade
 aborto 304-6, 313, 319, 334, 339-40
 ação afirmativa 319
 assistência médica 248-9, 251-3, 267
 bem-estar social 257-62
 Brown vs. Conselho de Educação 254-5, 336-8
 casamento entre pessoas do mesmo sexo 207-10
 direito ao trabalho 237-46, 337
 discriminação sexual 148-57
 distribuição equitativa 240-41, 245, 251-62
 educação 248-9, 254-7, 267, 322-5
 exame rigoroso 144, 159, 294-7, 332
 igualdade e liberdade 146-7, 153-5, 177-9, 206-13, 294-5, 327-8
 leis de descanso religioso semanal 106-17
 Lochner 244-7, 335-7
 moradia 231-3, 241
 objetividade 114-6, 168-70, 174-9, 302-6, 310-1, 329-30, 341
 pragmatismo 332-4
 raízes do princípio da proporcionalidade nas Constituições 294-7
 separação de poderes 166-7, 233, 241, 284-7, 313, 316-9
 valores impossíveis de comparar 135-6, 166-8, 306-8

R
Raciocínio doutrinário, ver Precedentes
Raciocínio jurídico, ver Raciocínio por analogia; Originalismo; Precedentes; Argumento da reação em cadeia
Raciocínio por analogia 201-3, 211
Rehnquist, William 11, 19 n. 36, 70, 77, 98, 99 n. 49, 152, 159

S
Sachs, Albie 114-6, 132, 135 n. 85, 303-4, 307 n. 36
Scalia, Antonin 11, 13 n. 20, 25-6 n. 38, 24, 67, 70-8, 84, 91, 95-8, 101, 134, 148 n. 23, 159, 163 n. 55, 165, 173-5, 178, 207 n. 128, 307 n. 37, 318 n. 56, 331 n. 82
Separação de poderes 166-7, 170-1, 213, 225-7, 233, 241, 284-8, 313, 316-9
Sodomia 10, 13, 19 n. 36, 33, 56, 141-79, 179-89, 204-6
Sólyom, László 282, 329
Sopinka, John 271-2
Stevens, John Paul 70, 79, 194 n. 113
Sunstein, Cass 30, 34-45, 133 n. 83, 267, 307 n. 38, 310 n. 44
 aborto 35
 anuência do Judiciário aos poderes eleitos do governo 34-6, 208 n. 130
 casamento entre pessoas do mesmo sexo 34-6, 188 n. 99
 direitos sociais e econômicos 34-5, 42-3, 223 n. 29, 228-33
 Lochner 245 n. 75
 originalismo 15 n. 30, 18 n. 34, 20 n. 40, 22 n. 42, 26 n. 53
 precedentes 163 n. 55
 raciocínio por analogia 201 n. 121
Supremacia da Constituição 161-5, 208, 284-6, 310

T
Tal, Tsvi 160, 166, 170
Taney, Roger 162
Thomas, Ted 192, 199, 203
Tribunal Europeu de Direitos Humanos
  adoção 142, 179
  assistência jurídica 265
  casamento 181, 187
  deveres positivos 231-4, 261-6, 277-83, 316-7
  direito ao trabalho 236
  discriminação sexual 140, 154-6
  educação 270-1
  gays e lésbicas 142-3, 179-82, 186-9, 204-11
  liberdade religiosa 118-23
  meio ambiente 265, 282-3
  originalismo 277
  proporcionalidade 118 n. 64, 154, 295
Tribunal Europeu de Justiça 150-1, 155, 180, 186, 191, 240

V
Votos divergentes 75, 156

W
Warren, Earl 25-8, 51, 77-9
Wechsler, Herbert 26 n. 52, 292-3, 296, 302, 336 n. 101, 337
Wilson, Bertha 112, 174

Z
Zimbábue, Suprema Corte do 141, 179, 186-9, 193